中国社会の法社会学

「無秩序」の奥にある法則の探求

高橋孝治

明石書店

はじめに

「法社会学」とはどのような研究分野をいうのであろうか。残念ながら、「法社会学」に明確な定義はないといってもよい。それは、「法社会学は法社会学者の数だけあるといわれることもある」との言葉からも明らかである。[1]しかし、法社会学の定義については「法的事実を観察してそこに法則的なものを見いだしていくもの[2]」、「各社会の具体的な法システムについて経験的な探求を進めると同時に、それを通じて、このような特殊な秩序装置そのものに共通の、特有の性質を探るということをも、課題としている」との意見もあり、[3]これを法社会学の最大公約数的定義であるとすることに異論はないであろう。

さらに、「非西欧法学は、国家法と固有法との複合システムを各国ごとに精確に観察認識することから始まらなければならない」と指摘されており、[4]特にアジアで「法」を考察する場合には、社会的事実から出発して考察を行うことが必須であるといえる。そこで、本書は中華人民共和国（以下、「中国」という）の社会を素材に法社会学的考察を行おうとするものである。

本書は、大きく分けて3部構成となっている。第1部は、「中国における諸問題の法的構成」として、日本人の視点からすると一見奇異に見える中国で発生している現象の法的根拠を考察するという研究である。これは、「一見すると奇異に見える現象」という事実から出発し、そこにどのような法的根拠があるのか、なぜそのような一見すると奇異に見える現象を根拠づける「法」が存在するのかということを考察するものである。これはまさに「法的事実を観察してそこに法則的なものを見いだしていくもの」とする法社会学といえるだろう。

第2部は、「中国における人間の行動の形成と法」として中国でよく見られ

1　和田仁孝＝太田勝造ほか（編）『法と社会へのアプローチ』日本評論社、2004年、2頁。
2　川島武宜（編集）『法社会学の基礎1（法社会学講座3）』岩波書店、1972年、24頁。
3　六本佳平『法社会学』有斐閣、1986年、5頁。
4　千葉正士『アジア法の多元的構造』成文堂、1998年、8頁。

i

る行動パターンが実は法によって作られたという側面があるのではないかということを考察する。本書では、第2部では特に中国における郵便事故（郵便が宛先に届かないこと）と信号無視、春節を祝うという慣習を素材にする。「中国では郵便事故や信号無視が日常的に行われている」といわれると、ついつい「中国人はモラルが低く、サービスが良くない」などといってしまうことがある[5]。中国でサービスが悪いと感じた場合やマナーが悪いと感じた場合、このような説明がされることが多いように思われる。しかし、これはトートロジーであり、何の説明にもなっていない。なぜなら、なぜ中国ではサービスが悪いのかといえば「中国人はモラルが低いからだ」というのであり、なぜモラルが低いと分かるのかといえば、「中国ではサービスが悪いからだ」というのである[6]。

すなわち、このような説明をする場合、安易に国民性に求めるのではなく、別の理由を見つけなければならない。第2部ではそれが法制度に求められる側面があるということを示そうとするものである。伝統的行事や法文化についても「そのような原始社会や未開社会のものではなく、現代実際におこなわれているものであり、そのかぎりにおいて、現代の政治権力がこれを何らかの形で支持したか、あるいはすくなくとも完全なその消滅に努力をはらわなかったことの証である」といわれている[7]。これはつまり、何らか特定の集団内における人間の行動に同一性が見られる場合、その集団に政治的権力を持つ者が積極的もしくは消極的にその行動を支持しているのではないか（＝そのような（条文が存在するとは限らないものの）法があるのではないか）ということであり、それを示すのが第2部である。もちろん、法制度以外にも現実には様々な要因があるということは筆者も認める。あくまで、法制度がこのような一見するとモラルが低かったり、サービスが悪く見える現象の一側面を形作っているのではないかということを示すのが第2部である。

そして、最後となる第3部は「ルポルタージュの中の中国と法」である。中国は残念ながら報道規制などが敷かれており、報道されているニュースなどだ

5　「訪中を通じて感じたこと」『日本と中国』（2014年10月号（2173号））公益社団法人日中友好協会、7面。

6　この表現は千葉正士（編）『アジア法の環境——非西欧法の法社会学』成文堂、1994年、17～18頁より示唆を受けた。

7　千葉正士『祭りの法社会学』弘文堂、1970年、204頁。

けでは中国で起きている全ての現象を知ることは困難である。このような通常
では報道されていないけれども中国で起きている現象を知りたい場合にはルポル
タージュなどが非常に役に立つ。しかし、ここには問題もある。ルポルター
ジュは真実を伝えることが目的だが、新聞報道や研究書に比べるとその度合い
が落ちるということである。第3部では、中国に関するルポルタージュを素材
に事実確認を行う。しかし、これらのルポルタージュにも取材の最中に見落と
されている事実や意図的に削除された事実があるかもしれない。しかし、第3
部では、これらルポルタージュに書かれていることが当該事件の全てであり、
他の事実は一切存在しないと「仮定」して議論を進める。それは、当該ルポル
タージュ以外では報道されていない「真実」を調査することはできないからで
ある。しかし、このような他では情報が存在していない事件を素材にするとい
う点から、ルポルタージュの内容のみを「真実」として議論を進めたとしても、
研究の意義は失われないと考える。法社会学ではルポルタージュを素材とする
有用性については既に言及されている。[8]

　以上のような3部構成で、中国社会を素材に法社会学的考察を行うとするの
が本書である。しかし、中国は広大であり、本書が言及できる「中国社会の法
社会学」もごく一部、一側面にしか過ぎない。しかし、これら3つの部のよう
な手法を試みた研究はこれまでにはなかったと考えられ、中国社会の新しい見
方を示すという意味では、一側面ではあっても大きな意義はあると考える。

　なお、本書には、各章の他に「コラム」もある。これは「章を構成できるほ
どの内容ではないが、今後検討していくべき内容・考察しておくべき内容」で
ある。

　そして、本書において頻繁に用いる語句の略は以下の通りとする。「中国」
とは、先に述べたように、原則として「中華人民共和国」の略として用いる。
しかし、場合によっては、「現在中華人民共和国が実効支配している領域」そ
のものを表す場合もある。そして、中国のうち1949年10月1日の中華人民
共和国成立宣言以降特に強調する場合には「新中国」という表現を用いる場
合もある。また、「中国共産党」は単に「党」と表現する場合もある。そして、

8　和田仁孝＝太田勝造ほか（編）・前掲注1・7頁。

「プロレタリア文化大革命」は「文革」と略す。

　そして、中国の憲法については以下のように表記する。新中国で 1954 年 9 月 20 日に公布・施行された初代憲法を「54 年憲法」と、1975 年 1 月 17 日に公布・施行された 2 代目憲法を「75 年憲法」と、1978 年 3 月 5 日に公布・施行された 3 代目憲法を「78 年憲法」と呼ぶ。そして、1982 年 12 月 4 日に公布・施行された 4 代目憲法を「82 年憲法」と呼び、82 年憲法は数度の小改正を経て 2018 年 3 月 11 日に最終改正・同日改正法施行されて現在に至る。また、1979 年 7 月 6 日に公布され、1980 年 1 月 1 日に施行された中国の刑法を「79 年刑法」と呼ぶ。そして、79 年刑法は 1997 年 3 月 14 日に全面改正されたが、この改正後の刑法を「97 年刑法」と呼ぶ（同年 10 月 1 日改正法施行）。なお、97 年刑法は、その後数度小改正され、2015 年 8 月 29 日に最終改正がなされ、同年 11 月 1 日に改正法施行となっている。

　また、本書において〔　〕は直前の単語の中国語の原文を表し、原則として初出にのみ付す。

目　次

はじめに...ⅰ

第 1 部　中国における諸問題の法的構成

第 1 章　中国における外国人の教育を受ける権利............................... 2
　　　　　──日中の公開教育に着眼して

第 2 章　中国で日本企業が経験した製造物責任法に関する理不尽な裁判.......27

第 3 章　中国の少数民族刑事政策「両少一寛」の運用と効果に関する考察 ...45

第 4 章　中国における人権問題の 2015 年頃の動向.......................................64
　　　　　──刑事拘束に着眼して

コラム①　商船三井船舶差押え問題から見る中国の民事法運用...........................79

第 5 章　中国にとって租税とは何か 84
　　　　　──乱収費問題を素材として

第 2 部　中国における人間の行動の形成と法

第 6 章　中国における郵便事故 102
　　　　　──郵便関連法規の日中比較論

ⅴ

コラム②　中国で春節が祝われることに関する法社会学初歩的考察......................120

第7章　中国における信号無視 126
　　　　　──日中の道路の法社会学

第3部　ルポルタージュの中の中国と法

第8章　中国における劇場的法システムという試論 152
　　　　　──加藤隆則著『中国社会の見えない掟』に描かれた張暁麗事件を素材にして

第9章　女性差別問題に見る中国の選択性執法 171
　　　　　──福島香織著『潜入ルポ 中国の女』に描かれたエイズ村のインタビューを素材にして

コラム③　郭美美問題に見る中国の刑事法運用......................................191

あとがき..195

第 1 部

中国における諸問題の法的構成

　中国では、日本人の視点からすると一見奇異に見える現象が多く発生している。ここでは、そのような中国で発生している現象の法的根拠を考察する。これは、「一見すると奇異に見える現象」という事実から出発し、そこにどのような法的根拠があるのか、なぜそのような一見すると奇異に見える現象を根拠づける「法」が存在するのかということを考察するものである。

第1章　中国における外国人の教育を受ける権利

日中の公開教育に着眼して

——中国では外国人は国家公開大学などの通信教育に参加できないが、これはなぜなのだろう？

1．問題の所在

　中国では仕事を行いながらも学士などの学位を取得する方法（本章ではこのような教育方法を「公開教育」と呼ぶ）が充実している。それは、高等教育自習試験［高等教育自学考試］（以下、「自習試験」という）や国家開放大学、地方開放大学（以下、この2種を合わせて「開放大学」という）などの方法による学位取得である。しかし、これらの制度の利用は外国人に対しては制限されている。

　日本においても放送大学や学位授与機構などの公開教育の制度がある。ところが、日本の制度は中国のものと違い外国人であることを理由に利用の制限を受けることはない。なぜこのような違いが発生するのであろうか。日中両国の外国人の教育を受ける権利はどのようになっているのであろうか。本章は、公開教育を素材に日本と中国の外国人の教育を受ける権利の違いを検討することを目的とする。

　なお、日中両国とも公開大学や放送大学の他にも各大学の夜間部や通信教育部、インターネット課程［網絡課程］なども存在する。しかし、本章は公共性の強い公開教育に着目するため、これらの課程については触れないこととする。

2．中国の公開教育制度概要

　本章1．で述べた通り、中国には自習試験、開放大学などの方法による学士学位取得の方法がある。これらはどのようなものなのかをここでは見ていく。

2

2. 1. 自習試験

2. 1. 1. 自習試験概要

自習試験は自習者に専科もしくは本科（それぞれ日本の短大卒業、大学卒業に相当）の学歴を付与するための試験である。自習試験は高等教育法（1998年8月29日公布、1999年1月1日施行）第21条および高等教育自習試験暫定条例［高等教育自学考試暫行条例］（1988年3月3日公布、同日施行。以下、「自習試験条例」という）を根拠に全国高等教育自習試験指導委員会［全国高等教育自学考試指導委員会］が国家教育委員会の指導の下に行う。

自習試験によって学位の取得を希望する者は、あらかじめ専攻を決めておく。そして、専攻ごとに合格しなければならない試験が定められており、決められた時間内に全ての決められた試験に合格すれば専科卒業もしくは本科卒業と同等の扱いを受ける。ここまででは専科もしくは本科卒業と同等となるだけで学位にはならない。学位取得をも希望する者は、成人高等教育本科卒業生学士学位暫定規定［成人高等教育本科卒業生学士学位暫行規定］（1988年11月7日公布、同日施行）第3条に基づき政治課程（マルクス主義基本理論およびマルクス主義の立場、観点および方法分析）および外国語科目に合格し、卒業論文が一定のレベルを超えており、成績が良好であると学士学位取得の申請ができる。

なお、ここでいう専攻は高等教育自習試験専業目録によれば、本科で23類224種、専科で141種ある。決められた時間とは、専科は3年から4年、本科は4年から5年である（自習試験条例第18条）。[1]

次に、どのような科目の試験を受けなければならないのだろうか。例えば専科レベルの「法律専攻」では13科目、66単位［学分］を取得しなければならない。その試験科目名は**表 1-1**[2]の通りである。また、本科レベルの「法律専攻」

1　高益民「変動社会における中国の独学試験制度の変容」『京都大学生涯教育学・図書館情報学研究』（5号）京都大学、2006年、14頁。

2　「北京市高等教育自学考試各専業課程設置」（中国・北京教育考試院ホームページ）〈https://www.bjeea.cn/uploads/softnew/124-180131092604.pdf〉更新日不明、2019年2月1日閲覧。同ホームページに掲載されている科目は北京市で行われる試験の情報だが、他の省も同じ内容となっている。

第 1 部　中国における諸問題の法的構成

表 1-1　専科レベルの法律専攻の試験科目名

科目名	単位	必修／選択区分
中国法制史	5	必修
民法学	7	必修
民事訴訟法学	5	必修
経済法概論	6	必修
刑法学	7	必修
国際法	6	必修
刑事訴訟法学	4	必修
行政法学	5	必修
思想道徳修養与法律基礎	2	必修
毛沢東思想および中国の特色ある社会主義理論体系概論	4	必修
大学国語［大学語文］	4	必修
法理学	7	必修
憲法学	4	必修

は**表 1-2**[3]のようになる。なお、本科は専科を既に卒業した者もしくはそれに相当する者のみが入学できる。

　また、全軍自習試験委員会［全軍自学考試委員会］により軍が主催する自習試験もある。軍が主催する自習試験では、軍需管理、軍機管理、航空機補修、軍事科学技術応用および管理などの専科課程および本科課程が実施されている。

2. 1. 2.　自習試験の歴史

　自習試験はもともと文革により教育制度が破壊されたため（大学の閉鎖など）、文革終了後に早急に教育を立て直すための制度として始まった。[4]1978 年に華国鋒が全国人民代表大会で初めて自習試験について公式に言及し、1980 年には鄧小平も高等教育と自習試験についての法案を提出した。[5]その後、1981 年 1 月 13 日国務院より公布された高等教育自習試験試行弁法［高等教育自学考試試行弁法］に基づき北京市、天津市、上海市で自習試験が実験的に始まった。

3　「北京市高等教育自学考試各専業課程設置」・前掲本章註 2。

4　高益民・前掲本章註 1・7 頁。

5　載家干「推進高等教育自学考試科学発展」『教育研究』（2008 年 8 期）中国・中国教育科学研究院、2008 年、20 頁。高益民・前掲本章註 1・7 頁。

4

第1章　中国における外国人の教育を受ける権利

表 1-2　本科レベルの法律専攻の試験科目名

科目名	単位	必修／選択区分
労働法	4	必修
知的財産法［知識産権法］	4	必修
会社法［公司法］	4	必修
環境および資源保護法学	4	必修
契約法［合同法］	5	必修
国際経済法概論	6	必修
国際私法	4	必修
法律文書作成	3	必修
中国近現代史網要	2	必修
マルクス主義基本原理概論	4	必修
親族法［婚姻家庭法］	3	必修
英語（二）	14	選択科目。最低19単位取得しなければならない。ただし、外国語科目を選択しなかった場合、学位申請ができない。
総合英語（四）	10	
日本語（二）	14	
ロシア語（二）	14	
不動産法［房地産法］	3	
税法	3	
小切手法［票据法］	3	
保険法	3	
公証および弁護士制度	3	
外国法制史	4	
中国法思想史	4	
西洋法思想史	4	
法律職業道徳	3	
金融法	4	
法律専門卒業論文		

　なお、1982年よりこの実験に遼寧省も加わった。中国社会が自習試験制度を積極的に受け入れたことは、82年憲法第19条第3項に「国家は、各種の教育施設を拡充し、非識字者をなくし、労働者、農民、国家勤務員およびその他の勤労者に対して政治、文化、技術、業務についての教育を行い、独学で有能な人材になることを奨励する」という自習奨励の条文が作られたことにも表れているといえる。

　続いて、1983年には江蘇省、雲南省、吉林省、黒竜江省、陝西省でも自習試験は実施され、1985年までには全ての省、自治区、直轄市で自習試験が行

5

われるようになった。[6] ここまでの自習試験に関する経験の蓄積を元に 1988 年 3 月 3 日に高等教育自習試験暫定条例が公布・施行され、続いて 1998 年 8 月 29 日に公布された高等教育法第 21 条にも「国家は自習試験制度を実施し、試験に合格した場合は相当の学歴証書あるいはその他の学業証書を発行するものとする」と規定された。これらのことと自習試験への参加者の多さから自習試験は中国では既に市民権を得た制度となっているといえる。[7]

　自習試験の歴史は大きく 2 段階に分けられるとされている。1983 年から 1998 年の規模拡大にあった第 1 段階と 1999 年から現在に至るまでの転換期にあたる第 2 段階である。[8]

　第 1 段階は、規模拡大および自習試験制度自体が試行錯誤にあった時期であった。しかし、1998 年に受験者数が 1180.81 万人に達したことおよび同年に公布された高等教育自習試験専業目録［高等教育自学考試専業目録］に定められた自習試験の専門が中国における普通高等教育の類型と同等になったことにより第 1 段階は終わりを迎える。[9]

　第 2 段階は、課程やモデルが多様化し、特色ある教材などの開発や試験問題のデータベース化、情報管理の拡大などの様々な改革が図られた段階である。[10]これは情報化社会の時代の中で当然のことといえる。

　そして、当初は文革により破壊された教育制度を立て直すために始まった自習試験であったが、1990 年代から都市と農村の教育格差問題の解決や教育の大衆化、生涯学習を目的とするなどその目的は徐々に変わりつつある。[11]

　また、1996 年に解放軍総政治部が全軍自習試験委員会を設置して軍主催の

6　南部広孝「文革後中国における高等教育システムの拡大過程に関する一考察」『大学論集』（32 号）広島大学、2002 年、61 頁。李晨英＝武新靈「我国高等教育自学考試研究概述」『河北師範大学学報（教育科学版）』（10 巻 7 号）中国・河北師範大学、2008 年、132 頁。高益民・前掲本章註 1・8 頁。

7　「高等教育自学考試制度」（中国教育考試網ホームページ）〈http://zikao.neea.edu.cn/html1/folder/1512/1101-1.htm〉更新日不明、2019 年 2 月 1 日閲覧。

8　潘茂元＝覃紅霞「高等教育自学考試制度改革的成就与展望」『教育与考試』（2008 年 6 期）中国・福建省教育考試院、2008 年、5~6 頁。

9　潘茂元＝覃紅霞・前掲本章註 8・5~6 頁。

10　潘茂元＝覃紅霞・前掲本章註 8・6 頁。

11　李晨英＝武新靈・前掲本章註 6・133 頁。

第 1 章　中国における外国人の教育を受ける権利

自習試験も始まった。

2.2. 開放大学

2.2.1. 開放大学概要

　国家開放大学は、インターネットやスクーリングなどを利用して全国展開している教育部（日本の文部科学省に相当する）直属の遠隔教育の大学である[12]。これに対し、地方開放大学は、中国の各地方が主管する遠隔教育の大学である。なお、地方開放大学とは、北京開放大学、上海開放大学、重慶開放大学、遼寧開放大学などの総称である。開放大学に関しては、特に個別の法律は用意されておらず、高等教育法などにより学校運営がなされている。開放大学に直接関係する法律としては、高等教育法第 15 条第 3 項（放送、テレビ、通信教育およびその他の遠隔教育の方式による高等教育を行うことを国家は支持する）の規定があるのみである。

　国家開放大学は、それまでに中国で公開教育を担っていた中央テレビ大学［中央広播電視大学］と地方テレビ大学［地方広播電視大学］を統合する形で成立された大学である[13]。国家開放大学の組織は、①本部［総部］、②支部［分部］、③学院、④学習センター［学習中心］の 4 つからなっている[14]。本部は、教育方針や教育計画などを定め、支部は各省、区、市などで学院や学習センターの管理業務を行っている。学院には、地方学院、実践学院［行業学院］、企業学院、専門学院および実験学院がある。地方学院は、支部が所属する区域に設立して管理を行う学生募集や教育を行う学院である。実践学院および企業学院は、本部もしくは支部が国家級の商業実践協会や大企業と組んで設置する学院で開放大学が商業実践協会や大企業の人材育成を行う学院である。専門学院は、本部もしくは支部が特定の人々の学習の需要に応えるため設置する学院で、実験学

12　「新型大学」（中国・国家開放大学ホームページ）〈http://www.ouchn.edu.cn/Portal/Category/CategoryList.aspx?CategoryId=924df1f7-0cbb-414f-9abb-257ba7c97f50〉更新日不明、2019 年 2 月 1 日閲覧。

13　「弁学組織体系」（中国・国家開放大学ホームページ）〈http://www.ouchn.edu.cn/Portal/Category/CategoryList.aspx?CategoryId=979ccab2-a021-4503-8e7f-6769ae83c99d〉更新日不明、2019 年 2 月 1 日閲覧。

14　「弁学組織体系」・前掲本章註 13。

7

第 1 部　中国における諸問題の法的構成

院は、科学技術の発展のために設置された学院である。学習センターは、開放大学が学習者に直接授業を行うなどの教育活動を行う開放大学の最末端機関である[15]。

　開放大学も自習試験と同様に専科と本科があり、本科は専科卒業もしくはそれに相当する者が入学できる。単位の認定には形成試験［形成性考核］および修了試験［終結性考核］（それぞれ中間試験、期末試験に相当する）を受ける必要があり、一定の学習目標に到達しているかが試される。必要単位数は、例えば国家開放大学の専科では 76 単位、本科では 71 単位を取得しなければならない。

2.2.2. テレビ大学の歴史

　中国の開放大学の起源は新中国成立初期に北京市、天津市、上海市などで白黒テレビを使って行われたテレビ大学［広播電視大学］に遡ることができる[16]。しかし、文革によってこの初期のテレビ大学も他の大学と同様に閉鎖される。文革の終結後、1977 年に大学入試が再開されたが、経済や社会の発展ためにはさらなる人材教育が必要だった[17]。そして、同年末に元イギリス首相のエドワード・ヒースが訪中し鄧小平と会談した。このときエドワード・ヒースはイギリスのオープンユニバーシティー制度を紹介し、これを聞いた鄧小平は中国でもテレビ大学を利用し教育事業の発展を行うことを提示した[18]。そして、鄧小平はテレビ大学の設立を自ら決裁し、国務院の関連部署はテレビ大学の計画・建設を行った[19]。

　そして、1979 年 2 月 6 日に中央テレビ大学が開学し、同年 2 月 8 日から授業番組の放送が始まった。また、ほぼ同時期に多くの省や直轄市でも地方テレビ大学が開学した。このときは、中央テレビ大学は地方テレビ大学に対して、地方テレビ大学は各地の分校に対して業務上の指導をする立場にあった。

15　「弁学組織体系」・前掲本章註 13。

16　葛道凱「中央広播電視大学 30 年開放実践与新時期新使命」『中国高教研究』（2009 年 1 期）中国・中国高等教育学会、2009 年、4 頁。

17　単従凱「開放大学之路──従広播電視大学到開放大学的歴史嬗変」『現代遠距離教育』（2010 年 6 期）中国・黒竜江広播電視大学、2010 年、3 頁。

18　楊志堅「歴史視野中的広播電視大学」『中国高等教育』（2011 年 9 期）中国・中国教育報刊社、2011 年、10 頁。

19　単従凱・前掲本章註 17・3 頁。

8

1979 年以降のテレビ大学の発展は 3 段階に分類できる。しかし、この段階の時期については論者によって若干の違いが見られる。以下に示す年は単従凱によるものであり、括弧内は楊志堅によるものである[20]。

　第 1 段階は 1979 年から 1986 年まで（1979 年から 1989 年まで）で、文革によって後退した中国の教育制度の復興のための時期である。また、各テレビ大学も試行錯誤的な運営が余儀なくされた時期でもあった。この時期のテレビ大学の主な対象は職業を持つ者であった。そのため仕事の合間による学習が多くの学生の学習手段であった。

　第 2 段階は 1986 年から 1999 年まで（1990 年から 1998 年まで）の期間である。この時期には中国の教育制度は 10 年におよぶ努力の結果回復し発展していた。そして 1993 年 2 月 13 日に制定・実施された「中国教育改革および発展綱要［中国教育改革和発展綱要］」によりテレビ大学の目的や求められるものに変化が生じた。すなわち半閉鎖的な教育から公開教育への転換である。これにより退職者や半退職者の学習なども増え、農村や辺境地区の教育格差の是正などにもテレビ大学が利用されることになった。このようにテレビ大学の目的が変化したのが第 2 段階である。

　第 3 段階は 1999 年から現在までである。1999 年 1 月 13 日に「21 世紀に向けた教育振興行動計画［面向 21 世紀教育振興行動計画］」の中で「現代遠隔教育プロジェクト［現代遠隔教育工程］」が提唱された。この時期には通信技術などの発達により、国家が遠隔教育実施を推進している時期でもあった。そしてさらに同年 4 月に出された「"中央テレビ大学の人材育成方式改革と開放教育の試験的作業"の発展に関する項目の研究のいくつかの意見［関于開展"中央広播電視大学人才培養模式改革和開放教育試点"項目研究工作的幾点意見］」により入学試験の撤廃、高等学校［普通高中］、職業専門学校［職業高中］およびそれらに相当する学歴の職業人を入学対象とすること、単位を 8 年間有効とすることなどの内容が示された[21]。また、学生はラジオ、テレビ、インターネット配信、ホームページ学習などの多くの手段により学ぶことができることとされた。

20　単従凱・前掲本章註 17・3 頁。楊志堅・前掲本章註 18・11 頁。

21　楊志堅・前掲本章註 18・11 頁。

第 1 部　中国における諸問題の法的構成

　さらに、2007 年 10 月 15 日から 21 日に開催された第 17 回党大会で「遠隔教育および継続教育、全民学習の建設、終身学習による学習型社会」が提唱され、生涯学習を援助する機関としての側面もテレビ大学に求められることとなった。さらに 2010 年 7 月 29 日には「国家中長期教育改革と発展計画綱要（2010-2020 年）［国家中長期教育改革和発展規劃綱要（2010 − 2020 年）］」が公布され、中央テレビ大学は開放大学建設モデルを探索するための実験的場所とされた。この後も教育部などがしばしばテレビ大学に「開放大学」建設に関する計画案を発布していた。そして、2012 年 6 月 21 日に「教育部の中央テレビ大学を基礎として国家開放大学を設立することに同意する回答［教育部関于同意中央広播電視大学基礎上建立国家開放大学的批復］」が発布され、同年 7 月 31 日に開放大学が成立した。これにより形式的には中央テレビ大学と地方テレビ大学が国家開放大学に改組を、各地方テレビ大学が各地方開放大学へと改組して現在に至る。例えば、北京テレビ大学［北京広播電視大学］は北京開放大学に、上海テレビ大学［上海広播電視大学］は上海開放大学へと改組した。

3．日中の公開教育の外国人の利用

3．1．日中の公開教育と外国人

　本章 1．で見たような自習試験および開放大学であるが、外国人の利用には制限がある。例えば、自習試験条例第 3 条は以下のように規定している。「中華人民共和国公民は性別、年齢、民族、種族および今までに受けた教育の程度によって制限を受けることなく本条例により等しく自習試験を受けることができる」。筆者が北京教育考試院に問い合わせたところこの条文を根拠に自習試験は中国公民に向けたものであるとの解答を受けた（2013 年 5 月 13 日北京教育考試院回答[23]）。さらには、「中国大陸の高等教育の専門課程の設置には独特のものがある。具体的には『政治理論課程』というものがあり、例えばマルクス哲学、

22　葛道凱・前掲本章註 16・12 頁。

23　北京教育考試院は、北京市教育委員会に属し、自習試験やその他高等学校［高級中等学校］や大学の入学試験を管理、研究する機関である。

10

第1章　中国における外国人の教育を受ける権利

マルクス主義政治経済学、中国共産党史や社会主義建設の理論などの内容である。これらの課程は外国人にとって学ぶことは大変難しい。このように中国の高等教育の専門課程の設置思想は日本などとは大幅に異なる。もしこれらのことを克服し、自習試験への参加を希望したとしても、法令により外国人は制限を受けているのでやはりどうしようもない」との回答もいただいた。また、北京開放大学は「外国人である」という理由のみで受け入れを拒否している（2012年9月1日に筆者が北京開放大学で出願手続を行った際に、この理由で拒否された[24]）。また、国家開放大学は筆者がメールにて問い合わせたところ「外国人でも問題ない」との回答をくれた（2013年5月2日国家開放大学回答）。しかし、実際に出願手続きを行う際に、出願の際の提出資料として、中国の高校［高中］（本科に出願希望する場合には中国の専科以上）の卒業証書および居民身分証の提示を求められた（2013年8月7日国家開放大学出願窓口の対応）。この出願窓口でも最初は「入学は外国人でも問題はない」と対応していた。しかし、出願手続きを進めるうちに「外国人は居民身分証を持っていないのか。パスポートではダメだ」といいだした。先に挙げたメールによる回答や出願窓口の方の最初の対応のように「外国人も受け入れる」という意識は国家開放大学にはあるようである。しかし、出願時の提出書類に中国国籍保有者しか持ち得ない居民身分証の提示を求めてしまっては実態としては外国人という理由のみで受け入れが拒否されているといえる。

　なお、筆者は国家開放大学や北京開放大学以外の地方開放大学にもメールにて外国人も入学可能かを問い合わせた（2013年4月29日送信）。残念なことに国家開放大学以外は回答をくれなかった。しかし、本章2.2.1. で述べたように国家開放大学は教育部直属であり、地方開放大学のモデルとなる大学である。そのような開放大学の中心的な存在である国家開放大学が出願に居民身分証の提示を求めていることから、他の地方開放大学でも実態としては外国人の入学ができないか北京開放大学のように明確に外国人の入学を拒否しているものと推察される。

24　なお、北京広播電視大学は中国語センター［漢語中心］がありこの中国語センターでは外国人が中国語を学ぶことができる。外国人の入学を拒否しているのは、法学専攻や工商管理学専攻などの中国人向けに用意された課程である。

第1部　中国における諸問題の法的構成

　これに対し、日本の放送大学や学位授与機構では外国人であるという理由による利用の制限はない。例えば、放送大学は募集要項に「外国籍の方の出願について」との項目を設け、出願の際に①日本への在留ビザの写し、②外国人登録証明書の写し（両面）、③在留カードの写し、④特別永住証明書の写し（両面）のいずれかの添付を求めている。[25] ここから、放送大学は外国人という理由で入学拒否をしてはいないことが分かる。

　また学位授与機構についても学位授与に関する FAQ で「日本国籍を有していません」との質問に対し、「国籍による学位授与の申請の制限はありません」との回答を出している。[26] このように学位授与機構の制度についても外国人という理由での拒否はされない。

　総括すると、中国の自習試験やテレビ大学は外国人が利用できないのに対し、日本の放送大学や学位授与機構にはそのような制限はない。なぜこのような違いが生じるのであろうか。本節以降①憲法および法律上の教育を受ける権利、②公開教育の日中両国の目的の違いの 2 点を見ていきたい。

3.2. 憲法および法律上における外国人の教育を受ける権利

3.2.1. 中国における外国人の教育を受ける権利

3.2.1.1. 82 年憲法における外国人の教育を受ける権利

　82 年憲法における権利規定は日本のそれとは異なる。日本国憲法（1946 年（昭和 21 年）11 月 3 日公布。1947 年（昭和 22 年）5 月 3 日施行）の権利規定が「人権は、人種、性、身分などの区分に関係なく、人間である以上当然に享有できる普遍的な権利」、「前国家的・前憲法的な性格を有する」と考えられているのに対し（本章 3.2.1.2 でさらに詳しく述べる）、[27] 中国ではこのような「天賦人権論」を否定している。[28] これについては、「『市民の基本的権利および義務』という表現のも

25　『出願表他提出書類セット（2019 年度第 1 学期［教養学部］）』放送大学、2019 年、「出願書類について全科履修生（1 年次入学・再入学・編入学）」の頁。

26　『新しい学士への途——学位授与申請案内（平成 30 年度版）』独立行政法人大学改革支援・学位授与機構管理部学位審査課、2018 年、130 頁。

27　芦部信喜（高橋和之（補訂））『憲法』（第 5 版）岩波書店、2011 年、87 頁、92 頁。

28　王叔文＝畑中和夫ほか『現代中国憲法論』法律文化社、1994 年、142 頁。石塚迅『中国における言論の自由——その法思想、法理論および法制度』明石書店、2004 年、22 頁、

第1章　中国における外国人の教育を受ける権利

と、市民の権利・義務のカタログを列記するという構成をとっていた」と説明される[29]。つまり、中国では「国家が与えるもの」である権利は憲法や法律に記載されない限り認められないのである。

それでは82年憲法や法律にはどのように記載されているのであろうか。82年憲法第46条第1項には「中華人民共和国公民は教育を受ける権利および義務を有する」とあり、第32条第1項は「中華人民共和国は、中国領域内の外国人の合法的な権利および利益を保護する」としている。ここで教育を受ける権利の保障は外国人に適用されないのか、外国人の合法的な権利および利益として教育を受ける権利を享受できないのかが問題となる。

82年憲法第46条における「教育を受ける権利」の内容は、①公民が能力に応じて教育を受ける権利、②全ての公民が憲法と法律の範囲内において性別、宗教、社会的身分などにより差別を受けることなく平等に教育を受ける権利、③異なる段階（初等教育、中等教育、高等教育、成人教育など）において相応する教育を受ける権利の3つとなっている[30]。また、「公民の能力開発、文化的な国家建設のための重要な手段」ともいわれている[31]。

中国の公開教育の制度は、②差別を受けることなく平等に高等教育を受ける権利を具現化したものといえる。しかし、82年憲法の文言上、教育機会の平等は中国公民に限定されている。また、82年憲法第19条には「国家は社会主義の教育事業を発展させ、全国人民の科学・文化水準を向上させる」とある。こちらも人民を対象に教育事業を発展させる旨が明記されている。

82年憲法第32条第1項の規定は、一般的に以下のように説明される。「中国国内にいる外国人は中国公民ではなく、公民の基本的権利を享受することはできない。ただし、国際慣例や人権保障の国際化の趨勢により少なくない国家が外国人も共有できる権利の範囲を拡大している。多くの国で基本的権利中で外国人が主体となれる権利としては、人身権、財産権、訴訟権などの基本的権利が憲法や法律の保護を受けていると確認できる。中国国内にいる外国人の合

35頁。

29　高見澤磨＝鈴木賢ほか『現代中国法入門』（第7版）有斐閣、2016年、95頁。

30　焦洪昌『憲法学』（第3版）中国・北京大学出版社、2009年、401～402頁。楊向東（主編）『憲法学——理論・実務・実例』中国・中国政法大学出版社、2010年、184頁。

31　焦洪昌・前掲本章註30・401頁。楊向東（主編）・前掲本章註30・182頁。

13

第1部　中国における諸問題の法的構成

法的権利を保護することにより、各国人民との交流と協力は有利になり、対外開放政策も有利になる[32]、「一般的にいって、外国人は人身の自由、人格の尊重などの自由権と呼ばれる前国家的性質の人権を共有することができる。しかし、労働権、生存権、教育を受ける権利などの社会経済的権利は不完全な享受を受けるに過ぎない[33]」。

　中国では「前国家的、自然権的、超階級的に抽象的な『人』一般の権利を論ずる『人権』概念をブルジョア的であると否定」している[34]。しかし、このように中国にも「前国家的性質の人権」が存在するとしている説に立った場合でも、外国人は教育を受ける権利は不完全な享受を受けるに過ぎないと解されている。

　中国における外国人の憲法上の権利の享有については、日本と同じように否定説、文言基準説、権利性質説の3つがある。否定説は憲法上の権利を外国人に認めることを一律に否定する説である。文言基準説では外国人も享有できる権利か否かを条文の文言で判断する。つまり権利を享有できるのが条文の文言上「中華人民共和国公民」に限定されているか否かを判断基準とする[35]。そして、権利性質説は権利の性質上自国民にのみを保障の対象しているものを除き外国人にも等しく権利が保障されるとする説である。もちろん否定説では外国人は権利を認められない。さらに、82年憲法第46条第1項の主語は「中華人民共和国公民」であり、文言基準説を採用した場合でも中国では外国人の教育を受

32　焦洪昌・前掲本章註30・405頁。楊向東（主編）・前掲本章註30・405頁。

33　張千帆（主編）『憲法学』（第2版）中国・法律出版社、2008年、148頁。

34　高見澤磨＝鈴木賢ほか・前掲本章註29・95頁。

35　例えば、82年憲法第36条第3項は「国家は、正常な宗教活動を保護する。何人も、宗教を利用して社会秩序を破壊し、公民の身体・健康を損ない、国家の教育制度を妨害する活動を行ってはならない」と規定している。この主語は「中華人民共和国公民」ではなく「何人も」となっている。そのため、文言基準説によれば、この条文は中国公民に限らず外国人にも直接適用されると考えられる。しかし、82年憲法における権利規定のほぼ全ては主語が「中華人民共和国公民」であり、文言基準説は憲法上では外国人に権利を認める基準というよりはむしろ外国人に対する義務を明確化する説といえる。これに対し中国の民事訴訟法（1991年4月9日公布・施行。2017年6月27日最終改正、同年7月1日改正法施行）第5条は「外国人、無国籍者、外国企業および組織は人民法院に起訴する権利を持ち、中華人民共和国公民、法人およびその他法人と同等の訴訟に対する権利義務を持つ」としており、文言上で外国人の訴訟権を認めている。中国における文言基準説は憲法を離れてはじめて実質的な意味を持つといえる。

第1章　中国における外国人の教育を受ける権利

ける権利は否定される。ところが、中国では最も広く外国人の権利を認める権利性質説に立った場合でさえも教育を受ける権利は外国人に対して保障されないものと解されている。[36] これらの理由としては、教育を受ける権利をはじめ、参政権や健康権、文化権などは国家が公民に対して尽力するものであるからと説明されている。[37]

　以上のように、82年憲法の文言からも「前国家的性質の権利」が存在するとする説からも中国で外国人が教育を受ける権利を享受できるとすることは難しい。

3.2.1.2.　中国の公開教育に係る法律における外国人

　本章3.2.1.1.で述べたように、82年憲法によれば、外国人は教育を受ける権利の保障は受けられない。しかし、憲法上の保障は受けられずとも法律で権利を認めることが可能である。そこで、ここでは、各関連法を見ていきたい。

　中国における教育の基本法は教育法（1995年3月18日公布、1995年9月1日施行）である。[38] 教育法は「教育事業を発展させ、全民族の素養を上げ、社会主義物質文明と精神文明の建設を促進するために憲法によって制定された法律」である（第1条）。また、教育法第9条は「中華人民共和国公民は教育を受ける権利と義務を有する。公民は民族、種族、性別、職業、財産状況、宗教信仰などによって分けられず、法によって平等な教育を受ける機会を享有する」と規定している。ここでも教育を受ける権利と義務を有するのは公民であると明記されている。さらに、教育行政法の学説でも教育を受ける者は、「教育実践活動の対象（教育個体）であり、主に各級各類学校の学生、犯罪を犯した未成年、在職者および成人教育の公民」とされている。[39] 残念ながら中国ではここに外国人が含まれるか否かについてはほとんど議論がなされていない。例えば、張麗『教育法律問題研究』（中国・法律出版社、2007年）85頁は以下のように述べる。教育機会の平等原則は、教育法第9条により「公民は民族、種族、性別、職業、財産状況、宗教信仰などで差別を受けず、法により平等に教育を受ける機会を享有する」

36　鐘頭朱「論外国人的憲法権利」『遼寧教育行政学院学報』（26巻3期）中国・遼寧教育行政学院、2009年、21頁。

37　鐘頭朱・前掲本章註36・21頁。

38　劉旺洪（主編）『教育法教程』中国・南京師範大学出版社、2006年、38頁。

39　金国華（主編）『教育行政法新論』中国・中国政法大学出版社、2008年、27頁。

15

第 1 部　中国における諸問題の法的構成

とされている。この原則は憲法の「公民は法の前に一律平等である」との原則
と、国外の教育立法の中の教育機会均等の規定の有益な経験が結合し我が国教
育の実際の状況を確立させたものである。以上を述べるのみであり、結局、「教
育機会の平等」の対象に外国人が含まれているのかについては言及されていな
い。しかし、「公民」との表現がみられることから、「教育機会の平等」の対象
に外国人を含むのかについては、直接的表現はないものの否定しているものと
思われる。このような表現は、劉旺洪（主編）『教育法教程』（中国・南京師範大学
出版社、2006 年）42 頁も同様である。また、王雪梅＝張玉霞ほか『法と教育の
公平［法与教育公平］』（中国・中国農業科学技術出版社、2007 年）22 ～ 26 頁は以
下のように述べる。教育の公平は社会の公平の基礎であり、現段階では中国の
教育制度には欠陥があり、公民は教育を受ける機会の不公平を受けているとし
ている。そして、その不公平の具体例として経済的弱者の未就学問題（特に農
村での未就学者の大部分が女児である問題）などを取り上げている。しかし、外国人
には教育の公平を与えられているのか、また与えるべきなのかには触れていな
い。

　学説の具体例を挙げるのはここまでとするが、中国の教育法における学説
上、そのほとんどは教育の機会の平等が外国人に及ぶのかにつき議論すらなさ
れていないといってよい。わずかながら、高家偉『教育行政法』（中国・北京大
学出版社、2007 年）9 頁は「教育を受ける権利の主体の多元的問題」として「国
籍問題。すなわち外国人もしくは無国籍人の教育を受ける権利」に触れている。
しかし、当該書においてもこのような問題があると紹介しているのみで、外国
人もしくは無国籍人も教育を受ける権利を享受できるのかまたは享受するよう
にするべきなのかについては何も言及がされていない。残念ながら中国では憲
法における「教育を受ける権利は国家が公民に対して尽力するもの」という考
え方が法律にまで浸透しているということなのであろう。

　また、憲法と教育法を根拠に制定されている高等教育法第 9 条も「公民は法
により高等教育を受ける権利を有する」と規定しているのみである。既に述べ
た通り開放大学は高等教育法によって運営されているので、法律の文言上は開
放大学という高等教育を受ける権利は公民に限定されていることになる。さら
に自習試験条例第 3 条も「中華人民共和国公民は性別、年齢、民族、種族およ

び今までに受けた教育の程度によって制限を受けることなく本条例により等しく自習試験を受けることができる」と規定し、さらにこの条文を根拠に自習試験は外国人の参加を拒否していることも本章3.1.で述べた。

3.2.2. 日本における外国人の教育を受ける権利

日本国憲法第26条1項は「すべて国民は、法律の定めるところにより、その能力に応じて、ひとしく教育を受ける権利を有する」と規定している。ここにいう「教育」とは、中国のそれとは異なり、その性質上子どものみに保障されている[40]。すなわち義務教育を受ける権利である。

しかし、同時に「教育の機会均等の保障」、すなわちそれぞれの水準の教育を受けるに足る能力に応じて、どんな立場の人にでも教育機会へのアクセスが可能となるような立法措置を要求する権利の保障も行っているとされている[41]。つまり、日本の公開教育は教育を受ける権利ではなく、教育の機会均等の保障の具現化であるといえる。

憲法の文言を見れば、日本も中国と同じように「国民」のみにその権利の保障を行っている。しかし、日本における外国人の権利は権利性質説を採用し一般的に以下のように説明されている。「人権が前国家的・前憲法的な性格を有するものであり、また、憲法が国際主義の立場から条約および確立された国際法規の遵守を定め（98条）、かつ、国際人権規約等にみられるように人権の国際化の傾向が顕著にみられるようになったことを考慮すれば、外国人にも、権利の性質上適用可能な人権規定は、すべて及ぶと考えるのが妥当である[42]」。また、マクリーン事件判例（最大判昭和53年10月4日。民集32巻7号1223頁）においても「基本的人権の保障は、権利の性質上日本国民のみをその対象としていると解されるものを除き、わが国に在留する外国人に対しても等しく及ぶものと解するべき」と判示されている。

ここで「日本国民をその対象としていると解される」権利とは何なのかが問題となる。従来、日本で外国人に保障されない人権の代表例としては、参政権、

40　小泉洋一＝倉持孝司ほか『憲法の基本』（第2版）法律文化社、2011年、135頁。

41　小泉洋一＝倉持孝司ほか・前掲本章註40・135頁。

42　芦部信喜・前掲本章註27・92頁。

第 1 部　中国における諸問題の法的構成

社会権、入国の自由が挙げられていた。[43] 日本における教育を受ける権利は社会権に属するとされている。しかし、日本では外国人の教育を受ける権利については議論がなされてこなかった。先に述べたように「外国人に保障されない人権の代表例」として社会権はしばしば挙げられているが、実際に外国人に保障されるか否かが議論の対象となっていたのは、社会権のうち社会保障の権利などであった。しかし、今日では社会保障の権利は国家主権の原理との関係が問題となるようなことがないことから、広く外国人にも認められている。[44] 国家主権の原理との関係が問題となることはないという理由で外国人に社会保障の権利が認められるならば、同じく国家主権の原理とは関係のない教育を受ける権利も外国人が享受できるのは当然のことである。このように日本においては教育の機会均等の保障は「日本国民をその対象としていると解される」ものではなく、広く外国人にも認められる。

　日本においても教育に関する基本法として教育基本法（1947 年（昭和 22 年）3 月 31 日公布・施行、昭和 22 年法律第 25 号。2006 年（平成 18 年）12 月 22 日全面改正・改正法施行、平成 18 年法律第 120 号）が、放送大学の設置根拠として放送大学学園法（1981 年（昭和 56 年）6 月 11 日公布・施行、昭和 56 年法律第 80 号。2002 年（平成 14 年）12 月 13 日全面改正、平成 14 年法律第 156 号、2003 年（平成 15 年）10 月 1 日改正法施行。2012 年（平成 24 年）11 月 26 日最終改正、2015 年（平成 27 年）10 月 1 日改正法施行）が存在する。これらの法律でも文言上は「国民」に教育を行うものとなっている。日本でもこれについて「外国人」が含まれるか否かの議論は見かけることはできない。しかし、既に述べた通り、日本では憲法の段階で既に外国人も教育の機会均等の保障がなされている。そのため、教育基本法上の「国民」には外国人を含むと考えられる。

3.3. 日中の公開教育を比較して——中間的考察

　本章 3.2. で見たように、日中の外国人の教育を受ける権利や教育の機会均等の保障の相違は両国の人権観の違いに起因している。すなわち、人権を前国家的・前憲法的な性格の権利と捉えている日本では、権利の性質上適用可能

43　長谷部恭男『憲法』（第 5 版）新世社、2011 年、119 頁。芦部信喜・前掲本章註 27・92 頁。
44　小泉洋一＝倉持孝司ほか・前掲本章註 40・168 頁。

な人権規定は外国人にも及ぶ。これに対して「天賦人権論」を否定している中国では、「国家が与える」権利は憲法や法律に記載されない限り認められないのである。そして、残念であるが、中国では外国人も教育を受ける権利を享受できるとは、82年憲法や法律には記載されていない。

　もっとも、本章3.2.1.1.で見たように、中国でも「前国家的性質の人権」が存在するとしている説もある。しかし、この説によっても教育を受ける権利は不完全な享受を受けるに過ぎない。

　総括すると、日中のこの違いは①人権全般は前国家的・前憲法的と捉えているか否か、②教育を受ける権利を国家主権の原理と関係が問題にならない権利と捉えるか国家が公民に対して尽力するものと捉えるかの2点が憲法上の違いが発生する原因である。

　また、法律の条文を比較すると、そこには日中で大きな違いがあるようには見えない。両国ともそれぞれの法律で定められている「公民」や「国民」の言葉に外国人が含まれるのかの議論がなされていないからである。

　本章3.2.2.で述べたように、日本は憲法の段階で「教育を受ける機会の平等」も広く外国人にも認めていることがその原因と考えられる。しかし、82年憲法ではそのようには認められておらず、法律レベルで外国人の教育を受ける権利につき議論があって然るべきともいえる。しかし、そのような議論は行われておらず、憲法に定められた権利からの拡大を行おうとはしていない。本章3.2.1.1.で述べた通り、82年憲法において権利性質説を採ってもなお外国人が教育を受ける権利を享受できない。しかし憲法で教育を受ける権利が保障されていないから法律で保障をするのではなく、法律が憲法の意向をそのまま汲んでいるといえる。

4．日中の公開教育の目的

　これまで日中の公開教育を法的観点に着目をして見てきた。ここでは、両国の公開教育の目的について見ていく。

第1部　中国における諸問題の法的構成

4．1．中国の公開教育の目的

　本章2．1．2．および2．2．2．でも述べたように、自習試験や開放大学の前身であるテレビ大学の目的は本来文革で停滞した教育を立て直すためのものであった。しかし1990年代になって農村と都市の教育格差問題の是正や生涯学習の提供としての目的を持つようになった。現在では、自習試験の特色としては、最大の開放性、多方向への適応性、多大な融通性にあると宣伝されている[45]。

　また、本章3．1．でも述べた2013年5月13日の北京教育考試院からの以下の回答は非常に重要であろう。「中国大陸の高等教育の専門課程の設置には独特のものがある。具体的には『政治理論課程』というものがあり、例えばマルクス哲学、マルクス主義政治経済学、中国共産党史や社会主義建設の理論などの内容である。これらの課程は外国人にとって学ぶことは大変難しい。このように中国の高等教育の専門課程の設置思想は日本などとは大幅に異なる。もしこれらのことを克服し、自習試験への参加を希望したとしても、法令により外国人は制限を受けているのでやはりどうしようもない」。

　また、本章2．2．2．で述べたように、開放大学はその前身たるテレビ大学の時代に、自習試験と同様に農村と都市の教育格差問題の是正などへ目的が変化し、さらにしばしば教育部などから開放大学となるようにとの命令を受け現在に至っている。

4．2．日本の公開教育の目的

4．2．1．放送大学の目的

　放送大学の設立の趣旨は「生涯学習の時代に即応」して、「放送等を効果的に活用した新しい教育システムの大学教育を推進することにより、レベルの高い学習の機会を広く国民に提供するとともに、大学教育のための放送の普及発達を図ることを目的として設立されたもの」である[46]。そしてその目的は以下の

45　「高等教育自学考試指南：了解自考」（中国教育在線自学頻道ホームページ）〈http://www.eol.cn/html/zk/zhinan/index.shtml〉更新日不明、2019年2月1日閲覧。

46　「設立の趣旨」（放送大学ホームページ）〈https://www.ouj.ac.jp/hp/gaiyo/purpose.html〉

20

3つである。①生涯学習機関として、広く社会人に大学教育の機会を提供すること。②新しい高等教育システムとして、今後の高等学校卒業者に対し、柔軟かつ流動的な大学進学の機会を保障すること。③広く大学関係者の協力を結集する教育機関として、既存の大学との連携協力を深め、最新の研究成果と教育技術を活用した新時代の大学教育を行うとともに、他大学との交流を深め単位互換の推進、教員交流の促進、放送教材活用の普及等により、わが国大学教育の改善に資すること。

　設立の趣旨の中には「学習の機会を広く国民に提供する」との言葉があったが、目的は「広く社会人」に生涯学習の機会を与え、「高等学校卒業者」に対し大学進学の機会を保障することとなっている。

4.2.2. 学位授与機構

　学位授与機構の制度ではその目的について計画段階から一貫して「国民の教育」という表現は一切されてこなかった。学位授与機構制度設立につき最初に言及された昭和61年4月の臨時教育審議会「教育改革に関する第2次答申」においても、生涯学習体系への移行の観点から学位授与機関の創設について検討することと提言されている。[48]

　また、現在も学位授与機構は「学習者ひとりひとりのニーズに応じたさまざまな学修の積み重ねの成果を学士の学位取得につなぐ」ためのものとされている。[49]

4.2.3. 公開教育の目的を比較して──中間的考察

　ここでは法学的視点を離れ、公開教育の目的を見てきた。自習試験は中国公民にしか開放されていないものの開放性を謳っている。この開放性について「中国の国民であれば、だれでも独学試験（筆者註──ここでは自習試験を独学試験と訳している）を受ける権利がある」と中国公民への開放との説明がある。[50] この説

　更新日不明、2019年2月1日閲覧。

47　「設立の趣旨」（放送大学ホームページ）・前掲註46。

48　「統合前の沿革（大学評価・学位授与機構）」（独立行政法人大学評価・学位授与機構ホームページ）〈https://www.niad.ac.jp/about/history/enkaku.html〉更新日不明、2019年2月1日閲覧。

49　『新しい学士への途──学位授与申請案内（平成30年度版）』・前掲本章註26・3頁。

50　高益民・前掲本章註1・7頁。

第1部　中国における諸問題の法的構成

明は国籍制限を設けながら開放性を謳っている自習試験を説明するには的確であるといえる。また、「開放大学」に改組されても外国人の受け入れを拒否している点で、開放大学の開放も中国人への開放と考えるべきであろう。中国のテレビ大学がモデルにしたはずのイギリスのオープンユニバーシティーは入学に国籍による要件がないばかりか、現在はインターネットを通じて世界中で誰でも学ぶことができ注目を集めている。その意味では中国の開放大学の開放とオープンユニバーシティーのオープンは意味が異なる。また、「広く社会人」への開放を目指す放送大学なとともその目的が異なる。

　すなわち、日中の公開教育を比較すると、中国の公開教育は「国民の教育」が目的であるのに対し、日本の公開教育は「広く社会人への教育」を目的とすることであるといえる。では、なぜその目的に違いがあるのかといえば、北京教育考試院からの回答にあるように、社会主義国家の教育としてマルクス思想などの内容を重視しなければならない点、かつその内容を中国人以外が学ぶことが適当でない点が挙げられるだろう。

5．おわりに

　ここまで、日中の公開教育を着眼点として、外国人の教育を受ける権利について見てきた。その結果、中国の公開教育を外国人が利用できない理由は、以下の2点によると考えられる。①憲法における教育を受ける権利の性質の違いと②公開教育の目的の違いである。

　①憲法における教育を受ける権利の性質の違いについては、中国では天賦人権論が否定されており、外国人にも権利を認めるという考えが基本的に見受けられないことが問題の根幹となっている[51]。さらに、教育を受ける権利とは国家

51　この点に関し、82年憲法第32条第2項の外国人の庇護権についてであるが、以下のように評価されている。「わが国憲法における公民の基本的権利および義務は、わが国公民が法によって享有する基本的権利および義務をいい、それゆえ外国人に庇護を受ける権利を与えることを『公民の基本的権利および義務』の章に置くことは明らかに不適切であり、『総綱』に置くことが比較的に合理的である」、「『外国人』を『公民』と同様に扱うことの躊躇が存在する」（西村幸次郎『中国憲法の基本問題』成文堂、1989年、11頁）。この「『外国人』を『公民』と同様に扱うことの躊躇」はこの規定に留まらず、中国憲法

が公民に対して尽力するものと捉える中国では権利性質説を採用しても外国人に教育を受ける権利が認められない。また、この憲法上の権利の取り扱いを法律で修正することなく法律レベルでの議論もなされていない。逆にいえば、憲法および法律上、外国人は中国で教育を受ける権利が保障されていないため、通学制の大学に外国人が留学生として通い、学位を取得できることに満足するべきなのかもしれない。

　②公開教育の目的の違いについては、以下のようにいえる。公開性を謳っている自習試験はその公開性は中国公民への公開性と説明され、開放大学の開放も同様である。これは、広く社会人を対象とする日本の公開教育とは目的が異なる。しかし、本章3.1.で述べたように、国家開放大学は少なくとも名目上は「外国人でも学ぶことができる」との回答を出しており、日本でいう開放大学と同等のものを目指しているといえよう。しかし、実現されていない。

　北京教育考試院からの回答によれば、自習試験の参加を中国公民に限定する理由は、社会主義国家の教育としてマルクス思想などの内容を重視しなければならないという中国独特の教育方針が外国人にそぐわないからとのことであった。開放大学が外国人を入学拒否することも同じ理由であると考えられる。

　しかし、このように結論を出しても、通学制の大学などでは中国人用の課程に留学生として外国人もおり、②の理由のうち「社会主義国家の教育としてマルクス思想などの内容を重視しなければならない」ことを理由に外国人の自習試験の参加を拒否することにはいささか違和感がある。すなわち、この理由は外国人が自習試験（および開放大学）を利用することの明確な拒否理由になるとは言い難い。また、開放大学関係者自身も「公開教育の対象はどこまでにすべきなのか」に戸惑いがあるのではないだろうか。そのことが、国家開放大学のように「外国人でも学ぶことができる」としつつも、出願書類として必ず居民身分証の提示を求めるなどの矛盾した取り扱いとなっているのだろう。また、このような矛盾を孕んだ取り扱いが今日まで疑問を持たれなかったことは、そもそも中国の公開教育に外国人が参加することを関係者が考えてもいなかったことの表われといえる。ここから、中国の公開教育については、まだまだ未熟

全体にいえることであるといえよう。

第1部　中国における諸問題の法的構成

な部分が多いといえる。

　しかし、未熟な中で、広く外国人にも中国での教育を受ける権利を保障すべきと主張している者もいる。例えば、楊向東（主編）『憲法学——理論・実務・実例』（中国・中国政法大学出版社、2010年）182～183頁は以下のように述べる。「教育を受ける権利」の法的保障の法的根拠として1948年の世界人権宣言第26条の「高等教育は、能力に応じて、すべての者に対して均等に機会が与えられるものとする」および1966年の経済的、社会的および文化的権利に関する国際規約第13条の「この規約の批准国は、教育についてすべての者の権利を認める。（中略）（丙）高等教育は、すべての適当な方法により、特に、無償教育の漸進的な導入により、能力に応じ、すべての者に対して均等に機会が与えられるものとすること」との規定を紹介している。しかもこれらの条約を法的根拠の最上位と位置づけ、この条約の次に憲法の規定を紹介している。また、同様の内容は邱之岫（主編）『憲法学』（中国・中国政法大学出版社、2007年）166～167頁にも書かれている。なお、蔣南成＝雷偉紅『憲法学』（中国・浙江大学出版社、2007年）287頁は教育を受ける権利の法的根拠として、世界人権宣言には言及していないが、経済的、社会的および文化的権利に関する国際規約には言及している。

　さらに、韓大元『憲法学基礎理論』（中国・中国政法大学出版社、2008年）307頁は以下のように述べる。教育を受ける権利とは「広義には誰もが能力に応じて平等に教育を享受する権利であり同時に教育の機会を提供するよう請求する権利である。狭義には公民が平等に教育を享受する権利である」。この狭義の教育を受ける権利は、現在の中国の通説的見解といえるが、広義の教育を受ける権利は明らかに既に説明した中国の通説とは異なり、外国人をも権利の保障対象に含んでいるものである。また、朱福恵（主編）『憲法学』（中国・廈門大学出版社、2007年）295～296頁も以下のように述べる。国際人権法や国内外の学界では教育を受ける権利の統一的定義はまだ完成していないとしつつも経済、社会および文化権利委員会は1998年に教育を受ける権利は以下の内容を含むとしている。「①何者にも教育を受ける権利を剥奪されないこと、②成人を含むあらゆる人があらゆる方法を通じて基本（初等）教育を享受する権利を持つ、初等教育は強制的であり無償である、何人も児童の初等教育を受ける権利を剥奪し

てはならない、国家は本項の権利が第三者に侵されないよう保護する責務を負う、③教育を選択する自由は国家や第三者の干渉を受けない、④少数者は公共教育体系の外ではその教授に自らの言語を選択する権利を享有する」。さらにこれに続けて「教育を受ける権利とは少なくとも教育を接受する権利や教育の選択の自由などを包括するものといえる」と結んでいる。すなわち、教育は誰でも自由に選択できなければならないと述べている。

　以上のように、中国で外国人にも教育を受ける権利を認めるべきとの主張で最も多いのは、世界人権宣言や経済的、社会的および文化的権利に関する国際規約について言及したものである。中国では 82 年憲法上、国際法を遵守しなければならないという規定は存在せず国際法の一般的効力についても議論がある。しかし、法源の紹介でこのようにいわれているのは、大きなことと考えられる。もっとも、残念なことに中国ではこの世界人権宣言や経済的、社会的および文化的権利に関する国際規約上の権利を「自国民」の教育を受ける権利と解釈している学説もある。[52]

　もっとも高家偉『教育行政法』8 ～ 9 頁は世界人権宣言や経済的、社会的および文化的権利に関する国際規約の「すべての者［人人］は自然人を指し、男と女、成年と未成年、本国人と外国人、非拘束者と拘束されている犯罪者など例外なく包括する」と明確に述べている。

　最近の中国法は憲法を除いて、急速に社会主義法からの離脱を遂げつつあるといわれている。[53] この言葉の示すように前国家的権利の存在の否定や外国人の権利に対し消極的である点など、憲法には社会主義法の特色がいまだ色濃く残っている。

　しかし、今まではどの国でも公開教育といえば、国内で行うものだったが、インターネットなどの発達により、外国への発信も可能となってきた。そのため、参加に国籍要件を設けず、しかも海外へ向けて発信する公開教育制度を置く国もある。このような流れの中で、自国民限定の「公開性」を謳う制度は時

52　余軍（主編）『憲法学』中国・厦門大学出版社、2007 年、192 頁。

53　髙見澤磨＝鈴木賢『中国にとって法とは何か――統治の道具から市民の権利へ（叢書中国的問題群 3）』岩波書店、2010 年、110 頁。もっとも、社会主義法から脱却をしているとは評価できないとの意見もある。高橋孝治「中国会計法における資格者必置制度」『日中社会学研究』（23 号）日中社会学会、2015 年、167 頁。

第1部　中国における諸問題の法的構成

代の流れに逆らったものであると評価せざるを得ない。

　本来、学習とは自ら行えばいいという側面がある。しかし、独学のみでは内容を誤解したり、理解できない部分を飛ばしたりしてしまいがちになる。そのような独りよがりな学習を防ぐためには、一定のレベルに到達しているかを試験の形式で測る自習試験や公開大学のような制度が非常に有用である。さらに、他者に目に見える形で評価される大学卒業や学位取得などは学ぶモチベーションにもつながる[54]。これを考慮してか文革による教育制度の破壊の立て直しの際に、公民に自習を奨励するのみではなく自習試験や開放大学の前身であるテレビ大学などの制度を用意し大学卒業、学位取得など学習成果を目に見える形にできるようにしてきた。

　経済のグローバル化、中国の世界貿易機関（WTO）加入などにより、対外開放の進展に伴い中国への投資、合資、旅行、仕事、留学で入国する外国人が増えていることは中国も認めている[55]。そうであるとすれば、中国に来ている外国人にもそのような目に見える学習成果の制度を利用させることは、外資や外国人を積極的に受け入れるという改革開放政策の一環ともいえる。本章3．2．1．1．に引用したように「中国国内にいる外国人の合法的権利を保護することにより、各国人民との交流と協力は有利になり、対外開放政策も有利になる」と指摘されている。しかし、現状はそのようになっていないことを本章は指摘した。さらに、その理由も明確な拒否理由になるとは言い難いことも指摘した。中国の公開教育はその対象範囲につき未熟な部分があり、今後議論がなされなければならないだろう。

54　例えば、学びへの意欲について「ケラーのARCSモデル」では認定証などの肯定的な結果や試験で基準を揃える公平さとが学びの満足感につながるとしている。鈴木克則『教材設計作成マニュアル──独学を支援するために』北大路書房、2002年、179頁。
55　侯西助（主編）『憲法学概論』（第2版）中国・中国政法大学出版社、2011年、134頁。

第2章　中国で日本企業が経験した製造物責任法に関する理不尽な裁判

——なぜ中国で日本企業は「理不尽に敗訴」するのだろう？

1．はじめに

1．1．問題の所在

　中国でも多くの日本企業が活動している。しかし、中国で活動している日本企業は、中国で理不尽に敗訴することがある。しかし、このような日本企業の中国での理不尽な敗訴はあまり情報として提供されてこなかったように思える。そこで、本章は、これまでに提供されてこなかったこのような情報を提供し、日本企業はどのように理不尽に敗訴するのか、またなぜそのようなことが起こるのかを考察するのが本章である。

　本章が取り上げるのは、製造物責任法［産品質量法］（1993年2月22日公布、同年9月1日施行）と免責に関する挙証責任についての問題である。具体的には、1996年に起きた事故が製造物責任法上の問題なのではないかとされ、製造物責任法と証拠の問題につき2000年に判決がなされた案例である（以下「本案例」という。また、「案例」という用語については、本章1．2．で解説する）。

　なお、判決文には、当該被告となった日本企業の名称も明記されているが、本章では「日本企業A社」と呼ぶものとする。また原告などの名も甲、乙などの記号で表すものとする。

1．2．本章の議論の前提

　日本と中国とでは社会体制や司法のシステム、法律の目的などが異なる。そのため議論や検討の前提として中国の法システムの概略を知らなければならない。そのため、ここでは中国の民事実体法（民法および製造物責任法）、民事訴訟法の順に紹介する。なお、ここで用いる法律の条文は、本案例を検討するために2000年時点の条文である。2000年以降に行われた改正については、本章4．

第 1 部　中国における諸問題の法的構成

で触れる。

　中国の民事実体法には、日本のような「民法典」は存在せず、いくつかの単行法規を集めて成り立っている。すなわち、日本の民法総則に相当する「民法通則」（1986 年 4 月 12 日公布、1987 年 1 月 1 日施行。2009 年 8 月 27 日最終改正・改正法施行）、物権について規定した「物権法」（2007 年 3 月 16 日公布、同年 10 月 1 日施行）、債権について規定した「契約法［合同法］」（1999 年 3 月 15 日公布、同年 10 月 1 日施行）などである[1]。もっとも、中国は「民法典」を制定すべく、まず総則部分である「民法総則」を 2017 年 3 月 18 日に公布している（2017 年 10 月 1 日施行）。しかし、民法総則が施行されても民法通則は廃止されていない。

　中国は社会主義国家であるため、従来計画経済の実行のため民法も公法であるという考えが支配的であった[2]。しかし、改革開放政策の実行に伴い、私法とも捉えられるようになっていった。その意味で、土地の私有を認めない物権法など一部の民事法規を除けば、日本の民法にかなり「近い」内容になっているといえる。本章で議論する内容でいえば民法通則第 106 条第 2 項は「公民、法人が過失によって国家や集団の財産、他人の財産や人身を侵害した場合は民事責任を負う」と規定し、過失責任を原則とし、同条第 3 項では「無過失であっても、法律の規定により民事責任を負わなければならない場合は、民事責任を負う」と規定し、例外としての無過失責任を認めている[3]。

　また、製造物責任法第 29 条第 1 項は、「製品の欠陥により人身もしくは欠陥製品以外のその他の財産（以下「他人財産」）に損害が発生した場合、生産者は損害の賠償責任を負う」とし無過失責任について規定している[4]。しかし、同条第 2 項は「生産者が以下のいずれかを証明した場合、賠償責任を負わない。（一）まだ一般に流通していない場合、（二）流通開始時に損害を引き起こす欠陥が存在しなかった場合、（三）流通開始時の科学技術では欠陥の存在を発見できなかった場合」という生産者の免責について規定している。なお、生産者の無過失責任については民法通則第 122 条にも「製造物の品質が不合格であ

1　西村幸次郎（編）『現代中国法講義』（第 3 版）法律文化社、2008 年、92 頁。

2　西村幸次郎（編）・前掲本章註 1・93 頁。

3　王利明（主編）『民法』（第 4 版）中国・中国人民大学出版社、2008 年、681 〜 683 頁。

4　田中信行（編）『最新 中国ビジネス法の理論と実務』弘文堂、2011 年、88 頁。

28

第 2 章　中国で日本企業が経験した製造物責任法に関する理不尽な裁判

り、他人の財産、身体に損害を与えた場合、製造物の製造者、販売者は法により民事責任を負う」との規定がある。製造物責任法はこの内容を確認・踏襲したものである。この他にも、消費者保護法［消費者権益保護法］（1993 年 10 月 31 日公布、1994 年 1 月 1 日施行）などがある。

　次は、民事訴訟法についてである。中国では裁判所は「人民法院」と呼ばれ、二審制を採用している（民事訴訟法第 10 条（本書第 1 章註 (35) で述べたように、民事訴訟法の最終改正は 2017 年だが、当該条文は、1991 年の公布時から常に第 10 条に規定されている））。第 1 審の結果に不満を持ち、第 2 審に進むことは「上訴」という。中国の人民法院は、最高人民法院を頂点として、高級人民法院、中級人民法院、基層人民法院の順からなる四級制がとられている（その他軍事、海事、鉄道などの特殊な事件を担当する専門人民法院がある）。原則として第 1 審は基層人民法院が担当するが、事件の重要度に応じて中級人民法院や高級人民法院、最高人民法院が第 1 審を担当する（人民法院組織法（1979 年 7 月 5 日公布、1980 年 1 月 1 日施行。2018 年 10 月 26 日最終改正、2019 年 1 月 1 日改正法施行）第 16 条、第 21 条、第 23 条、第 25 条（2000 年当時の条文では第 20 条、第 24 条、第 27 条、第 31 条））。

　中国の民事訴訟法が日本の民事訴訟法と大きく異なる点は、職権主義が広範に認められている点にある。すなわち、日本の民事訴訟では当事者主義の下、弁論主義により当事者が提出しない証拠が裁判の資料に使われることはないのに対し、中国の民事訴訟では①当事者の主張しない事実でも裁判の資料として採用することができ、②法院は当事者間に争いのない事実でも裁判の資料としないことができ、③当事者の申し出た証拠以外にも職権で他の証拠を調べることができる。中国の民事訴訟法は 1982 年 3 月 8 日に「民事訴訟法（試行）」の名で公布され（1982 年 10 月 1 日施行）、現行の民事訴訟法は 1991 年 4 月 9 日に公布された（同日施行）。その後 2007 年、2012 年、2017 年に改正され、その度

5　小嶋明美『現代中国の民事裁判——計画から市場へ、経済改革の深化と民事裁判』成文堂、2006 年、119 頁。高見澤磨＝鈴木賢ほか・前掲本書第 1 章註 29・283 頁。

6　宋朝武（主編）『民事訴訟法学』中国・中国政法大学出版社、2008 年、140 ～ 142 頁。

7　高見澤磨＝鈴木賢ほか・前掲本書第 1 章註 29・274 ～ 275 頁。

8　小嶋明美・前掲本章註 5・148 頁。高見澤磨＝鈴木賢ほか・前掲本書第 1 章註 29・271 頁。

9　上田徹一郎『民事訴訟法』（第 2 版）法学書院、1997 年、304 頁。

10　斎藤明美『現代中国民事訴訟法』晃洋書房、1992 年、56 頁。

第1部　中国における諸問題の法的構成

に当事者主義への転換が図られているが、未だ当事者主義の徹底はなされていない[11]。

　次は、中国における裁判結果の効力についてである。中国においては裁判の結果は「判例」ではなく「案例」と呼ばれ、「日本の判例とは異なり、先例としての拘束力もなければ、事実上の法源性も否定されていると解されている[12]」。つまり、類似する事例が複数あったとしても、人民法院が必ずしもその複数の事例に対し同じ結論を出すとは限らないのである。しかし、いくつか条件を満たした案例は、「指導性案例」と呼ばれ（最高人民法院の案例指導工作に関する規定［最高人民法院関于案例指導工作的規定］（2010年11月26日公布・施行）第2条）、最高人民法院が公布した指導性案例は、各人民法院が類似案件に対し判断をする場合に参考にしなければならないとされている（最高人民法院の案例指導工作に関する規定第7条）。本章で取り上げる案例は指導性案例であるため[13]、研究の素材に用いるには有用であると考えられる。

　また、中国をはじめとする社会主義国家では、「政策は法律の霊魂である」と呼ばれ[14]、法律と政策の境目が曖昧となっている[15]。さらに、政策と法律に矛盾が生じた場合、政策が優先されるという指摘もある[16]。

11　高見澤磨＝鈴木賢ほか・前掲本書第1章註29・271頁。

12　鮎京正訓（編）『アジア法ガイドブック』名古屋大学出版会、2009年、24頁。徐行「現代中国における訴訟と裁判規範のダイナミックス（1）──司法解釈と指導性案例を中心に」『北大法学論集』（62巻4号）北海道大学大学院法学研究科、2011年、1006頁。

13　最高人民法院の案例指導工作に関する規定の公布・施行は2010年11月26日であり、それより前である2000年に本案例は出ている。しかし、指導性案例制度は最高人民法院の案例指導工作に関する規定公布より前の人民法院第2次5カ年改革綱要に遡ることができ（2005年10月26日公布）、本案例は2009年にも『最高人民法院公報案例大全』に再録されている。また、最高人民法院の案例指導工作に関する規定施行前に最高人民法院が公布した案例も指導性案例となっている可能性も指摘されている。徐行・前掲本章註12・1004〜1005頁。

14　小田美佐子『中国土地使用権と所有権』法律文化社、2002年、4頁。

15　「中国では、法がないときは党や国家の政策をもってくるのがすじである。かようにして、法は政策の具体化、条文化といわれる」、「法と政治との間の緊密で不可分の関係は、政治が法に対してではなく、法が政治に対して、その用具として従属するという性質のものである」とも指摘される（福島正夫『中国の法と政治──中国法の歴史・現状と理論』日本評論社、1966年、27頁）。

16　田中信行（編）・前掲本章註4・9頁。

2．本案例の概要

本案例は、2000 年 8 月 10 日に北京市第二中級人民法院が第 2 審として判決を下した製造物責任法に関する問題である。本案例は、『中華人民共和国最高人民法院公報』（2001 年 2 期（通巻第 70 期）中国・最高人民法院、2001 年）59 頁や最高人民法院弁公庁（編）『最高人民法院公報案例大全』（中国・人民法院出版社、2009 年）796 頁にも掲載されている指導性案例である。

2．1．第 1 審における双方の主張

原告である甲と乙（乙は甲の子）は被告である日本企業 A 社（以下「A 社」という）に対する損害賠償について、A 社中国北京事務所の所在地を管轄する北京市朝陽区人民法院（基層人民法院）に提訴した。

原告甲および乙の主張は以下の通りである。原告甲の夫で乙の父である丙は被告 A 社の生産したジープに乗っていたとき、フロントガラスが走行中突如爆発したため、負傷し結果として死亡した。中国の法律では、生産者は自らが生産した製品につき責任を負い、経営者はその提供した商品もしくはサービスが身体や財産の安全に合致することを保障しなければならない。すなわち被告は丙の死に対し責任を負い、原告に対し埋葬費、誤った製造に対する補償、出張旅費、鑑定費、補償金、教育費、生活補助費など合計 50 万人民元を支払わなければならない。

これに対する被告 A 社の主張は以下の通りであった。生産工場は二度の鑑定と中華人民共和国国家建築材料局安全ガラス品質監督検査センター［中華人民共和国国家建材局安全玻璃質量監督検査中心］（以下「国家品質検査センター」という）の分析テストにより、事故車のフロントガラスは非常に大きな外力が加わった状況下で破損することを確認している。確かに製造物責任法第 29 条第 1 項や消費者保護法第 35 条第 2 項（消費者あるいはその他の被害者が商品の欠陥によって身体、財産に損害を受けた場合、販売者に対し賠償を要求でき、生産者に対して賠償を要求することもできる。生産者の責任に属する場合、販売者が賠償した後、生産者に対し求償する権利を有する。販売者の責任に属する場合、生産者が賠償した後、販売者に対し

求償する権利を有する）は製品の生産者の消費者に対する損害賠償責任を規定しているが、同時に2つの厳格な前提条件を備えている。第1に製品に欠陥が存在すること。第2に製品に存在する欠陥が人体あるいは財産に損害をもたらすこと。事実はすでに証明されており、事故が発生したジープの品質に問題はない。つまり製品には欠陥が存在せず、そのため製品の欠陥が損害をもたらしたとはいえない。原告による訴訟上の請求には事実および法律上の根拠がなく、棄却されるべきである。

2.2. 第1審判決

北京市朝陽区人民法院は審理を通じて以下のことを認定した。1996年9月13日、原告甲の夫であり乙の父である丙はその勤務先B社の所有するA社製ジープに乗っていた。途中、この車のフロントガラスが突如爆発し、丙は爆風により怪我をし、病院へ搬送されたが、結果として死亡した。しかし、交通管理部門の現場検証により、本件は交通事故ではないと認定された。本件発生後に、ガラスが爆発した原因を探るため、被告A社は砕けたフロントガラスの破片を当該ガラスの生産メーカーである日本のC社まで運び、その鑑定を依頼した。C社の鑑定結果は以下の通りであった。今回のフロントガラス爆発の原因は、ガラスの品質の問題ではなく、外部に原因がある。

このC社の鑑定結果に甲および乙は同意せず、B社を通じて国家質検センターに破損したガラスの鑑定を依頼し、推定的ではあるものの、鑑定結果を得た。しかし、甲および乙が得た鑑定結果もフロントガラスはエチレンガラスであり、外的圧力を受けなければ、エチレンガラスが爆発することはないというものだった。

これらから北京市朝陽区人民法院は以下のように判示した。民法通則第106条第2項では「公民、法人は過失により……他人の財産、人身を侵害した場合、民事責任を負う」としている。本件は被告A社の丙の死に対する過失が証明されず、丙の死亡とA社の間には因果関係がない。原告甲および乙の主張する丙の死により受けた損害によるA社に対する賠償は、事実および法的根拠がない。

そのため判決は「原告甲および乙の被告A社に対する50万元の請求を棄却

第2章　中国で日本企業が経験した製造物責任法に関する理不尽な裁判

する。事件受理費 10,010 元は原告甲および乙の負担とする」とされた。

2.3. 第2審における双方の主張

　原告である甲および乙は第1審判決に不服を持ち、以下の4点を理由に北京市第二中級人民法院に上訴を提起した。①第1審で法院が認定したように、自動車のフロントガラスは突如爆発して、丙は爆風により死亡した。丙は車に乗り死亡し、しかも本人は無過失であり、その死亡とフロントガラスの爆発には関連性があり、因果関係があることは明白である。②被告A社が我々の許可なくフロントガラスを日本のガラス生産メーカーC社に送り鑑定したことは誤りであり、その鑑定結果は無効で最終的な結論とはならない。その後、被告A社はガラスを日本から北京に持ち帰ってきたが、その持ち帰ってきたガラスが本件のものかどうか確認することはできない。しかもその後、このガラスを国家品質検査センターに送った時すでにガラス強度の試験および爆発の原因分析ができない状態に加工されていた。国家品質検査センターはこのような状況でただ何枚かのガラスの破損の写真のみによって推定的な結論を得たにすぎず、これを最終的検査結果とするべきではない。③たとえガラス生産工場の二度の鑑定と国家品質検査センターの結論のようにフロントガラスが外力によらなければ爆発することはないとしても、どのような外力を受けた場合か説明していない。もし受けた外力が正常で合理的な力だとしたら、ガラスの爆発はやはり品質の問題であり、被告A社は法律に基づいて賠償責任を負うべきである。④現在破損した現物、証拠は失われ、挙証責任は被告A社に移転している。被告は原審審理期間中同種その他のフロントガラスを国家品質検査センターで鑑定したと主張したが、これは不合理である。種類物と特定物は同等ではなく、すなわち同時期同等のその他のガラスは鑑定により品質に問題は無くとも、爆発したその物に品質の問題がないことにはならない。もし被告がこれ以外に証明を挙げることができないなら、挙証不能により法律責任を負うべきである。

　これに対する被上訴人A社の答弁は以下の3点であった。①当事件は3つの鑑定結果によっており、そのうちには上訴人甲および乙の選定した鑑定機関である国家品質検査センターの鑑定結果もあり、最終結論となるべきものである。②C社はもともと被上訴人が提出した爆破したフロントガラスの写真を

33

第1部　中国における諸問題の法的構成

もとに1回目の鑑定報告を行った。ジープの持ち主であるB社が写真のみを交付し、実物を鑑定することを拒否したためである。A社は自責の念から爆破したガラスを日本へ送って鑑定した。A社は無断でガラスを日本に送ったのではなく、そうするより他に法的責任を証明することができなかったのである。③本件のジープのガラス製品は欠陥が存在しない事実が証明されており、中国の法律によって、A社は製品に対して責任を負わない立場にある。第1審判決は事実通りに認定されており、法適用も正確であり、維持されるべきである。

2.4.　第2審（終審）判決

本件に関し、第2審ではA社の賠償責任を肯定するという結論が出た。その判旨は以下の通りである。

民法通則第106条第3項の規定に「無過失の場合であっても、法律により民事責任を負うべきとされていれば民事責任を負わなければならない」とあり、製造物責任法第29条には「製品の欠陥により人身もしくは欠陥製品以外のその他の財産（以下「他人財産」）に損害が発生した場合、生産者は損害の賠償責任を負う」とある。製造物責任法第29条は民法通則第106条第3項がいう「法律で指定された無過失責任」に当たり、一種の特殊な民事責任である。

民事訴訟法第64条によれば、「当事者は自らの主張に対して証拠を提出する責任を負う」としている。上訴人甲および乙主張は丙が被上訴人A社の生産したジープに乗っていたとき、フロントガラスが突如爆発し死亡したというものである。これについて甲および乙は病院の診断書、死体の検査結果、事故通知書などの証拠を提出している。これらによりフロントガラスの爆発により丙が死亡したことは明らかであり、製品によって問題が発生したこと、身体に傷害が発生したこと、損害事実と製品により発生した問題に因果関係があるなどの3つの要件を満たし、甲および乙の主張は支持されるべきものである。製造物責任法第29条の立法趣旨は、問題の挙証責任を生産者に転嫁することにある。生産者はフロントガラスに欠陥がないことを証明できず、さらにその他の原因で爆発が起こったことも証明できなかった。被上訴人A社が本案に関し提出したのは当該爆発したフロントガラスのメーカーであるC社の報告書2通である。C社は民事訴訟法第72条に定める法定鑑定機関ではなく、かつ鑑

34

定結果に利害関係を持っており、証拠としては採用できない。

　また、C社による鑑定によれば、ガラスは放射状に破損し、鋼材などが当ったものと思われるとし、300mm以上の物体が衝突してはじめて破損する強度を持っているとのことである。しかし、これは公安などの現場検証の結果と異なる。事故現場には他に300ｍｍ以上の物体などは確認できず、ジープに同乗していた者も100m内に他の車はなかったと証言している。当該案件の発生時間は朝早く、車の交通量も少なかった。この点からもC社の鑑定結果には根拠がなく、証拠として採用できない。

　国家品質検査センターはB社の委託を受けた法定鑑定機関だが、国家品質検査センターの報告によれば、フロントガラスは日本から中国に戻った際に、検査できる状態にはなく、写真および砕けたガラスに相当する別の物による推定的分析による結論を出し、かつフロントガラスが爆発した外的要因について何ら説明をしておらず、本件に対する事実について証明力を持たず、証拠として採用できない。

　本件で唯一証明されるべきことは、爆発後のフロントガラスに製品上の欠陥があったか否かだが、B社と上訴人A社は当該ガラスを密封した後、国家品質検査センターに検査のため提出する約束をしていた。A社はこの約定の後、B社の許可を得ず、ガラスを日本に運び、その後中国に持ち帰ってきた。しかしA社は原物を中国に持ち帰ったとの証明ができず、かつガラスはこの時さらに砕けており検査ができなかった。A社の主張により、本件のガラスと同時期に生産された同種のガラスを国家品質検査センターに提出し鑑定を行ったが、甲および乙の反対に遭った。種類物と特定物は完全に同等ではないという甲および乙の反対理由は合理的なものである。このような状況下で挙証不能による敗訴の責任はA社が負うべきである。

　製造物責任法第32条には、「製品に存在する欠陥により被害者の身体に傷害が発生した場合は、侵害者は医療費、傷害による給与の減少額、障害が残った場合の生活補助費などの費用を賠償しなければならない。被害者が死亡した場合は合わせて埋葬費、補償金、死亡した者が生前扶養していた者の必要な生活費なども賠償しなければならない」、「製品に存在する欠陥により人や財産に損害を受けた場合、侵害者は原状回復をするか、金銭によって賠償しなければな

らない。被害者がその他重大な損害を受けた場合は、侵害者は損害を賠償しなければならない」とある。上訴人甲および乙の主張は被上訴人Ａ社は埋葬費、補償金、死者が生前扶養していた者に必要な生活費、教育費、誤った製造に対する補償、出張旅費、鑑定費など各費用合計50万人民元を支払えというものであり、これに関係する各費用の証拠は既に提出されている。Ａ社は挙証責任を果たせなかった状況下で、甲および乙の主張を受け入れなければならない。

原審は本案に対し過失責任の原則を適用し、上訴人甲および乙の請求を棄却した。これは法適用に誤りがあり、覆されなければならない。

以上、北京市第二中級人民法院は民事訴訟法第153条第1項第2項（第2審を行う人民法院は、上訴された案件につき、審理を通じて原判決の法適用に誤りがあると判断した場合は、法により判断を改める）の規定に基づき、2000年8月10日以下のように判決する。一、第1審の判決を撤回する。二、本判決発効後30日以内に、被上訴人Ａ社は上訴人甲および乙に対し、交通費、宿泊費、誤った製造に対する補償、鑑定費、埋葬費、死者が生前扶養していた者に必要な生活費、教育費および死亡に対する賠償金として合計496,901.9人民元を支払うものとする。三、2審の訴訟費用10,010元は被上訴人Ａ社の負担とする。

3．当該案例の問題点

本章2．では本件の概要を見た。ここからは、本件について検討していく。

3．1．当該案例の問題点の総論的検討

本件は確かにＡ社製ジープ乗車中にフロントガラスが爆発し丙が死亡している。これに対し、製造物責任法第29条第2項の免責となる3つの要件をどれも満たせないために、Ａ社は製品に欠陥があるわけではないという方法で抗弁をしている。すなわち、製造物責任法第29条第1項の「製品の欠陥により」という要件に該当しないという方法で抗弁しようとしたものである。本件につき問題となるのは、大きく2点あると思われる。①フロントガラスの爆破がガラスの品質の問題と認定した根拠と、②証拠の鑑定方法である。本章3．2．および3．3．ではこの2点を見ていく。

3.2. ガラスの品質の問題との認定

　中国の民事訴訟では職権主義が広範に認められている。そのため当事者に争いのない事実であっても、人民法院がそれを証拠として採用しない場合がある。

　ここで象徴的なのは、第1審の段階で原告甲および乙もB社を通じてガラスの鑑定を行い、当該フロントガラスは外的圧力を受けなければ爆発せず品質に問題はないという結論を得、それが裁判に用いられていることである。つまり、証拠としては、ガラスの品質に問題がないことは原告・被告とも争いのない事実だったのである。しかし、甲および乙はこのような証拠を提出しながらも、上訴したときに推定的な結論であり、最終的検査結果とするべきではないと述べている。日本と異なり職権主義が広範に認められ、「人民法院が事実を明らかにする」ことが中国の民事訴訟の目的である（民事訴訟法第2条）[17]。すなわち、人民法院はこの主張が真実であるかを調査したことになる。

　しかし、「法院も大量の時間と精力を証拠の収集、調査に注がなければならなくなり、また、結果として、多くの事件は客観的真実に達することができずに裁判効率は低下」するとも指摘がなされる[18]。つまり、「当事者およびその訴訟代理人が客観的原因により自ら収集できない証拠、または人民法院が事件の審理に必要であると認める証拠は人民法院が収集しなければならない」（第64条2項）、「人民法院は法定の手続きに従い、全面的、客観的に証拠を審査し調査確認をしなければならない」（第64条3項）という規定はあるものの、人民法院が証拠の収集や調査を行い「真実を発見しよう」としたところで、「真実を発見できる」かとは異なるという問題である。すなわち、「真実」が発見できるまで、証拠の収集や調査に精力を注ぐか否かは各人民法院の裁量によるものである。その結果が本案例のように第1審と第2審で裁判結果が結論が異なる原因であると思われる。すなわち、第1審の人民法院は、真実を探そうとした

17　また、「事実を根拠とし、法律を準拠する」という中国民事訴訟法第7条の規定を持ち出し、同じ説明がなされることもある。さらに、「法律を適用する根拠である事実はどのような事実であるかという問題に対して、これまで……曖昧に解釈し」てきたとも指摘される。田川「中国の民事訴訟法における証明責任の問題点」『一橋法学』（10巻1号）一橋大学、2011年、281頁。

18　小嶋明美・前掲本章註5・156頁。

第1部　中国における諸問題の法的構成

としても第2審で発見された「真実」を示す証拠を見つけることができなかったのである。

　ところで、第2審が第1審の結果を覆した理由は「本案に過失責任の原則を適用」したためだった。確かに製造物責任法という無過失責任についての規定が適用が考えられるため、当該第2審の判断は正しいといえる。もし、第1審でA社勝訴の判断をするならば、「ガラスの品質は双方に争いのない事実であり、甲および乙の請求には根拠がない」とすべきであっただろう。無論、その場合は人民法院は証拠を探したが、甲および乙の主張する「推定にすぎない」という証拠は発見できなかったという形式となる。

3.3. 証拠の鑑定

　A社が提出したC社の鑑定結果に証拠能力を認められなかったのは、C社が当該ガラスにつき利害関係を持つことと民事訴訟法第72条に定める法定鑑定機関ではなく、鑑定内容が公安の現場検証と異なるという理由だった。確かに、民事訴訟法第72条は「人民法院が専門的な問題につき鑑定を必要とするときは、法定鑑定部門に交付し鑑定を行わなければならない。法定鑑定部門がない場合は、人民法院の指定する鑑定部門で鑑定する」としていた。しかし、ここにある通り民事訴訟法第72条は、当事者が証拠を提出し、それに対し人民法院が別に鑑定の必要があると判断したときに使われる条文なのである[19]。さらに、民事訴訟法第63条では、証拠の種類の中に「鑑定理論」を入れており、ここを読めば当事者が鑑定済みの証拠を提出することを条文上予定しているようにも見える。その意味で当事者が人民法院の指示によらずに鑑定した結果について第72条に合致しないとの理由で鑑定結果の証拠能力を認めないというのは少々無理のある判示がなされていると評価できる。

　また、C社の鑑定結果が公安の現場検証の結果と異なるという点だが、「他の車が100m内にはなかった」という証拠を利害関係者といえる当該ジープの同乗者の証言のみであるにもかかわらず、全面的に「真実」としての認定を受

19　斎藤明美・前掲本章註10・86頁。もっとも、この時期には法院の職権で鑑定の申請が行われていたとの指摘もある。その意味で文言解釈と実務上の取扱いが乖離していたと指摘できるであろう。高見澤磨＝鈴木賢ほか・前掲第1章註29・269頁。

けている。本章3．2．で述べたように、「真実」の発見に人民法院が動いたところで、その証拠収集や調査にはどうしても濃淡が出る。しかし、本案例では、そのような調査の濃淡のみならず、Ｃ社という利害関係者が出した鑑定結果は証拠として採用されずに、ジープの同乗者という利害関係者の証言は証拠として採用しているのである。

また、国家品質検査センターの鑑定結果にも放射状の破損が確認され、約500mmの裂け目があるとＣ社の鑑定結果と矛盾のない鑑定結果が出され、さらに国家品質検査センターは「振動によるガラスの裂け目の拡大が確認でき、フロントガラスが破損してもしばらくジープは走り続けていた」との鑑定結果も出している。すなわち、丙の死はジープのフロントガラスの爆発とは関係なかった可能性が示されている。しかし、この鑑定結果も写真によるものであり、当該爆発したガラスと同一物ではないという「推定」により証拠としては採用されていない。

3．4．本件の全体的評価

本件の結論に至るまでを精査してみると、証拠の採用につきかなり無理のある論理展開が見受けられる。そのため、本案件の特に第2審は結論ありきで審査が進んだのではないかと思われる。司法の独立を認めていない中国では、「先判後審（先に決定を下し、その後に審理を始める）」ということが起こりうる。[20]形式的には民事訴訟法第5条第1項は「外国人、無国籍人、外国企業および組織は起訴、応訴につき中華人民共和国公民、法人およびその他の組織と同等の訴訟の権利と義務を持つ」と規定している。しかし、外国人にとっては訴訟の権利は同等であるが、訴訟の結果については同等ではないといえるだろう。

なぜ、このように外国人というだけで差別的取扱いが起きるのだろうか。それは、中国が非民主主義国家であるため、中国共産党による統治の正統性が脆弱であり、政権獲得後も統治の正統性を日々の営みの中で継続的に調達していくことが求められることに原因があるといえるだろう。[21]つまり、中国人の不満

20　小口彦太＝田中信行『現代中国法』（第2版）成文堂、2012年、92～93頁。
21　寺田浩明＝王晨ほか『中国における非ルール型法のゆくえ——中国法の変容と不　変：非ルール的法との対話』北海道大学大学院法学研究科附属高等法政教育研究セン

第 1 部　中国における諸問題の法的構成

が増大すると、中国共産党政権を脅かす革命への原動力となるため、中国人の不満を減らす必要がある。そのため、中国人と外国人の訴訟が中国で起こった場合に、中国人の不満を減少させるため、外国人が勝訴する可能性が低くされているといえるのである。

　これを法的根拠をもって描こうとすれば、中国政府は「社会の安定」を重要な政策としており、[22]中国国内では「無理のある論旨ででも中国人側が勝訴する」ことにより、国内の不満が消え、それで社会が安定すればそれでよいといえるだろう。[23]すなわち、「裁判においても政策が法律に対し優位している」といえる。[24]しかし、ここで注意しなければならないのは、「社会の安定」という政策

　　ター、2014 年、92 頁（電子ブック〈http://www.juris.hokudai.ac.jp/ad/wp-content/uploads/sites/5/2014/01/booklet33.pdf〉）。

22　「在第一屆全國人民代表大會第一次會議上代表們關於政府工作報告的發言 聶榮臻代表的發言」『人民日報』（1954 年 9 月 25 日付）中国・人民日報社、2 面。山下昇『中国労働契約法の形成』信山社、2003 年、115 頁。また「安定団結および社会安定は中国の特色ある社会主義の前提条件である」といわれている（林学達（主編）『新党章学習読本』中国・国家行政学院出版社、2012 年、44 頁）。さらに「中国共産党が指導する人民は社会主義和諧社会を構築する。それは……安定有序により……」ともあり（中国共産党党規［中国共産党章程］(1921 年 7 月 23 日～ 31 日開催の中国共産党第 1 次全国代表大会にて制定。2017 年 10 月 24 日最終改正）前文第 18 段落）、中国は「安定」を政策上最重要なものと位置付けている（もっとも、中国共産党党規にこの文言が入ったのは、2007 年 10 月 21 日改正からである）。

23　その意味で、中国の訴訟は「実質的正義」の実現を重視し、「手続的正義」には感心が薄いという指摘もなされる。鈴木賢「中国における市場化による『司法』の析出――法院の実態、改革、構想の諸相」小森田秋夫（編）『市場経済化の法社会学』有信堂高文社、2001 年、274 ～ 275 頁。西村幸次郎（編）・前掲本章註 1・232 ～ 233 頁。

24　中国では 1999 年 3 月 15 日の憲法改正で「中華人民共和国は法によって国を治めることを実行し、社会主義法治国家を建設する」とするいわゆる法治国家に関する条文が誕生した（1999 年以降の 82 年憲法第 5 条第 1 項）。文字面だけを見れば、これで政策の法源性は否定されたかのように見える。しかし、ここに「社会主義法治国家」との言葉があり、「社会主義国家における政策の法源性」理論は否定されていないとも捉えることができる。すなわち、中国で「法治」というときの「法」には「政策」を含んでいるものと解釈できる。本案例を見る限りでも「政策の法源性」は認められていると考えざるを得ないし、2004 年の段階でも「既存の法を凌駕する『政策』が必要とされる（または許される）空間は狭まりつつある」と、政策の法源性を認める空間は狭くなりつつもなくなったわけではないとの論がある（髙見澤磨＝西英昭「中国法」北村一郎（編）『アクセスガイド外国法』東京大学出版会、2004 年、297 頁）。では、なぜ中国では政策が法律に優先するのか。この問いに対しては、以下のように説明することができる。中国は非民主主義国であるので法律を制定・改正をして、それに基づいた社会運営を失敗させるわ

第 2 章　中国で日本企業が経験した製造物責任法に関する理不尽な裁判

は直接の法源とはなっていない点である。すなわち、判決の中で「政策を根拠として」とは述べられていない[25]。本案例では、「政策の精神」に則って法律を運用している。

　また、この「政策の精神」が職権主義が広範に認められている中国の民事裁判と結合し、Ａ社の主張がことごとく証拠として採用されなかったことも原因の1つといえる。中国ではもともと馬錫五式裁判と呼ばれる民事訴訟の方式が基本的に維持されていた[26]。これは裁判官が事件の現地に赴き、大衆の中に入って調査・研究を行い、大衆の発言に耳を傾け、当事者の説得を試みそれができない場合に判決するという方法である[27]。この方式は、革命根拠地（中華民国期において中国共産党が武力を用い実効支配をした地域）時代に馬錫五という裁判官が始めたものであり、「中国の民事裁判の手本となった」とまでいわれる[28]。このように、中国では裁判官が積極的に独自に事案を調査することが「是」とされていた。この論理は現在やや弱まってはいるものの中国の民事訴訟における職権主義の強さにまだ表れているといえる。この理由は「中国の人口構成上、絶大なる多数は農民によって占められており、現段階の農民の法律についての知識水準も意識も低い。したがって、当事者が証拠を提出しなければ敗訴すると定めるならば、そうした農民の利益は充分に保護されなくなる」といわれてい

けにはいかないのである。日本で法律作成や社会運営に失敗したとしても、それは最終的には国会議員を選んでいる国民の責任となる。しかし、中国での社会運営の失敗は中国共産党の「統治の正統性の揺らぎ」という問題に直結する。そのため、法改正案があった場合、それをまず一地方で政策の形で施行し、社会運営の実験を行ってみる。そして、社会運営の実験が成功だと判断された場合に、全国人民代表大会（議会）に持っていき法律にする。これが簡単な中国における「法律」の定義であり、作成手順である。そのため、「法律」は中国全土に適用される原則的なルールではあるが、新しい実験が始まった場合、実験施行地方という一地方のみ局所的に見れば、実験のために「政策」が優先されるというメカニズムが働く。

25　「法治主義を掲げる今日、形式上法源性を否定されている党の政策が、司法の場で直接法源として援用されることはない」との論もあるが（小口彦太＝田中信行・前掲本章註20・42頁）、逆にいえば今日でも政策は間接的な法源にはなっているということである。
26　武鴻雁「中国民事裁判の構造変容をめぐる一考察──『馬錫五裁判方式』からの離脱のプロセス」『北大法学研究科ジュニア・リサーチ・ジャーナル』（11号）北海道大学、2005年、78頁。
27　高見澤磨＝鈴木賢ほか・前掲第1章註29・269頁。
28　江偉＝李浩ほか『中国民事訴訟の理論と実際』成文堂、1997年、111頁。

41

る。しかし、本案例を見る限り、別の見方があるように思われる。つまり、「社会の安定」の実現のため、「勝訴させるべき者」が勝訴できるように、人民法院の職権を強め、「真実の発見」の名目の下、当事者の提出した証拠を一方的に不採用にしたり、当事者の提出しない証拠を人民法院自らが発見したりすることができるようにするための制度といえるのではないだろうか。まさに「その時どきの党の中心工作に奉仕する機関であることをレーゾン・デートルとしてきた人民法院は、この意味ではなおきわめて『社会主義的』なまま」との評価は現在も通じるだろう。[30]

4．おわりに

本章では、日本企業が中国で理不尽に敗訴した案例を検討し、それに対する考察を行ってきた。そこからいえることは、中国では「社会の安定」が優先されており、中国人の不満を消すために外国人は中国では理不尽に敗訴する、外国人が不利益的に取り扱われることがあるということである。[31] これは、「社会の安定」という政策から正当化され、法律よりも優先される。本件に関していえば、賠償がなされるように「社会の安定」の精神を用いて、民事訴訟法を運用し、証拠を不採用などにしていると考えられる。

本書第1章5．でも述べた通り、WTO加入など対外開放により中国への投資、合資、旅行、仕事、留学で入国する外国人は増えている。それにもかかわ

29　小嶋明美・前掲本章註5・147頁。

30　鈴木賢「人民法院の非裁判所的性格――市場経済化に揺れる法院の動向分析」『比較法研究』（55号）比較法学会、1993年、182頁。また、同174頁は「従来、法院は社会主義国家の階級独裁の用具とさ」れていたとも述べる。現在の中国共産党が「革命」や「階級独裁」を目指しているとは思えないが、中国共産党による統治の正統性を確保するために法院がその用具として機能するという面では、現在もまだ「社会主義的」といえるであろう。本案例は民事訴訟だが、刑事訴訟についても同じメカニズムが見られる。坂口一成『現代中国刑事裁判論――裁判をめぐる政治と法』北海道大学出版社、2009年、360 ～ 363頁。

31　この点で中国で活動する外国企業に提言をするならば、以下のようにいえる。あくまで人民法院など中国の公的機関が関与した場合に、外国人が不利益的に取り扱われる。そのため、外国企業が中国で紛争となりそうな場合には、極力和解契約の締結など公的機関が関与しない方法で解決するという方法が考えられる。

第2章 中国で日本企業が経験した製造物責任法に関する理不尽な裁判

らず、2000年にも本案例のような裁判結果が出て、しかも指導性案例となっているのである。本書第1章の内容も合わせて、中国は残念ながら、外国人の往来が増えようとも、グローバルスタンダードなルールを受け入れるという姿勢が現在のところ見えないといえるだろう。

　ところで、本章2．や3．で触れてきた法律は基本的に本案例の評釈のための2000年時点でのものである。そこで、その後の法改正についても少々触れておきたい。しかし、改正があったといっても、2000年7月8日に改正された製造物責任法（改正法は2000年9月1日施行）では、旧第29条が一字一句変化することなく第41条になり、2013年10月25日に改正された消費者保護法（改正法は2014年3月15日施行）でも旧第35条第2項は一字一句変化することなく第40条第2項になるなど本件に使われた条文は大きな変化は見せていない。

　これまでで最も大きく改正がなされたのは民事訴訟法である。民事訴訟法は本判決以降2007年と2012年、2017年に改正された。現在の民事訴訟法では旧第72条に相当する条文が第76条に移動し、以下のような規定となった。「（第1項）当事者は事実に関する専門的な問題を明らかにするために人民法院に対して鑑定の申請をすることができる。当事者が申請した鑑定は、双方当事者の協議により資格を具備した鑑定人を決める。協議不成立の場合、人民法院が指定する。（第2項）当事者が鑑定を申請しなかった場合において、人民法院が専門的な問題につき鑑定を必要とするときは、資格を具備した鑑定人にその鑑定を委託しなければならない」。これにより、「鑑定を要する場合はまず人民法院に申請をする」ことが明記され、さらに鑑定人は当事者同士に協議によってでも資格者以外の者を選定することができないとされた。

　中国の民事訴訟法は改正の度に一応は当事者主義に近づきつつあるが、徹底はされていない。2018年改正後の民事訴訟法にも、証拠に関し以下のような条文がある。「当事者およびその訴訟代理人が客観的原因により自ら証拠の収集ができないとき、もしくは人民法院が案件の審査のため証拠が必要と認めるときは、人民法院は調査収集をしなければならない」（第64条第2項）、「人民法院は法定手続きに基づき、全面的、客観的に事実たる証拠を審査しなければならない」（第64条第3項）、「人民法院は関係団体および個人に対して証拠の収集および調査を行う権利を有し、関係団体および個人はこれを拒むことはできな

43

第 1 部　中国における諸問題の法的構成

い」（第 67 条第 1 項）。

　このような当事者主義を正面から否定する条文の存在や証拠鑑定人が当事者の協議によっても自由に選べなくなった点から中国の民事訴訟法は改正によって、特に証拠関係に関しては当事者主義からさらに離れ、「人民法院にとっての『真実』の発見」に重きを置くことになったといえる。

　そうすると、第 1 章 5．でも述べたことだが、民事訴訟法を素材にしても、中国法が社会主義法から離脱が進んでいるとは言い難いのではないだろうか。

第3章　中国の少数民族刑事政策「両少一寛」の運用と効果に関する考察

——中国では少数民族の犯罪が黙認されているというが、それはなぜだろう？

1．はじめに

1.1．問題の所在

　中国において、刑事事件の処理に関する政策は「少殺」、「厳打」、「両少一寛」などがある（両少一寛政策以外の政策については本章1.2.1.で詳しく説明する）。このうち両少一寛政策は、中国に住む少数民族[1]に適用されるもので、「少数民族に対する逮捕と死刑を少なくし、寛容に刑事罰を科す」というものである[2]。この政策は中国では「少数民族の人権を保護し、民族団結を維持する方向において重要な作用を発揮する」とされている[3]。しかし、中国で調査を行ってみると、必ずしも民族団結には資しておらず、それどころか漢族の少数民族に対する不満を増大させているという実態が確認できる。本章はこのような聞き取り調査の結果を元にして、両少一寛政策がもたらした効果について考察を行うものである。また、日本では両少一寛政策に関する先行研究はほとんど存在しない（日本語で両少一寛政策に言及した研究としては、管見の限り、王雲海「中国少数民族地域における罪と罰・法と慣習」西村幸次郎（編）『中国少数民族の自治と慣習法』成文堂、2007年、104 ～ 107頁）があるのみである）。そこで、この先行研究の穴を埋めるため両少一寛政策の詳細な紹介をすることも本章の目的の一部である。

1　中国政府によれば中国には蒙古族、土族、京族、満族など全部で56の民族が住んでいる。このうち最も多くの人口を持つ漢族以外の民族を少数民族と呼んでいる。

2　呉大華「論"両少一寛"的少数民族犯罪刑事政策」王牧（主編）『犯罪学論叢（第3巻）』中国・中国検察出版社、2005年、105頁。

3　陳小偉「従一起案例談公安機関在外処置渉及少数民族糾紛的事件中存在的問題及対策」『公安教育』（2013年4期）中国・中国人民公安大学、2013年、45頁。

第 1 部　中国における諸問題の法的構成

1．2．議論の前提

　ここでは議論の前提となる内容について説明する。具体的には「刑事罰と政策の関係」、「中国の少数民族政策」について解説する。

1．2．1．刑事罰と政策の関係

　刑事罰は国家が死刑、懲役、没収・罰金という形式で人の生命や自由、財産を侵奪するものである。そのため日本などでは刑事罰に関する決定は法律を通して行わなければならないとしている（罪刑法定主義[4]）。しかし、中国では刑事罰の決定は必ずしも法律によるわけではない。政策により刑事罰の決定などが行われることがある。本書第 2 章 1．2．および 3．4．で述べたように、中国をはじめとする社会主義国家では、法律と政策は一体化して「国家強制力を伴うルール」を構成する。

　刑事罰を科す際に用いられることがある中国の政策には「少殺」、「厳打」、「両少一寛」などがある。少殺政策とは、死刑が執行される者の数をできるだけ少なくしなければならないとする政策であり、新中国の建国者である毛沢東自身が何度も指摘していた[5]。厳打政策とは犯罪撲滅キャンペーンのことで、厳打期間中は刑事裁判においてそれ以前と比べてより速く手続が進められ、またより重い刑罰が科されるというものである[6]。

　このように刑事罰の決定に用いられる政策の 1 つが、本章が考察対象としたい両少一寛政策である。

1．2．2．中国の少数民族と政策

　中国および東アジア社会には元来、「国家」や「国境」という概念はなく、「文明」の中心からどれほど離れているかで「野蛮」か否かを決定していた（これを「華

4　前田雅英『刑法総論講義』（第 5 版）東京大学出版会、2011 年、54 頁。

5　高銘暄「刑法における毛沢東思想の指導的意義」鈴木敬夫（編訳）『中国の死刑制度と労働改造』成文堂、1994 年、13 〜 19 頁。少殺政策を出していても、国際社会は中国を死刑の多い国として批判している。しかし、中国では死刑を言い渡され執行された死刑囚の数を国家機密として公表していない。そのため実際のところ死刑は多いのか少ないのかは不明である（王雲海『死刑の比較研究――中国、米国、日本』成文堂、2005 年、76 頁、182 頁）。

6　坂口一成・前掲本書第 2 章註 30・1 〜 2 頁。

第 3 章　中国の少数民族刑事政策「両少一寛」の運用と効果に関する考察

夷思想」という[7]）。つまり、伝統中国では「どれだけ『中華文明（漢字や儒教など）』を受け入れるか」で、「漢族」になっていたのである[8]。

　ところが、中国（当時は「清国」）がアヘン戦争敗北により「近代国家」を目指すようになると、「国民国家」の制度を導入し、国境の概念を作らざるを得なくなった[9]。このとき「それまで漢族は、今の中国領土からチベット、モンゴル、新疆を除いた部分が中国だと思っていた」にもかかわらず、「朝貢国がすべて独立したり、植民地になり、残る領域で近代国家を造らなければならないということになったときに、チベット、モンゴル、新疆が外国であるとすると漢族は非常に困」り、これらの地域も「中国（清国）」であるとしたとの指摘がある[10]。いずれにしても、中国の「近代化」の過程で「国境」を無理に作った結果、「中国という国」の中に、「漢族」とは異なる「エスニシティ」を持つ集団（少数民族）が生まれた。

　もっとも、少数民族の問題はそれほど単純ではなく、以下のような別の指摘もある。伝統中国最後の王朝である清国は漢族ではなく、満族による外来王朝であり、このような華夷思想を否定した上で（「華夷思想」の否定はあっても、「国境」の導入はなかった）、現在のチベット自治区や新疆ウイグル自治区、内モンゴル自治区にあたる地方の統合を行った[11]。そのため、これ以降の中国では多数の異なった文化・言語・宗教が併存しているにもかかわらず「1つの国家」とし

7　塩川伸明『民族とネイション──ナショナリズムという難問』（岩波新書・新赤版）岩波書店、2008 年、74 頁。高原明生＝丸川知雄ほか（編）『東大塾 社会人のための現代中国講義』東京大学出版会、2014 年、32 頁。

8　可児弘明＝国分良成ほか（編著）『民族で読む中国』朝日新聞社、1998 年、8 頁。高原明生＝丸川知雄ほか（編）・前掲本章註 7・33 頁。「漢族」は、新中国建国時には全人口の 94％を占め、2000 年には 91.59％を占める（呉宗金＝張暁輝（主編）『中国民族法学』（第 2 版）中国・法律出版社、2004 年、6 頁）。しかし、その「漢族」もこのように「血縁による民族」ではない。高原明生＝丸川知雄ほか（編）・前掲本章註 7・33 頁は「いま漢族は 12 億数千万人いますが、このような経緯に照らせば、これは血縁共同体ではなく、あくまで文化的な共同体です。その証拠に、華北と華南では人の体格が異なります。華北では身長 2 メートルの人がいますが、華南に行くとわりと小さい体格の人が多いです。このように体格が違う人々が本当に同じ民族なのかと疑わしく思うかもしれませんが、現実には同じ漢族だという意識があります」と述べる。

9　可児弘明＝国分良成ほか（編著）・前掲本章註 8・8 頁。

10　高原明生＝丸川知雄ほか（編）・前掲本章註 7・38 ～ 39 頁。

11　塩川伸明・前掲本章註 7・75 頁。高原明生＝丸川知雄ほか（編）・前掲本章註 7・34 頁。

47

第 1 部　中国における諸問題の法的構成

て取り扱われることになった[12]。これについては「北京では現地に何人かの官吏を派遣しただけで自らの版図に周辺地域を組み込んだこととし、他方現地では北京とは別のアイデンティティを維持することで中央からほとんど束縛されない状態を維持する、これでどうにか双方のあいだの秩序が保たれ」ていたともいわれる[13]。そして、新中国成立後にこれらの地域の取り扱いが、「民族自治区」の形でとりあえず形式的な決着はしたものの、いまだに中国政府との対立が続いているのである[14]。特に、現在のチベット自治区や新疆ウイグル自治区では対立が激しい[15]。このような対立に配慮してか新中国建国以降はしばらく少数民族に対して比較的慎重な政策がとられることになる。具体的な方向性としては、「民族の一律平等」、「各民族の共同繁栄」、「民族区域の自治」など少数民族を尊重した政策を出していた。しかし、その一方で「中国は多民族による統一的国家」、「共産党の指導は民族の希望」など民族の独立は許さないという趣旨のものも含まれていた[16]。

　ところで、新疆ウイグル自治区での現地調査によれば、新中国建国後にはそこまで深い対立はなかったという。例えば、新疆ウイグル自治区で、ウイグル族に聞き取り調査を行ってみると、1980 年頃までは新疆ウイグル自治区にやってきた漢族が少数民族の祭りに参加したり、その逆もあったという回答が得られる。ところが、改革開放政策が始まると石油などの天然資源を求めて多くの漢族が新疆ウイグル自治区にやってきて、現地の少数民族を見下すようになった。これについては、「少数民族は『未開で野蛮』であるから、漢族がいろいろなことを教えなければならない」という「少数民族を見下す」発言も聞くことができる[17]。また、新疆ウイグル自治区では、イスラム教徒の少数民族が多い

12　塩川伸明・前掲本章註 7・75 頁。これには、漢族とは全く異なる「少数民族の生活環境」が「漢族の文化」になじまなかったとの指摘もある（高原明生＝丸川知雄ほか（編）・前掲本章註 7・36 頁）。

13　国分良成『中華人民共和国』（ちくま新書）筑摩書房、1999 年、112 頁。

14　塩川伸明・前掲本章註 7・136 ～ 137 頁。

15　国分良成・前掲本章註 13・111 頁。特に、「モンゴルやチベット、ウイグルなど、歴史上独立の国家を形成したことのある民族もある」ため、中国政府との対立は激しくなることが多い（岸本美緒『中国社会の歴史的展開』放送大学教育振興会、2007 年、181 頁）。

16　呉宗金（編）（西村幸次郎（監訳））『中国民族法概論』成文堂、1998 年、13 ～ 15 頁。

17　この現地調査の詳細は安田峰俊『境界の民——難民、遺民、抵抗者。国と国の境界線に

第 3 章　中国の少数民族刑事政策「両少一寛」の運用と効果に関する考察

にもかかわらず、昨今では礼拝が禁止され、ウイグル語教育の時間も減少しており、文化弾圧、宗教弾圧の側面が強まっている。

　また、少数民族は主に中国の辺境地帯に居住している。そのため「これらの周辺地域は中国の安全保障や軍事の観点からも極めて重要であり、軍の配備を含めてかなり強固な支配体制が形成されてきた[18]」。このような軍備により少数民族を「威嚇」しているように見える点も民族対立が激化する原因の 1 つといえる。これらの対立に対して中国政府は、「特別の配慮の策を講じ」、「つまり優遇策を導入することで離反を防ぎ、国家としての一体性をどうにか維持しようとしている」方向に動いている面もある[19]。

２．両少一寛政策

２．１．両少一寛政策前史

　両少一寛政策は本章２．２．で述べるように 1984 年に正式に政策として文書化した。しかし、「少数民族に対する逮捕と死刑を少なくし、寛容に刑事罰を科す」という趣旨の政策は新中国成立初期からの一貫した政策であった[20]。いわば両少一寛政策の前史ともいえる時代が存在した。

　例えば、1952 年に中国関税局［海関総署］が制定した「密輸に関するいくつかの具体的政策［有関査禁走私幾項具体政策］」の第 4 条第 3 項には「少数民族に対しては少数民族政策に合致するよう寛大に処理する」と規定され、1958 年に国務院（日本の内閣に相当）が批准した「密輸の処理に関する 10 項原則［関于処理走私案件十項原則］」第 7 条には「少数民族の密輸に関しては、情状が重大な場合は上述の処理原則に従い厳格に処罰しなければならない。ただし、処罰の尺度は漢族に比べ寛容でなければならない。未改革地域の少数民

　　立つ人々』角川書店、2015 年、80 ～ 82 頁を参照。また、「漢族がいろいろなことを教えなければならない」という考え方は新中国によるマルクス・レーニン主義的発展段階論に基づくものであるとの指摘もある（高原明生＝丸川知雄ほか（編）・前掲本章註 7・45 頁）。

18　国分良成・前掲本章註 13・110 頁。

19　国分良成・前掲本章註 13・111 頁。

20　呉大華・前掲本章註 2・105 頁。

第 1 部　中国における諸問題の法的構成

族の密輸についてはさらに寛容にしなければならない。少数民族の上層階級の者の密輸については民族事務部門と連携して処理しなければならない」と規定されていた[21]。

1959 年 3 月にチベット蜂起が起きた（「ラサの動乱」ともいう[22]）。このとき中国共産党チベット工作委員会が制定した「逮捕、監禁、管理、改造の政策の限界に関するいくつかの暫定規定［関于捕、関、管、訓政策界限的几項暫行規定]」にも少殺（寛容）の精神は盛り込まれた。そして、この蜂起が収束し、社会が平穏になったことをきっかけに少数民族に対しては寛容な処理をするという政策が確定的になったとされる[23]。中国政府が少数民族を寛容に取り扱えば社会安定に寄与できると判断したのだろう。この思想を延長・発展させたのが両少一寛政策であるとされる[24]。

2．2．両少一寛政策のはじまり

1983 年に本章 1．2．1．で述べた厳打政策が初めて行われた[25]。厳打政策により犯罪が速く、重く処罰されたため、犯罪が隠蔽されることも起こるようになった。そのため処罰を寛容にするべきという意見がでてきた[26]。これと少数民族の特色を考慮するという思想とが結合し、1984 年中共中央第 5 号文件および第 6 号文件に両少一寛政策が文書形式で規定された[27]。当該第 5 号文件には「少

21　呉大華・前掲本章註 2・105 〜 106 頁。

22　岸本美緒・前掲本章註 15・182 頁。

23　肖楊『中国刑事政策和策略問題』中国・法律出版社、1996 年、26 頁。呉大華・前掲本章註 2・106 頁。

24　呉大華・前掲本章註 2・105 頁。

25　1983 年の厳打政策については坂口一成・前掲本書第 2 章註 30・83 〜 179 頁を参照。

26　呉大華・前掲本章註 2・106 頁。

27　王雲海「中国少数民族地域における罪と罰・法と慣習」西村幸次郎（編）『中国少数民族の自治と慣習法』成文堂、2007 年、102 頁。呉大華・前掲本章註 2・106 頁。筆者は、1984 年中共中央第 5 号文件は未読である。筆者が香港中文大学中国研究サービスセンター［中国研究服務中心］に所蔵されていた文献により調査したところ、当該第 5 号文件は「絶対的秘密文件」に指定されており（『中共重要歴史文献資料匯編（特輯之八十八）（国防大学図書館）館蔵（中央）文件目録【一】（中国人民解放軍国防大学二号院図書館・1989 年）』アメリカ・中文出版物服務中心、2009 年、367 頁（香港中文大学中国研究サービスセンター所蔵請求記号 R JQ-2.1 107209））、外部者が当該第 5 号文件を閲覧することは不可能と思われる。同頁によれば、当該第 5 号文件は 1984 年 3 月 17 日に発布され、その

数民族の犯罪分子に対しては『少捕少殺』を堅持し、処理上できるだけ寛大に取り扱わなければならない」と規定されている[28]。

　両少一寛政策については、以下のように説明される[29]。「少」と「寛」とは、基本的に漢族に対する刑事処罰に対する「少」と「寛」である。つまり同じ事件であっても、少数民族である犯罪者に対しては漢族の犯罪者より寛大に処理する。犯罪者は漢族であれば、逮捕し、有罪を言い渡し死刑などの刑罰を宣告する。しかし、少数民族の場合には逮捕しなくても構わない場合には逮捕せず、有罪を言い渡さなくても構わない場合には有罪を言い渡さない。さらに重い刑罰を宣告しても軽い刑罰を宣告してもいい場合には軽い刑罰を宣告する。さらに少数民族に対しては死刑を宣告しなくても構わない場合には死刑を宣告しないという内容も含んでいる。

　本章1．2．1．で述べた通り、中国では少殺政策により、なるべく死刑を出さないという方針を打ち立てている。少数民族は少殺政策と合わせてさらに政策的に死刑を少なくすると解釈されるという意味と思われる。また両少一寛政策は文字面を見れば、2つの「少ない」と1つの「寛容」という意味である。これは「逮捕を少なく、死刑を少なく、処理上は寛容に」という意味であると

――――――――――――
　題は「『中央政法委員会の犯罪活動を強く打撃することを発展させる一回目の成果および二回目の準備に関する考え』の転送に関する通知［批転《中央政法委員会関于恐固発展厳属打撃刑事犯罪活動第一戦役的成果和準備第二戦役的一些設想》的通知］」となっている。この題からも両少一寛は厳打政策に対する反動から決定されたものといえる。なお、一般的には当該第5号文件の閲覧は不可能であるにもかかわらず、なぜ先行研究は一貫して両少一寛の根拠が1984年中共中央第5号文件であると指摘できているのかは不明である。さらに、同頁によれば、両少一寛政策のもう1つの根拠である1984年中共中央第6号文件は1984年4月1日に発布され、その題を「『チベット工作に関する座談会紀要』に関して発する通知［関于印発《西蔵工作座談会紀要》的通知］」という。当該第6号文件は、第5号文件と異なり閲覧は可能であるが（例えば、中共中央文献研究室＝中共西蔵自治区委員会（編）『西蔵工作文献選編（1949-2005年）』中国・中央文献出版社・中共中央文献研究室・中共西蔵自治区委員会、2005年、358～369頁などに収録されている）、残念ながら第6号文件には直接「少数民族に対する逮捕および死刑を少なくせよ」という文言は見当たらない。第6号文件で両少一寛的な内容を示すと思われるのは、「思想解放と寛大政策をさらに進める［進一歩解放思想、放寛政策］」という文言である。

28　陳小偉「従一起案例談公安機関在外処置渉及少数民族糾紛的事件中存在的問題及対策」『公安教育』（2013年4期）中国・中国人民公安大学、2013年、45頁。

29　王雲海・前掲本章註27・103頁。

第1部　中国における諸問題の法的構成

されている[30]。

　これについては、以下のように評価されている。「このような内容から分かるように、少数民族に対するこのような政策は必ずしも直接的で明白に刑事法を否定するものではないが、しかし、その中身は刑事法上の規定に匹敵するか、あるいは超えるような明白なものになっている。そのために、具体的な事件の処理または実際の刑事司法においては、このような政策は、往々にして刑事法自体よりも優先的に考慮されている」[31]。しかし、本書第2章1．2．および3．4．で述べた通り、基本的に法律と政策が一体化する構成を取る社会主義法系の国では必ずしも奇異なことではない[32]。

2.3．両少一寛政策の意義

　本章1．1．で述べた通り、中国では両少一寛政策について「少数民族地区の社会秩序および国家と人民の利益維持に有益であり、各民族の団結と祖国の社会主義現代化建設を促進する作用がある」としている[33]。中国政府が、少殺によってチベット蜂起が平和的に収束したと認識していることから、社会安定にある程度の寄与をしていることは事実であろう。本書第2章3．4．で述べた通り、中国では「社会の安定」が最優先にされており、社会の安定に寄与できるような制度があるとすればそれを導入することは自然のことであるといえる。

　また、中国政府による少数民族の慣習への考慮も両少一寛に影響を与えているといえる[34]。例えば、「チベット文化圏では、殺人事件や傷害事件に対し、主

30　艾尓肯・沙木沙克「論新時期我国少数民族刑事政策之貫徹与完善」『中南民族大学学報（人文社会科学版）』（32巻3期）中国・中南民族大学、2012年、121頁。

31　王雲海・前掲本章註27・103～104頁。

32　ただし、中国国内でも法律より政策が優先されてしまっていることに対する批判は多い。そのため「1つの地方のみで適用される刑法の規定にするべき」という提言もなされている（艾尓肯・沙木沙克「論新時期“両少一寛”刑事政策的貫徹及完善──以新疆地区的司法実践為例」『法制与社会』（2010年11月（中））中国・雲南法学会、2010年、119頁。雷振揚「関于“両少一寛”民族刑事政策的三点思考」『西南民族大学学報（人文社会科学版）』（2011年11期）中国・西南民族大学、2011年、32頁など）。

33　張堅「如何理解少数民族地区“両少一寛”的刑事政策」『法学』（1989年4期）中国・華東政法大学、1989年、25頁。

34　王雲海・前掲本章註27・104頁。

第 3 章　中国の少数民族刑事政策「両少一寛」の運用と効果に関する考察

に賠償によって解決を図る賠命価や賠血価の伝統が根強く、犯罪者に厳しい身体刑を科す刑事法の適用にあたって激しい衝突を引き起こしてきた」[35]。1983 年の厳打政策により死刑判決を受けるチベット族が急増し、少数民族との対立が激化するようになった側面がある。この対立を避け、刑罰を少数民族独自の慣習に委ねるために両少一寛政策が実施されるようになったとの指摘もある[36]。なお、1983 年というのは、本章 1．2．2．で述べたような改革開放政策により、漢族が天然資源を求めて新疆ウイグル自治区などで「少数民族を見下す」ようになった時期とも一致する。改革開放政策と厳打政策により 1983 年頃から少数民族と中国政府の対立がより激化したといえるだろう。

　また、少数民族の慣習を無視することに対する対立を避ける意味で、中国政府の視点からは両少一寛政策に有用性は認められる。ここで挙げたチベット族の例に限らず、「少数民族の構成員の多くは、自分の民族がかかわった事件、特に自民族の『内部』事件が発生する度に、密かに慣習に従って処理しようとする。たとえやむを得ず国家の刑事司法機関が介入した場合でも、慣習に従って処理するように強く要求するのである」との指摘もある[37]。

2．4．両少一寛政策への批判

　このような両少一寛政策であるが、2008 年のチベット騒乱および 2009 年の

35　小林正典「青海チベットの賠命価──その今日的意義と課題」西村幸次郎（編）『前掲本章註 27 書』113 頁。賠命価や賠血価について以下のように説明される。「『賠命価』または『賠血価』とは、殺人事件や傷害事件が発生した後に、地元の部落や宗教の上層人員が主導または裁定のもとで、被害者の家族または被害者本人は加害者やその家族に『賠命価』・『賠血価』（「命や傷害への賠償金」という意味）として一定額の金銭やその他の金銭的利益を請求する。そのような請求に対して、加害者やその家族はそれに応じて支払っていれば、刑事罰を含むその他の罰はもはや科さない。逆に、加害者やその家族などとは金銭やその他の金銭的利益の支払いに応じなければ、被害者の親族や所属する部落の人々は、加害者のところへ行ってその命を奪ったり、同じような障害を負わせたりする、というようなやり方である。このような慣習は、古くからチベット族の間で存在し、いまでも青海省に住んでいるチベット族の間で依然として生きており、特に近年になってますます復活の勢いを見せるようになったといわれている」（王雲海・前掲本章註 27・98〜 99 頁）。なお、賠命価および賠血価に関しては小林正典「青海チベットの賠命価──その今日的意義と課題」112 〜 156 頁を参照。

36　小林正典・前掲本章註 35・113 〜 114 頁。

37　王雲海・前掲本章註 27・108 頁。

53

第1部　中国における諸問題の法的構成

7.5 ウルムチ事件以降批判がなされるようになる[38]。すなわち、少数民族の犯罪者は国家の法律を無視し、他人を殺害、暴行することが多く、寛容に取り扱う必要があるのかとの疑問が呈されるようになったのである[39]。

　このような指摘により両少一寛政策への批判が高まり、両少一寛政策は「2010 年に撤廃された」という報道がある。2010 年 2 月 1 日に「三部委員会の発布する民族団結の新しい活動を進める意見［三部委発布進一歩開展民族団結進歩創建活動意見］」が公布された[40]。この意見の中では「法律の前にすべての人は平等である。全ての違法な犯罪はどの民族であれ法律によって処理しなければならない」としている。これを根拠に中国の「天涯社区」ニュースなどが両少一寛は撤廃されたと報じた[41]。

　しかし、本章 3．1．でも述べるように 2013 年や 2014 年にも公安（日本の「警察」に相当する。本書では「公安」で統一する）が故意にウイグル族を逮捕しない例が発生しているし、雷振揚「"両少一寛"という民族刑事政策に関する 3 点の考察［関于"両少一寛"民族刑事政策的三点思考］」（『西南民族大学学報（人文社会科学版）』（2011 年 11 期）中国・西南民族大学、2011 年、27 ～ 33 頁収録）や艾尓肯・沙木沙克「新時代の我が国少数民族刑事政策の貫徹および完成を論ず［論新時期我国少数民族刑事政策之貫徹与完善］」（『中南民族大学学報（人文社会科学版）』（32巻 3 期）中国・中南民族大学、2012 年、120 ～ 126 頁収録）は両少一寛政策を 2011 年、2012 年の段階で「現在進行形の制度」として取り扱っている。

　これらのことからも、「全ての違法な犯罪はどの民族であれ法律によって処理しなければならない」との政策は出されたが、実務的運用では両少一寛政策が廃止されたとはいえないと評価し得る[42]。しかし、撤廃を含めた批判は多く

38　雷振揚・前掲本章註 32・29 頁。

39　張立剛「略論"両少一寛"刑事政策──以烏魯木斉"7.5"事件為視角」『山東省青年管理干部学院学報』（2010 年 1 期）中国・山東省青年管理干部学院、2010 年、97 頁。雷振揚・前掲本章註 32・30 頁。

40　「三部委発布進一歩開展民族団結進歩創建活動意見」（中華人民共和国中央人民政府ホームページ）〈http://www.gov.cn/gzdt/2010-07/09/content_1649933.htm〉2010 年 7 月 9 日更新、2014 年 3 月 7 日閲覧。

41　「中央 7 月発文件、両少一寛已被廃除」中国・天涯社区ニュースホームページ）〈http://bbs.tianya.cn/post-no110-102427-1.shtml〉2010 年 10 月 5 日更新、2014 年 3 月 7 日閲覧。

42　「三部委員会の発布する民族団結の新しい活動を進める意見」では「全ての違法な犯罪

第3章　中国の少数民族刑事政策「両少一寛」の運用と効果に関する考察

なされていることは事実である。

2.5.　両少一寛政策の適用範囲

　両少一寛政策の適用範囲は残念ながら明確ではない。両少一寛政策は本章
2.2.で述べた中央文件以外に根拠がなく、現場でどのようにまたはどの程
度まで「少なく」、「寛容」に処理するのかの基準がない。そのため中国全土で
統一的な取り扱いがなされることは難しく、問題点として挙げられている。両
少一寛政策の適用範囲については定説はないとしつつも呉大華「"両少一寛"
という少数民族刑事政策について論ず［論"両少一寛"的少数民族犯罪刑事政
策］」（王牧（主編）『犯罪学論叢（第3巻）』中国・中国検察出版社、2005年）112 ～ 113
頁は以下の5つの説があるとしている。

　①二重制限説［双中限制説］：　両少一寛政策は、少数民族が集中的に居住
している地域（以下「民族自治地方」という）に住み、文化程度が低く、法律知識
も非常に乏しい少数民族のみに適用されるとする説である。両少一寛政策は少
数民族に対する特殊な刑事責任原則なので、2つの要件を設け制限的に適用す
るとする。

　しかし、何をもって「文化程度が低い」とするのかについては不明確である。
また「法律知識が非常に乏しい」という要件は相当程度の教育を受けている少
数民族および刑事法の知識を持つ少数民族出身の国家公務員を除いた者の意味
である。具体的には教師や大学生などが除かれる対象であるとしている。しか
し、「文化程度が低い」に比べれば具体性はあるものの、「大学に行かなければ

　　はどの民族であれ法律によって処理しなければならない」と述べるのみであり、「両少一
　　寛政策を撤廃する」と直接は述べていない。
43　艾尓肯・沙木沙克・前掲本章註32・119頁。
44　艾尓肯・沙木沙克・前掲本章註32・119頁。
45　何をもって民族自治地方とするのかは、必ずしも明確ではない。例えば以下のような指
　　摘がある。「中国の各少数民族を居住形態から考察すると、一定の場所に集居している民
　　族（以下、集居少数民族と称する）ばかりでなく、漢族や他の少数民族が集居する地域に、
　　散居、雑居する民族も多い」、「しかしながら、少数民族の集居、散居、雑居の判断基準
　　は必ずしも明確にされていない」。集居、散居、雑居の「概念は法律法規によって明確に
　　定義されているわけではなく、中国共産党の民族政策によって、弾力的に拡大解釈ある
　　いは縮小解釈が行われる可能性を孕んでいる」（小林正典『中国の市場経済化と民族法制
　　――少数民族の持続可能な発展と法制度の変革』法律文化社、2002年、53 ～ 54頁。

第1部　中国における諸問題の法的構成

逮捕されにくい」と学歴のなさが優遇されることもなる。また、本章註45で述べたように、民族自治地方とはどこを指すのかも明確ではない。さらに、もし文化程度が低く、法律知識も乏しいままの少数民族が民族自治地方外に転居した場合には両少一寛政策は適用されないのかといった問題もある。

　②1つの対象説［一個対象説］：　1つの対象説は、民族自治地方の少数民族に両少一寛政策が適用され、長期に亘って漢族の住む地域に住む少数民族や漢族と同化した少数民族には適用されないとする説である。

　二重制限説に比べ、「文化程度」や「法律知識」についての要件がなくなり、「民族自治地方」に住んでいるか否かのみで判断する説である。しかし、やはり民族自治地方の定義は曖昧であるし、何をもって漢族と同化した少数民族とするのかも不明確である。

　③1つの対象制限説［一個対象限制方法］：　主に広西チワン族自治区に住むチワン族は少数民族のうち最も人口が多く経済、文化および社会生活の各面では広西チワン族自治区に住む漢族と同化しているといわれている。この点に着目しチワン族を除いた少数民族のみに両少一寛政策を適用するとする説が1つの対象制限説である。

　しかし、漢族と同化しているのはチワン族のみとは限らない。例えば、満族などは民族特有の言語を使用しておらず漢族と同化しているといえる[46]。さらに、回族についても「有漢必有回（漢族のいるところには、かならず回族が住む）」といわれ、漢族との同化が進んでいる[47]。チワン族を両少一寛政策の適用対象外とするのは、単に民族としての人口が最も多いというだけの理由である。

　④2つの対象説［両個対象法］：　2つの対象説は民族自治地方に限らず、中国全土にいる少数民族に一律に両少一寛政策を適用するとする説である。この説では戸籍上どの民族として登録されているかで両少一寛政策の適否が決定する。そのため政策適否の不透明性はないという利点がある。しかし、上述のようにチワン族や満族など漢族と同化していると考えられる少数民族もいる。そのため2つの対象説も「少数民族の慣習を無視することに対する対立を避け

46　西村幸次郎（編）・前掲本書第2章註1・198頁。

47　鈴木賢「中国のイスラーム法」千葉正士（編）『アジアにおけるイスラーム法の移植──湯浅道男教授還暦記念』成文堂、1997年、57～58頁。

る」という目的に適っているとは言い難い。

⑤折衷説［折衷法］：　折衷説は、主として民族自治地方に両少一寛政策を適用し、民族自治地方に住まない少数民族については個々の案件において適用するか否かを判断するとする説である。「少数民族の慣習を無視することに対する対立を避ける」という目的を果たすためには、個人がどの程度慣習に固執しているかを判断する必要があり、その意味では最も目的に沿った適用方法といえる。しかし、適否を判断する公安や人民法院の恣意性の介入などの問題もある。

呉大華「“両少一寛”という少数民族刑事政策について論ず」は以上の5説を挙げる。しかし、ここで見たようにどの説にも欠点があるといえる。そして、最も問題といえるのはどの説にも「文化程度が低い」や「漢族と同化しているか」などの要件があり、結局「漢族が少数民族を同化させるための」両少一寛政策であることを浮き彫りにしている。これは本章1.2.2.でも述べたように、少数民族の視点から見れば、「漢族による少数民族の見下し」に他ならない。

3．両少一寛政策の運用実態

3.1．都市部の犯罪と少数民族

両少一寛政策は適用範囲が明確に決まっているわけではいことは、本章2.5.で述べた。それでは、現実にはどのような運用がなされているのか。中国のインターネット上では以下のような事件があったと話題になっている。

　【事例】　2013年上海市でウイグル族の女性が携帯電話を盗んだことが露呈し、被害者などから責められた。ここに公安がやってきたものの公安は当該ウイグル族女性を逮捕せず、逃がしてしまった。しかも公安は当該ウイグル族女性を責めた者たちを拘束してしまった。

　なお、当該事例に対してインターネット上では以下のような反応があった。「2人の子どもを抱いたウイグル族の女性が通行人の携帯電話を盗んで捕ま

第1部　中国における諸問題の法的構成

り、周囲の人から事情を聞かれて責められている。だが、不思議なことにやって来た公安は彼女を逮捕せず、この泥棒は大腕を振って去って行った。しかも公安はなぜか泥棒を捕まえた人たちと言い争いをはじめ、ついにその人をパトカーに連れ込んでしまった」、「社会の安定が何よりも大事なのだろう。ウイグル族を怒らせれば、自爆テロをされるかもしれない」、「そういう（不公平な）政策なのだから仕方ないじゃないか」、「公安は無能だし、ずっと新疆のドロボウたちを好き勝手させている」。

　窃盗を働いたウイグル族を逮捕しないというのは、両少一寛政策によるものと思われる。しかし、これはあくまでインターネット上の書き込みである。そこで、このような事件は現実に起こっているのか、また起こっていたとして一般的に起こっていることなのかについて聞き取りを行った。すなわち少数民族（この例の場合、特にウイグル族）が明らかな犯罪をしても逮捕されていないのか否かの聞き取り調査である。

　この問いに対し「少数民族が逮捕されないのは、以前からその通りだ」という多くの回答を得ることができた（2013年11月16日に広東省広州市内の男性33歳、2013年11月1日に広東省深圳市内の女性31歳などが回答）。同様の回答をし、さらに「ここがウイグルの街だったら住まない」とまで述べた回答もあった（2013年11月18日に北京市内の女性23歳が回答）。

　また、ここで挙げた2013年の上海市でのウイグル族不逮捕事例の他にも、2014年にウイグル族が住居侵入をした上で窃盗を行い、公安が犯人であるウイグル族を突き止めたにもかかわらず、逮捕をしなかった例などがあったことも聞くことができた（2015年12月4日北京市内の男性32歳が回答）。

　このように、両少一寛政策によるものと思われる現象は、中国ではある程度よく見られる現象のようである。本章2.5.で述べたように、「中国全土で統一的な取り扱いがなされることは難し」く、中国全体で聞き取り調査をすることも困難を伴うが、少なくとも今回聞くことができた回答からは、中国ではこのようなウイグル族の不逮捕がある程度起こっているということができるといえよう（今回の聞き取り結果では、「少数民族」の不逮捕ではなく、一貫して「ウイグル族の不逮捕」と認識されていた）。しかも、それは現地人の不安材料になっているともいえる。

58

第 3 章　中国の少数民族刑事政策「両少一寛」の運用と効果に関する考察

3.2. 当該事例に対する法的根拠

　両少一寛政策は、「少数民族の場合には逮捕しなくても構わない場合には逮捕せず、有罪を言い渡さなくても構わない場合には有罪を言い渡さない」と説明されていることは本章2.2. で述べた。しかし、本章3.2. で見たように、「逮捕しなくて構わない場合に逮捕しない」ではなく「逮捕しないようにしている」という実態が少なくとも確実に存在している。中国では刑事法は社会的利益を侵害したかどうかが犯罪認定の重要な点であり[48]、97 年刑法第 13 条但書も「情状が軽微で危険が大きくない場合は犯罪とはしない」としている。価値の低いものに対する単なる窃盗の場合、危険は大きくないとすることもできるだろう。しかし、当該 2013 年上海の事例のように周囲の者や一般民衆に不安を与えている実態は社会的利益を損なっていると評価できる。つまり、前節で挙げた事例に着目すると、両少一寛政策によって、明らかに法律を逸脱しているといえる。

　また、法律を逸脱している点は別の点からも批判できる。例えば、新中国では最初の憲法から一貫して「中華人民共和国の各民族は一律に平等である」(54 年憲法第 3 条第 2 項、75 年憲法第 4 条第 2 項、78 年憲法第 4 条第 2 項、82 年憲法第 4 条第 1 項) と規定しており両少一寛政策はこれと矛盾する政策であると指摘できる。さらに「中華人民共和国公民は法律の前に平等である」(54 年憲法第 85 条、82 年憲法第 33 条第 2 項。なお、75 年憲法および 78 年憲法にこの規定はなかった) との規定や「何人の犯罪に対しても法律上一律平等である。何人も法律を超える特権を持つことを許さない」(97 年刑法第 4 条) とする規定とも矛盾するとも指摘されている[49]。

48　熊達雲『現代中国の法制と法治』明石書店、2004 年、297 頁。
49　艾尔肯・沙木沙克・前掲本章註 32・124 頁。97 年刑法第 90 条には「民族自治地方においてこの法律の規定を全部適用することができない場合には、自治区または省の人民代表大会が、現地の民族の政治的、経済的および文化的特徴ならびにこの法律に規定する基本原則に基づいて適宜規定または補充規定を制定し、それを全国人民代表大会常務委員会に報告し、その許可を得てから施行することができる」という弾力的・補充的規定が規定されている。この規定を用いて両少一寛政策を民族自治地方の弾力的・補充的規定とする手法を取れば、少なくとも両少一寛政策に「法律に準じた規定」としての地位を与えることができる。しかし残念なことに刑法に対する弾力的・補充規定が中国で作られたことはまだない（王雲海・前掲本章註 27・102 頁）。

59

第1部　中国における諸問題の法的構成

　本書第2章1.2.および3.4.で述べたように、中国をはじめとする社会主義国家は法律と政策の境目が基本的に存在しない。しかし、1999年の82年憲法改正で「中華人民共和国は法によって国を治め［依法治国］を実行し、社会主義法治国家を建設する」との条文が誕生した（1999年以降の82年憲法第5条第1項）。文字面を見れば「法によって国を動かす」ということであり、法律の規定ではない両少一寛政策は憲法および法律と矛盾する内容であり、否定されなければならない。しかし、社会主義国家にとっては法律と政策には違いがないため、「依法治国」の「法」に「政策」を含むのではないかと考えることができる[50]。さらに単に「法治国家」といわず「社会主義法治国家」という表現を用いている点も社会主義国家特有の政策の優先性を肯定しているように思われる。

　両少一寛政策はこのような憲法や刑法の規定と明らかに矛盾しているわけだが、中国にとっての「法」を「政策を含む概念」と捉えることで一応の理論的根拠は成り立つ。かつては「中央や地方の党の内部文書が、長い間、憲法や法律に優先してきた」と指摘されてきたが[51]、それは少なくとも本章3.1.で挙げた事例と両少一寛政策に着目する限りは現在も変わらないと評価しうる。

3.3. 発生する新たな問題

　本章3.1.で挙げた事例から両少一寛政策には、別の問題点が発生しているともいえる。それは本来「少数民族の慣習を無視することに対する対立を避ける」ことが目的の1つだったはずの両少一寛政策が、逆に「不公平な政策なのだから仕方ない」、「公安は無能」、「ウイグルの街だったら住まない」などの言葉からも明らかな通り、漢族の社会不安を増大させていることである。このように両少一寛政策は、社会安定に必ずしも寄与しているとは言い難い側面がある。しかし、なぜ改善されないのであろうか。これは、中国政府にとって少数民族の不満と漢族の社会不安では少数民族の不満の方が慎重に取り扱わなけ

50　中国の法治の考え方については以下の文献を参照。髙見澤磨＝鈴木賢・前掲本書第1章註53・109～110頁。季衛東（吉川剛（訳））「中国の法治はいずこに向かうのか」『中国21』（35号）愛知大学現代中国学会、2011年、25-27頁など。

51　髙見澤磨＝鈴木賢・前掲本書第1章註53・117頁。

ればならないものだからであると考えられる。すなわち、中国政府が両少一寛政策を撤廃したら少数民族は慣習蹂躙と捉えて不満を抱くだろうし、両少一寛政策を継続すれば漢族の社会不安は増大すると考えているのだろう。しかし、漢族は少数民族とは違い、中国政府への大規模な抗議活動などをしているわけではない。そこでどちらかのみの不満または社会不安しか取り除けない場合、少数民族の不満を取り除く方が中国政府にとっての優先課題であるということである。

また、両少一寛政策は「個々の事件は、場合によって、司法手続に乗せる前にまたは刑事実体法を適用する前に、すでにこのような政策を根拠に処理されてしまうのである」といわれる[52]。つまり公安が動かず少数民族の犯罪が犯罪の暗数になっていることが黙認されている。犯罪の暗数とは実際に発生した犯罪数と公式の犯罪統計に記録された（警察に報告された）犯罪数の差のことである[53]。本章３．１．で挙げた事例では公安は窃盗犯たるウイグル族を逮捕すらしていないためこの事例は犯罪の暗数となっていると思われる。犯罪の暗数の発生原因には、①犯罪が発覚しないまま終わること、②住民の犯罪に対する姿勢、③被害者の態度、④警察の取締方針、⑤記録上の誤差がある[54]。しかし、中国ではこれに「政策による暗数の発生」を加えなければならない。

４．おわりに

本章では、中国の両少一寛政策を説明し、数は少ないが、この政策に対する聞き取り調査の結果を含めて考察してきた。本章で示した例に着目する限り、両少一寛政策は、中国政府の掲げる「民族団結」に資するところか漢族の社会不安を増大させている側面がある。また、本章で示した両少一寛政策の運用を説明しようとすると、中国のいう「法」は現在も「政策」を含んでいるという中国法の法源構造についても指摘した。

52　王雲海・前掲本章註 27・104 頁。

53　木村裕三＝平田紳『刑事政策概論』（第 4 版）成文堂、2008 年、43 頁。大谷實『新版刑事政策講義』弘文堂、2009 年、33 頁。

54　大谷實・前掲本章註 53・33 頁。

第 1 部　中国における諸問題の法的構成

　しかし、これで両少一寛政策に関する問題が全て明らかになったわけではない。本章２．２．で述べたように中共中央第５号および第６号文件という一般には公開されていない政策以外に根拠がなく、両少一寛政策の運用実態は綿密な現地調査でしか明らかにできないからである。例えば今回の事例検討から以下のような疑問が新たに噴出する。

・本章３．１．で示した 2013 年の上海の事例のウイグル族は上海市民なのか（漢族と同化しているのか）、民族自治地方から短期滞在で上海にやってきた旅行者なのか。
・ウイグル族以外の少数民族も一律に逮捕されていないのか（今回の聞き取りでは「少数民族が逮捕されていない」ではなく「ウイグル族が逮捕されていない」という回答がほとんどであった。ここから少なくとも今回の聞き取りからは、両少一寛政策にはウイグル族に対し２つの対象説が用いられていると推察される）。
・公安は何を根拠にウイグル族か否か判断しているのか（ウイグル族は漢族とは明らかに異なる顔立ちといわれるが、漢族との混血だった場合漢族の顔立ちに近いウイグル族もありうる。身分証明書などで民族確認を行っているのか）。
・いつからこのようなウイグル族の不逮捕が始まったのか。
・別の街の公安も同じような対応をするのか。
・少数民族が逮捕される場合は、どのような犯罪をしたときなのか。
・被害者が少数民族の場合にも逮捕されないのか。

　これらの疑問に回答を出すことは筆者の今後の課題といえる。
　中国での先行研究のいくつかでは既に「一般に少数民族の犯罪者は犯罪行為地が民族自治地方であろうと漢族の住む地方であろうと、また被害者がその他少数民族であろうと漢族であろうと一律に寛容に処理される」などと指摘されている[55]。しかし、具体的には明らかではなかった。上述のように残された課題も非常に多いが、今まで不明確だった具体的事例や現地の声を取り上げ、検討を行ったことに本章の意義がある。
　本章の結論をまとめると以下のようになる。両少一寛政策の運用には本章３．１．で示した事例に着目する限りは、少なくともウイグル族には２つの対

――――――――――
55　雷振揚・前掲本章註 32・30 頁。

62

第 3 章　中国の少数民族刑事政策「両少一寛」の運用と効果に関する考察

象説が採用されている。そのため漢族の社会不安を増大させている結果となっている。しかし、本章 3．3．で述べたように中国政府にとっては少数民族への慎重な取り扱いは必須のものであり、今後も両少一寛政策は撤廃されないのではないかと思われる。しかし、問題の本質は両少一寛政策で解決するものではなく、「少数民族の慣習に配慮する」という両少一寛政策の目的や「文化程度が低い」、「漢族と同化しているか」という学説にも現れている「漢族の少数民族への見下し」である。結局のところ、「少数民族に優遇を与えておけば社会は安定する」という党、少数民族と触れ合う現場および漢族の意識が問題をより根深いものにしている。

　しかし、いくら中国政府が両少一寛政策によって少数民族に優遇政策を与えていると考えていても、漢族の社会不安という点も無視できない。もし、両少一寛政策が撤廃されることがあればそれは中国政府が少数民族よりも漢族を慎重に扱わなければならないと判断した大きな転換点といえる。今後、中国社会を観察する方法として両少一寛政策および少数民族の犯罪および逮捕状況などは大きな手法となるものと思われる。

第4章　中国における人権問題の2015年頃の動向

刑事拘束に着眼して

——中国では当局による根拠不明の拘束事件が起こっているが、なぜなのだろう？

1．はじめに

　中国での人権問題はしばしば世界中で報道されている[1]。中国国内では、「2004年の憲法改正で『国家は人権を尊重し保護する』という条文を導入し、これを我が国の綱領的、総則的条文として、これまでの欠点を補った」といわれている[2]。ここでいう「これまでの欠点」とは、82年憲法には「それまで人権条項が存在しなかったこと」を意味している。しかし、ある分析によれば、人権条項が導入されたと中国の学者が称賛しても、中国政府は「人権」条項について、必ずしも学者と同じようには考えてはいないとも指摘されている（本章2.4.で詳しく述べる[3]）。確かに、「人権保護」の条文はあったとしても、実際にはその条文が多くの者が考える通りに運用されなければ意味はない。

　実際の「中国の人権」の現状はどのようになっているのだろうか。本章は以上のような問題意識から、2015年前後の中国で起こった刑事拘束を素材にして、中国の人権問題を考察するものである。刑事関連であろうがなかろうが、自然人を国家権力が拘束する場合、そこには多少なりとも人権に関する問題が発生する。そのため、人権問題を見る場合、「国家権力による拘束」はよい素材になると考えられるからである。なお、ここでいう「刑事拘束」という言葉

1　例えば、「健全な市民運動を弾圧する中国当局のやり方は明らかに不当である」（「問題提起に共感する」『朝日新聞』2015年5月10日付8面）、「習近平政権のもとで、知識人、メディア関係者、弁護士らへの弾圧の厳しさは明らかに過去の政権を上回る」（「人権弁護士を釈放せよ」『朝日新聞』2015年5月23日付14面）などのような報道がなされている。

2　徐顕明（主編）『人権法原理』中国・中国政法大学出版社、2008年、141頁。焦洪昌・前掲本書第1章註30・367頁など。

3　石塚迅「『人権』条項新設をめぐる『同床異夢』——中国政府・共産党の政策意図、法学者の理論的試み」アジア法学会（編）、安田信之＝孝忠延夫（編集代表）『アジア法研究の新たな地平』成文堂、2006年、358〜359頁。

64

は中国の正式な法律用語ではない。中国で刑事事件において国家権力が起訴前に自然人を拘束できるのは、法律の条文上「逮捕」もしくは「刑事拘留（日本でいう現行犯逮捕や緊急逮捕などのように令状なくして被疑者を国家権力が拘束できる中国の制度をいう。本章3.2.で詳しく説明する）」の2つの場合のみである[4]。しかし、実際に人が拘束された場合、外部者からはそれが「逮捕」なのか「刑事拘留」なのかが判断つかない場合がある。そこで、本章では、何らかの拘束を受けている場合を総称して「刑事拘束」という用語を用いることとする。

2．中国における人権の歩み

ここでは、新中国における人権の歩みを確認する。

2．1．人権概念の否定期

中国共産党は中国国民党との内戦中は、人権を勝ち取るために中国国民党と戦うとしていた。しかし、新中国成立直前に「人権」はブルジョア的であるとの理由で撤回した[5]。これ以降、中国をはじめとする社会主義国家には、いわゆる西側諸国がいう「人権」は存在しないことはある種の「常識」となり[6]、日本でも「猫に翼がないことが科学的常識であるように、社会主義朝鮮や中国に、西欧近代立憲主義型の人権や民主や司法権の独立はない」とまで評されていた[7]。

4　王国枢（主編）『刑事訴訟法学』（第5版）中国・北京大学出版社、2013年、134頁。

5　石塚迅・前掲本章註3・340～341頁。なぜ、新中国成立前に中国共産党は「人権」概念を提示していたのだろうか。その疑問の答えとなるであろう意見に「人権」を提示することにより「民衆のエネルギーを吸収して、共産党主導政権を強化する」ためであったとの見方がある（石塚迅・前掲本書第1章註28・23頁）。

6　もっとも、中国において人権の保障がないがしろにされるのは、社会主義のみが原因ではなく、古代中国からの伝統でもあるとの指摘もある。R.ランドル・エドワーズ＝ルイス・ヘンキンほか（斎藤惠彦＝興梠一郎（訳））『中国の人権──その歴史と思想と現実と』有信堂高文社、1990年、52頁。

7　針生誠吉「中国法、ソビエト法と朝鮮法の比較研究」『朝日アジアレビュー』（1973年1月号）朝日新聞社、1973年、64頁。もっとも、中国国内で「人権」という語を用いることはタブーであったが、中国は国際的な場では「人権」を強調していたとも指摘されている（土岐茂「今日の中国における人権概念」『比較法学』（28巻2号）早稲田大学、

第 1 部　中国における諸問題の法的構成

　文革の時期は、多くの冤罪を出し、また法の手続を経ない処罰や私刑（リンチ）などが行われ、しかもそれを政府が奨励していた側面があり、人権が否定されているのは明確であった。しかし、改革開放政策の始まりとともに、学生や知識人の間から人権を含む民主化要求が高まった（特に 1979 年の「北京の春[8]」）。ところが、1989 年 6 月に第 2 次天安門事件が起き、このような「人権の要求」運動も姿を消すことになる。しかし、この第 2 次天安門事件が世界中に報道されたことにより、中国は国際的非難を受け（いわゆる「人権外交」）、「人権」概念を認めざるを得ない状況になる[9]。その結果、中国では 1991 年に『人権白書』が出版され（タイトル原文は『中国的人権状況』）、「人権」概念が国家公認のものとなる[10]。

2.2.　1991 年『人権白書』における「人権」

　1991 年の『人権白書』は、「個人の人権は十分保護するが、集団の人権の保護も重視する[11]」、「人権の中では生存権が最も重要である。生存権がなければ、その他の一切の人権は議論することすらできない[12]」、「中国は独立しているが、中国はいまだ発展中の国家であり、有限な国力の中で中国の独立と主権を維持し、中国が再び帝国主義によって侵略されないことを保障することが、依然として中国人民の生存と発展の基本条件である」と述べている[13]。これらの言葉をつなぎ合わせると、「人権の中で最も重要なのは生存権であり、生存権を保障するためには国家の独立が必要であり、国家の独立を侵害する者は、保護すべ

　1995 年、37 頁）。

8　土屋英雄「中国の人権と主権」『中国研究月報』（47 巻 4 号）社団法人中国研究所、1993 年、1 頁。土岐茂・前掲本章註 7・36 頁。

9　杉山文彦「『人権白書』にみる中国政府の人権観」『中国研究月報』（47 巻 4 号）社団法人中国研究所、1993 年、26 頁。土屋英雄『中国「人権」考──歴史と当代』日本評論社、2012 年、143 頁。高見澤磨＝鈴木賢ほか・前掲本書第 1 章註 29・95 頁。

10　高見澤磨＝鈴木賢ほか・前掲本書第 1 章註 29・95 頁。

11　国務院新聞弁公室『中国的人権状況』中国・中央文献出版社、1991 年、はじめに 2 頁。もっとも、「集団の人権」は中国に特有の概念ではなく、「マルクス主義にいう人権」そのものである（張文顕「人権の主体と主体的人権」鈴木敬夫（編訳）・前掲本書第 3 章註 5・18 頁）。

12　国務院新聞弁公室・前掲本章註 11・1 頁。

13　国務院新聞弁公室・前掲本章註 11・6 頁。

66

き『全体の人権』のために弾圧される」と第 2 次天安門事件を正当化する内容とも捉えられる。つまり「人権」が「国権」に劣ると捉えられ、「西欧近代立憲主義型の人権の否定」が継続していることを明確に示しているのである[14]。[15] そのため、『人権白書』出版以降も、中国の「人権」は、いわゆる西側諸国の「人権」とは異なる概念であると認識されている。

2.3.「敵・味方の理論」

なぜ社会主義国家では「人権」を認めないのだろうか。その原因は、社会主義国家が資本家階級を打倒し、労働者階級が搾取されることをなくすための国家であることにあるといえる[16]。つまり、国内に資本家という「滅ぼすべき存在」がいると仮定しているため、広く市民全員に同等の権利を認めるわけにはいかないのである。そのため、ここで登場するのが「敵・味方の理論」である。「敵・味方の理論」とは、市民を敵と味方に分け、異なる対応をするという理論である[17]。この論の採用を明確に表すのが、毛沢東の著作や周恩来の報告である。例えば、毛沢東は「人民内部の矛盾を正確に処理することに関する問題［関于正確処理人民内部矛盾的問題］」という著作の中で、「社会主義建設の段階においては、社会主義建設事業の一切に賛成し、支持および参加する階級は全て人民であり……社会主義革命に反抗し、社会主義建設を敵視し、破壊しようとする社会勢力と社会集団は全て『人民の敵』である」とした上で、[18]「人民内部の論争や問題は、民主的方法により解決するものとし、すなわち討論、批評、説得教育の方法のみによることとし、強制や圧服の方法によってはならない」と

14　土屋英雄・前掲本章註 8・2 頁。

15　アムネスティ・インターナショナル『中国の人権――政治的弾圧と人権侵害の実態』明石書店、1996 年、157 ～ 158 頁。もっとも、このような状況下でも『人権白書』の出版により、「人権問題をテーマとして正面から論ずることができるようになったこと自体は、積極的評価に値する」とする意見もある（高見澤磨＝鈴木賢ほか・前掲本書第 1 章註 29・96 頁）。

16　田中成明＝竹下賢ほか『法思想史（有斐閣 S シリーズ）』（第 2 版）有斐閣、1997 年、132 頁。

17　石塚迅・前掲本書第 1 章註 28・36 頁。

18　毛沢東「関于正確処理人民内部矛盾的問題」中共中央文献研究室（編）『毛沢東文集（第七巻・1956 年 1 月 -1958 年 12 月）』中国・人民出版社、1999 年、205 頁（初出は『人民日報』1957 年 6 月 19 日付）。

第1部　中国における諸問題の法的構成

し、「人民の敵に対しては、独裁的方法を用いることとする。これは必要な期間内に政治活動に参加させず、人民政府の法律に服従することを強制し、強制労働を行い、その労働中に新しい人格に改造することを指す」と述べている。さらに、周恩来の報告は、「人民は労働者階級、農民階級、小ブルジョア階級、民族ブルジョア階級で、反動階級から覚悟をもって移ってきた愛国民主的分子であり……人民の範囲に属さない者も一応は中国の国民の一人ではあるが、人民の権利は享受できず、国民の義務があるのみである」としている。ここでいう「人民」とは、「社会主義社会の建設に協力する者」であり、中国においてそれを実行する団体が中国共産党であるため、「人民」とは「中国共産党の指導に従う者」と定義し直すことも可能であると考えられる。

2.4．その後の展開

1991年の『人権白書』以降、中国ではたびたび『人権白書』が出版されている。2015年版『人権白書』（タイトル原文は『2014年中国人権事業的進展』）では、「人類普遍の原則の堅持と中国の現実・国情を結合させ、更なる高次元で人民の生存権と発展権を保障する」と述べている。ここでは「人類普遍の原則」という文言は使われているが、それに「中国の現実や国情」を結合させるとしており、やはり西洋型の「人類普遍の人権論」を正面から受け入れるつもりはないという意思表示をしていることがうかがえる。さらに、「人権を保障する」とはせず、「生存権と発展権を保障する」と1991年版『人権白書』の「生存権と発展権優先」の思想がいまだ放棄されていないことも示している。

19　毛沢東・前掲本章註18・209頁。

20　毛沢東・前掲本章註18・212頁。

21　周恩来「人民政協共同綱領草案的特点」中共中央文献研究室（編）『建国以来重要文献選編（第一冊）』中国・中央文献出版社、2011年、14頁（初出は1949年9月21日～30日の中国人民政治協商会議第1回全体会議報告）。

22　中華人民共和国国務院新聞弁公室『2014年中国人権事業的進展』中国・人民出版社、2015年、2頁。

23　中国では「国情」という語を用いることにより、西側諸国の原理を導入しても、その定義をすり替えようとしている動きがあるとも指摘されている。河村有教「現代中国刑事司法の性格——刑事手続上の人権を中心として」神戸大学、博士学位論文、2006年、188頁。

24　土屋英雄・前掲本章註8・2頁。

さて、中国の学術界では本章1．で述べたように、2004年の82年憲法改正で「人権条項」が盛り込まれたことを積極的に評価している（2004年改正以降の82年憲法第33条第3項）。しかし、中国政府の意図はそのような中国の学術界の解釈とは大きく異なり、2004年改正の82年憲法上の「人権」という言葉によって、さらに中国の「人権」を限定的にしようとしているという分析があり[25]、この分析こそが中国の人権条項の本質を突いていると考えられる。すなわち、中国政府は2004年改正以降の82年憲法第33条第3項の「人権」という用語を、西側諸国の「人権」の意味ではなく、「『人』民の『権』利」の意味で使っており、「人民の範囲に属さない者」に対して一切の権利を認めないという姿勢をより強くしているということである。また、後の2016年9月に出版されたさらなる『人権白書』（タイトル原文は『中国司法領域人権保障的新進展』）では、「人民の権利」という表現を用いており、中国政府もこのような考えを持っていることを表しているといえよう[26]。

3．2015年頃の活動家の刑事拘束

ここからは中国の2015年頃の刑事拘束を素材に、人権問題の現実を見ていきたい。どのような人を拘束する事件が起こっているのかは「人権」の現状を見る上で最もよい指針になると考えられるということと、ここでいう「刑事拘束」とは、「逮捕」や「刑事拘留」など国家権力が何らかの方法で自然人を拘束することを指すということは本章1．でも述べた。

3．1．浦志強の刑事拘留および逮捕

中国北京市公安[27]は2014年5月3日に第2次天安門事件に関する集会を開い

---

25 石塚迅・前掲本章註3・349～350頁。
26 中華人民共和国国務院新聞弁公室『中国司法領域人権保障的新進展』中国・人民出版社、2016年、1頁。
27 本書第3章2.4.でも述べたように「公安」とは、中国における「日本でいう警察」を意味する。中国にも「人民警察（略称「警察」）」という言葉があるが、人民警察は公安だけにとどまらず、国家安全機関、監獄などを含む概念であり、「日本の警察」には対応しない（範愉＝黄娟ほか（編著）『司法制度概論』（第2版）中国・中国人民大学出版社、

第1部　中国における諸問題の法的構成

たとして、中国で著名な人権派弁護士である浦志強を2014年5月6日に刑事拘留し、6月13日に逮捕した。[28]罪状は「故意に騒ぎを引き起こした罪（挑発混乱引起罪［尋釁滋事罪］の一形態）[29]」とされている。[30]なお、この集会は非公開で行われていた。[31]

　さて、当該故意に騒ぎを引き起こした罪であるが、学説上ではその保護法益は、不特定人物または多数者が公共の場所で活動する際の自由と安全であり、[32]具体的には不特定多数の者が出入りする場所で騒ぎを起こし、公共の場所（例えば、デパート、ホテル、劇場など）での通常の生活や業務などの活動が行えないようにした場合がその構成要件に該当するとされている。[33]

　つまり、この学説の通りに解釈すれば、「非公開の集会」を行ったことがデパートやホテルなどの公共の場所で通常の営業を妨害する行為である「故意に騒ぎを引き起こした罪」の構成要件に該当するとは判断できない。また、2014年12月にも、「インターネット上にデマを流した」として、「故意に騒ぎを引き起こした罪（挑発混乱引起罪）」で処罰された事件が起きている。[34]この場合「インターネット上の空間」は「公共の場所」と解釈できなくもないため、インターネット上にデマを流すという事件については、まだ理解可能な範囲にぎりぎり

　2013年、184頁）。そこで、本章では中国における「日本の警察」に相当する機関を「公安」と呼ぶこととする。

28　「中国、知識人拘留」『朝日新聞』2014年5月8日付13面。「中国当局が逮捕発表」『朝日新聞』2014年6月14日付13面。

29　挑発混乱引起罪は、中国刑法第293条に規定されており、「以下の挑発行為または混乱を引き起こすいずれかの行為を行い、社会秩序を破壊した者は、5年以下の有期懲役、拘役または管制に処する」とある。①ほしいままに他人に暴行を加え、情状が悪質である行為、②他人を追跡し、その通行を妨害し、罵倒し、または恐喝し、情状が悪質である行為、③公私の財物を奪取し、ほしいままに損壊しもしくは占用し、情状が重い行為、④公共の場所において騒乱を起こし、公共の秩序に重大な混乱を生じさせる行為。このうち、④が故意に騒ぎを引き起こした罪である。なお、「挑発混乱引起罪」という訳語や条文の訳は甲斐克則＝劉建利『中華人民共和国刑法』成文堂、2011年、157頁によった。

30　「中国、知識人拘留」・前掲本章註28。

31　「中国の言論封じ 自由がビジネスを育てる」『朝日新聞』2014年5月25日付7面。

32　張明楷『刑法学』（第4版）中国・法律出版社、2011年、935頁。

33　曲新久（主編）『刑法学』中国・中国政法大学出版社、2007年、465頁。高銘暄＝馬克昌（主編）『刑法学』（第5版）中国・北京大学出版社、2011年、542頁。張明楷・前掲本章註32・937頁。

34　「公安局副局長獲評"網絡最具人気奨"」『北京青年報』2014年12月6日付A08面。

70

あると考えられる。しかし、やはり「非公開の集会」に「故意に騒ぎを引き起こした罪（挑発混乱引起罪）」を適用することは、常識的な判断に従えば難しいといえる。

この浦志強の逮捕を論理的に説明しようとすると、①敵・味方の理論と②政治的決定が先で、刑法が後追いで適用されているという2種類の方法が考えられる。以下、順に概説する。

①敵・味方の理論：　敵・味方の理論とは、本章2．3．で説明した通り、中国共産党の指導に従わない者に対しては強制、独裁的方法で対応するという理論である。中国の刑法のうち、79年刑法は、敵・味方の理論を色濃く反映していたといわれている。79年刑法における敵・味方の理論の「『強制・独裁』的方法は事実上の非法的・暴力的なやり方を意味」し、「人民ではない」と認められると「法的保護を一切受けられなくなり、法外化」するということである[35]。これを周恩来の「人民の範囲に属さない者は、人民の権利を享受できない」という言葉に合わせて表現すれば、「人民でないと認められた場合、法に則った処罰を必ずしもする必要はなく、その法的根拠は、人民でない者には、生きる権利や逮捕状ない限り逮捕されない権利、拷問されない権利が認められていないからである」ということができる。

敵・味方の理論を前提にすると、中国共産党がなかったことにしている第2次天安門事件に関する集会を非公開とはいえ開催することは、中国共産党の指導に逆らっているため、浦志強は人民としての権利を享受できず、非法な裁き方（自らが行った行為とは何ら関係がない構成要件によって処罰する方法）をされても仕方ないとも評価できる。

もちろん、刑法上の敵・味方の理論はあくまで79年刑法下の理論である[36]。しかし、第2次天安門事件以降、敵・味方の理論は再び用いられだしているという指摘があったり[37]、現在も敵・味方の理論は放棄されていないという指摘もある[38]。いずれにせよ、浦志強の刑事拘留および逮捕は現在も中国で敵・味方の

35　甲斐克則＝劉建利・前掲本章註29・16頁。

36　甲斐克則＝劉建利・前掲本章註29・16頁。

37　陳文敏『人權在香港』香港・廣角鏡出版社有限公司、1990年、353頁。

38　石塚迅・前掲本書第1章註28・30頁。

第 1 部　中国における諸問題の法的構成

理論が生きていると考えることによって、説明ができるのである。

　②政治的決定が先で、刑法が後追いで適用される：　「政治的決定が先で、刑法が後追いで適用される」とは、中国の 79 年刑法で用いられていた刑法適用プロセスである。通常、刑法の適用には、まず刑法の条文で明示されている行為を行っているか（構成要件該当の確認）、正当防衛などの違法性阻却事由は存在しないか（違法性の確認）、刑事責任を負うだけの能力があるか（有責性の確認）の順に判断を行う。[39] ところが、少なくとも 79 年刑法では、まず政治的思惑も含めてある行為に対してどのような罰を与えるべきかを先に決定し、その後で決定した罰を与えるのに適当な刑法の条文を当てはめるというプロセスを取っていた。[40] このため、構成要件から考えれば、収賄罪によって処罰されるべき行為があっても、その事件に関して科すべき処罰とのバランスが取れない場合、業務上公共財物横領罪が適用されることなどがあった。[41]

　そして、97 年刑法施行後も中国においてはしばしば「処罰の必要性」が先にあり、刑法をあらかじめ決定している処罰の必要性に合うように運用している実態が見受けられる。[42] すなわち、本来は過失致死罪が適用されるはずであるべき行為にもかかわらず、故意傷害罪が適用されている例などが 97 年刑法下でも確認されている。[43]

　このような刑法の適用プロセスが現在も用いられているとすれば、刑事拘留や逮捕の際に用いられる「罪名」を深く考えることにあまり意味はなくなる。中国政府に「とにかく浦志強を処罰したい」という思考が先にあり、その後その与えたい罰を規定している適当な刑法上の罪名を持ってきたと考えれば、この浦志強の刑事拘留および逮捕に関しては説明がつくように思われる。

　ここで見たように、構成要件の該当を第一に考える刑法の適用プロセスからは浦志強の刑事拘留および逮捕の説明はできない。しかし、中国の 79 年刑法

39　山川一陽＝船山泰範ほか『法学入門』（第 2 版）弘文堂、2000 年、135 ～ 137 頁。

40　小口彦太『現代中国の裁判と法』成文堂、2003 年、140 頁。

41　小口彦太・前掲本章註 40・140 頁。

42　坂口一成「中国刑法における罪刑法定主義の命運（2・完）――近代法の拒絶と受容」『北大法学論集』（52 巻 4 号）北海道大学大学院法学研究科、2001 年、1261 頁。

43　河村有教・前掲本章註 23・96 ～ 97 頁。

第 4 章　中国における人権問題の 2015 年頃の動向

で用いられていた①敵・味方の理論、もしくは②政治的決定が先で、刑法が後追いで適用されるというプロセスのどちらか（もしくは双方）が現在も用いられていると考えることで説明がつくのである。

3.2.　容疑者らの「半年」の刑事拘留

中国では、しばしば刑事拘留がなされ、刑事拘留が半年間続き、そのまま「逮捕」されることがある。[44]　しかし、この半年間という期間については公開されている限りでは明確な根拠条文が存在しない。中国における法律上の刑事拘留およびその期間は以下の通りである。

中国には、日本でいう現行犯逮捕や緊急逮捕に相当する条文が存在しないのでそれに替わるものとして刑事拘留の制度が設けられている。日本でいう現行犯逮捕や緊急逮捕に相当するのが刑事拘留の制度であるため、刑事拘留はあくまで臨時的拘束であり、行える場合も相当に限定されている。[45]　以下が刑事拘留を行うことができる場合である。[46]　①現在犯罪の予備行為を行っているか犯罪を行っている、もしくは犯罪終了後すぐにそれが発見された場合、②被害者もしくは現場を見た者がその者が犯罪を行っていたと確かに確認していた場合、③その者の身辺や居住地から犯罪の証拠が発見された場合、④犯罪後その者が自殺や逃亡を企てるもしくは現に逃亡中である場合、⑤証拠を隠滅したり、偽造したり、供述の口裏合わせをする可能性がある場合、⑥本名、住所を名乗らず、

44　例えば、以下のような例が確認できる。2010 年にノーベル平和賞を受賞する劉暁波は 2008 年 12 月 8 日に刑事拘留され、半年後の 2009 年 6 月 23 日に逮捕されている（余傑『劉暁波傳』香港・新世紀出版及傳媒有限公司、2012 年、506 頁）。中国で「スパイ行為」の疑いで 2015 年 6 月に刑事拘留がなされた日本人は、同年 11 月に逮捕されている（「拘束の日本人 2 人逮捕」『朝日新聞』2015 年 12 月 25 日付 38 面）。2015 年 7 月 10 日に拘束された北京峰鋭弁護士事務所の弁護士や職員らは 2016 年 1 月 8 日に逮捕されている（「人権派弁護士ら 50 人連行」『朝日新聞』2015 年 7 月 12 日付 14 面。「拘束の弁護士ら逮捕」『朝日新聞』1 月 13 日付 13 面）。

45　龍宗智＝楊建広（主編）『刑事訴訟法』（第 4 版）中国・高等教育出版社、2012 年、317 頁。陳衛東（主編）『刑事訴訟法』（第 4 版）中国・中国人民大学出版社、2014 年、172 頁。

46　これに対して、中国における「逮捕」は犯罪の明確な証拠があり、懲役以上の処罰が科せられる場合であって、保証人を立ててもなお再犯の可能性があるなど社会危害性が高い場合に（刑事訴訟法第 79 条）、公安機関は人民検察院（日本の「検察庁」に相当する）の批准を受けて（刑事訴訟法第 85 条）、逮捕状［［逮捕証］を提示し（刑事訴訟法第 91 条）た場合に行うことができる。

73

第1部　中国における諸問題の法的構成

身分が不明な場合、⑦放浪中に起こした犯罪であるか、連続して犯罪を行っているおそれがある、または組織犯罪である重大な疑いがある場合（刑事訴訟法（1979年7月7日公布、1980年1月1日施行。1996年3月17日全面改正、1997年1月1日改正法施行。2012年3月14日二度目の全面改正、2013年1月1日改正法施行。2018年10月26日最終改正・改正法施行）第82条[47]）。また、刑事拘留を行う場合には、あらかじめ「拘留請求報告書［呈請拘留報告書］」に関連する状況や拘留理由などを記入し、公安機関の責任者もしくは検察長の決定を経た上で、拘留証（県以上の公安責任者が発行）を刑事拘留の対象となる者に提示する必要がある。しかし、緊急の場合には、これらの手続は刑事拘留を行った後に行ってもかまわない[48]。刑事拘留はあくまで臨時的拘束なので、刑事拘留がされてから24時間以内に留置場へ送致しなければならず、その時間までに刑事拘留されている者の家族に通知しなければならない（刑事訴訟法第85条）。さらに、刑事拘留されている者が弁護士だった場合、所属法律事務所と所属弁護士協会［律師協会］にも通知しなければならない（弁護士法［律師法］（1996年5月15日公布、1997年1月1日施行、2012年10月26日最終改正、2013年1月1日改正法施行）第37条）。

　さらに、公安機関は刑事拘留後24時間以内に取り調べを行わなければならず、刑事拘留すべきではないと判断した場合、直ちに釈放し、釈放証明をしなければならない（刑事訴訟法第86条）。また、逮捕の必要があると判断した場合は、刑事拘留後3日以内に、公安機関は人民検察院に証拠などの移送をし、逮捕状の請求をする（刑事訴訟法第85条、第89条第1項前段。公安機関の刑事事件の処理手続の規定［公安機関処理刑事案件程序規定］（2012年12月13日公布、2013年1月1日施行）第125条）。この日数は県級以上の公安機関の責任において最大4日間延長ができる（刑事訴訟法第91条第1項後段）。また、放浪中に起こした犯罪の場合、連続して犯罪を行っているおそれのある場合、組織による重大な犯罪である疑いがある場合には県級以上の公安機関の責任において刑事拘留期間を最大30日ま

47　なお、浦志強の刑事拘留に関して、ここに挙げたような緊急性があったとは考えにくい（逮捕の前に必ず刑事拘留しなければならないわけではない。王国枢（主編）・前掲本章註4・156頁）。罪名にかかわらず、浦志強に対して刑事拘留を行ったこと自体に関しても、「法の保護を受けていない（敵・味方の理論）」か「とにかく拘束するという政治決定が先にあった」と考えるのが妥当であろう。

48　龍宗智＝楊建広（主編）・前掲本章註45・318頁。

74

第 4 章　中国における人権問題の 2015 年頃の動向

でとすることができる（刑事訴訟法第 91 条第 2 項。公安機関の刑事事件の処理手続の規定第 125 条第 2 項）。また、人民検察院は、公安機関から逮捕状の請求を受けた場合は、7 日以内に逮捕状を発行するか否か決定しなければならない（刑事訴訟法第 91 条第 3 項）[49]。

　以上より、中国における刑事拘留の期間は、一般的に 14 日以内（基本の 3 日＋延長の 4 日＋逮捕状発行の判断の 7 日）、最長で 37 日以内（組織犯罪などの場合の 30 日＋逮捕状発行の判断の 7 日）となる[50]。

　このように中国の刑事拘留は一般的に 14 日以内に終了し、法律の条文上は、刑事拘留を受けている者を解放するか、逮捕状が発行されれば逮捕するかを選択しなければならないはずである。しかし、本章註 44 でも述べたように、中国では「なぜか」刑事拘留が半年近くなされている例が散見される。これは単に違法捜査を行っているだけと捉えることも可能ではあるが、半年を超えて刑事拘留されている例が管見の限り確認できないのは偶然とは考えにくい。これを最も納得がいくように説明できるのは、「刑事拘留を合計約半年まで行うことができるとする規定が実は存在する」と考えることである。中国ではしばしば外部者には窺い知ることができない非公開の内部規則で犯罪の処罰などが行われていることがあると指摘されている[51]。もちろん、このような「非公開の法をはたして法と呼べるのか、それは法の形容矛盾でないのか」といった指摘もなされてはいるが[52]、これが中国における法の現実なのである。

　このように、既に非公開の法が存在しているということが知られている中国で、法律の条文上は刑事拘留は 14 日まで（組織犯罪などの場合は 37 日まで）とされているにもかかわらず、事実としてそれを超える刑事拘留の例が確認でき、共通して半年を超える刑事拘留が確認できないならば、「刑事拘留を半年まで行うことができる」という非公開の法があると考えることは最も合理的な予測

49　なお、中国の刑事訴訟法は既に述べた通り、2012 年 3 月 14 日に全面改正されたが、改正前の刑事訴訟法でも刑事拘留に関しては現在と変わる点はない（2012 年 3 月 14 日改正前の刑事訴訟法（1996 年 3 月 17 日更なる旧法より全面改正。1997 年 1 月 1 日施行）第 61 条〜第 69 条）。

50　王国枢（主編）・前掲本章註 4・155 頁。龍宗智＝楊建広（主編）・前掲本章註 45・321 頁。

51　小口彦太・前掲本章註 40・115 頁。

52　小口彦太・前掲本章註 40・87 頁。

75

第 1 部　中国における諸問題の法的構成

といえよう。

4．結びにかえて

　これまで、中国における人権の定義や歩み、2015 年頃の刑事拘束などを見
てきた。ここでいえるのは、2015 年頃においても、中国では「敵・味方の理
論を用いている、もしくは政治的決定が先で刑法を後追いの形で適用してい
る」かのような刑事拘留および逮捕がなされており、さらに「非公開の法が根
拠と考えられるような期間拘束がなされている」ような刑事拘束が起きている
ということである。

　これは政府と関係のない者から見れば、政府の意思次第で刑事拘留や逮捕が
でき、しかもその刑事拘留の明確な期間についても外部者が窺い知ることが
できないということである。これは、「適正手続きの理論（デュープロセス理論。
Due process of law)」や「罪刑法定主義[53]」を真っ向から否定しているということで
もある[54]。適正手続きの理論によれば、人権を手続的に保障するためには、公権
力を手続的に拘束することが必要であり[55]、罪刑法定主義によれば、「刑罰とい
う重大な制裁が科されるには、予めいかなる行為が対象となるかが明確に定め
られていなければならない」からである[56]。これらの原則を、「市民にとのよう

53　「適正手続きの理論」と「罪刑法定主義」は並列の関係ではなく、「適正手続きの理論」
　　の内部に「罪刑法定主義」が存在するとする捉え方もある。ホセ・ヨンパルト「罪刑法
　　定主義——その歴史性と哲学的根拠づけ」『上智法學論集』（20 巻 1 号）上智大學法學會、
　　1976 年、3 頁。芦部信喜・前掲本書第 1 章註 27・235 頁。

54　もっとも、本章が確認するまでもなく、中国ではいわゆる西側諸国の「罪刑法定主義」
　　と同質の原則は導入されていないし（河村有教・前掲本章註 23・41 頁。坂口一成・前掲
　　本章註 42・1268 頁）、本書第 2 章註 23 でも述べたように、中国法は実質的正義のみを重
　　視し、手続的正義には興味がないと先行研究も指摘してきた。「手続的正義には興味がな
　　い」とは具体的には、裁判官が法律の運用を誤ったとしても、正しい法律の運用と結果
　　が変わらなければそれでよいとする例などが散見される（高橋孝治「追訴時効起算点的
　　実務問題——以《(2010) 扶刑初字第 100 号》案件為中心」『西江月』（vol.42 No.28）中国・
　　西江月文芸雑誌社、2013 年、160 頁）。

55　芦部信喜・前掲本書第 1 章註 27・235 頁。適正手続きの理論によって、「手続面でも国
　　民を守る配慮がなされている」とも表現される（山川一陽＝船山泰範ほか・前掲本章註
　　39・3 頁）。

56　高橋和之『立憲主義と日本国憲法』（第 3 版）有斐閣、2013 年、195 頁。佐藤幸治『日

な行為をした場合に、どの程度の刑罰を受けるのかあらかじめ知らしめ、行動の自由を保障し、さらに政府が恣意的に市民を罰したり拘束したりすることを禁じている」という人権確保のための原則と捉えたとき[57]、中国では 2015 年前後においても「人権は否定されている」ということになる。

まとめると、少なくとも刑事事件（特に刑事事件を名目にした国家権力による拘束）に着目する限りでは、中国は 2015 年前後においても、政権の意思次第で、無罪の者を犯罪者にすることもできるし（敵・味方の理論もしくは政治的決定をした後に刑法を適用するというプロセスによる）、根拠不明の拘束を行うこともでき（非公開の法の可能性）、その意味で中国では国家権力による刑事制裁をあらかじめ予測することは不可能であり、刑事における人権保障がなされていないということである。

このような現実を見ると、中国の人権状況は、第 2 次天安門事件以降の人権外交によっても全く改善されておらず、むしろ人権を明確に否定していた時期と何ら変わらないようにも見える[58]。誰の目から見ても人権が不存在だった文革は終わり、経済発展を遂げ、中国にもいわゆる西側諸国のような法制度が備わっているように見える。しかし、その現実は 2015 年前後においても「人権」というキーワードから見ると西側諸国とは大きく異なっているといえる。人権外交を経験した後、しかも 21 世紀にもなった 2015 年前後ですらこのような現実なのだから、中国の人権状況が今後劇的に改善するとは考えにくい[59]。むしろ、

本国憲法論』成文堂、2011 年、334 頁。前田雅英・前掲本書第 3 章註 4・15 頁。「刑罰法規は、①国民に法規の内容を明確にし、違法行為を公平に処罰するのに必要な事前の『公正な告知』をすること、②法規の執行者たる行政の恣意的な裁量権を制限するものであること、が必要」とも表現される（芦部信喜・前掲本書第 1 章註 27・197 頁）。ここで述べられている「国民に法規の内容を明確にする」という「公開の法によらなければならない」を意味する言葉も重要である。

57　伊藤正己＝加藤一郎（編）『現代法学入門』（第 4 版）有斐閣、2005 年、114 頁。

58　もっとも、1990 年代の中国は「毎年おびただしい人びとが、起訴もされず長期間拘禁されている」と指摘されており（アムネスティ・インターナショナル・前掲本章註 15・1 頁）、その意味では根拠不明とはいえ、一応半年を超える刑事拘留は情報が公開されている範囲では見受けることができず、1990 年代よりかは人権保障に関して一歩前進しているとも評価しうる。

59　「中国において完全に人権が保障されるまでの道程は、他の国々におけるよりも長いものとなるだろう」と、同様の指摘は既になされている。R. ランドル・エドワーズ＝ルイス・ヘンキンほか・前掲本章註 6・55 頁。

第1部　中国における諸問題の法的構成

中国共産党政権が続く限り、西側諸国の「人権」を政府として導入することは
ないのではないだろうか。残念ながら中国の人権状況には今後も期待できそう
にない。

[コラム①　商船三井船舶差押え問題から見る中国の民事法運用]

——2014年に報道されていた「商船三井船舶差押え」の法的根拠は何なのだろう？

　2014年4月19日に、浙江省舟山市嵊泗県の馬迹山港に停泊していた株式会社商船三井（以下「商船三井」という）の鉄鉱石運搬船「BAOSTEEL EMOTION」が上海海事法院に差し押さえられた[1]。これは、以下の経緯による[2]。商船三井の前身の1つである大同海運が、1936年6月および10月に中威輪船公司から船舶を2艘傭船した。しかし、両船とも日本政府が徴用し、この徴用中に沈没もしくは消息不明となった。そして1988年12月30日に中威輪船公司代表者の相続人が原告となり（以下「中威輪船公司代表者の相続人」を「原告」という）、大同海運の後継企業であるナビックスライン株式会社（1999年に商船三井と合併）を被告として、このときの傭船契約の債務不履行などによる損害賠償請求を、上海海事法院に訴訟提起した。この訴訟については、第1審、第2審ともに原告が勝訴し、2010年12月に判決が確定した。商船三井側は、和解解決すべく、原告に対して示談交渉を進めていたが、2014年4月19日に突如船舶が差し押さえられてしまったという。

　1988年12月30日に突如原告が訴訟提起した理由については、以下のようにいわれている。中国では、民法通則が1986年4月12日に公布され、1987年1月1日から施行されることになった。民法通則第135条には、訴訟時効についての規定があり、中国では権利は原則として2年経過した場合、訴訟が起こせなくなるとされている。ところが、最高人民法院の《中華人民共和国民法通則》執行の貫徹について若干の問題に関する意見（試行）[最高人民法院関于貫徹執行《中華人民共和国民法通則》若干問題的意見（試行）]（1988年4月2日公布・施行）第165条では「民法通則実施前に、権利者がその民事的権利の侵害を知りもしくは知ることができ、民法通則実施後に人民法院に請求する場合

1　「中国、日本船差し押さえ」『朝日新聞』2014年4月21日付3面。「商船三井船差し押さえ」『読売新聞』2014年4月21日付1面。

2　「中国当局による当社船差し押さえの件」（株式会社商船三井ホームページ）〈https://www.mol.co.jp/pr/2014/14026.html〉2014年4月21日更新、2019年2月1日閲覧。

の訴訟時効期間は、民法通則第135条および第136条の規定により、1987年1月1日から起算するものとする」と、同意見第166条では「民法通則実施前に、民事的権利の侵害が20年を超えており、民法通則の実施後に権利者が人民法院に請求する場合の訴訟時効期間は、民法通則第135条に規定する2年もしくは第136条に規定する1年を1987年1月1日から起算するものとする」と規定した。つまり、民法通則施行前の債権については、1987年1月1日から時効が起算されるため、1988年年末で原告の請求権も時効にかかると考えられ、その前日である1988年12月30日に訴訟提起がなされたとされている[3]。そして上記の通り、この訴訟は2010年12月に原告勝訴で判決が確定し、その後何の進展もなかったのだが2014年4月19日に突如船舶が差し押さえられた。

　これだけ見ると、1936年という民法通則施行前に発生した債権を1987年1月1日から起算して2年以内に人民法院に訴訟提起しているのでこのような結果も起こりうると解釈することもできる。しかし、この差押の根拠は、船舶の賃借料、経営損失、船舶の損失、利息に関する損害賠償となっている[4]。ところで、民法通則の訴訟時効期間は原則2年（第135条）だが、財物棄損の損害賠償は例外に該当し1年で訴訟時効にかかる（第136条第4号）。すると、船舶の損失は「財産棄損」に該当し、1987年1月1日から訴訟時効を起算したとしても、1987年年末で訴訟時効の期限が到来していると解釈するのが相当ではなかろうか。残念ながら、この訴訟の判決は管見の限り公開されていないため、どのような論理構成をとっているのかは外部からは分からない。しかし、このように請求の根拠となっている項目が全て訴訟時効の期間内であったかについては疑義があるといえる。

　ところで、一定期間が経過したことにより民事法上の権利が消滅する制度は、日本などでは「消滅時効」制度と呼ぶが、中国では「訴訟時効」制度と呼ばれている。これは、消滅するのは実体法上の権利ではなく、あくまで訴権

3　「中国当局による当社船差し押さえの件」・前掲本コラム註2。

4　「上海海事法院ホームページ」〈http://shhsfy.gov.cn/hsinfoplat/platformData/infoplat/pub/hsfyintel_32/docs/201404/d_280007.html〉2014年9月28日閲覧。2019年2月1日現在閲覧不可。

のみであることを強調しているためとされている[5]。このことは民法通則第138条の「訴訟時効の期間が経過していても、当事者が自らの意思で行ったことについては、訴訟時効の制限を受けない」との規定に表れているといえる。これは、社会主義における唯物論から、絶対的真実が存在するはずと考え、単なる時の経過で権利関係に変化が生ずることはないとの発想があるとされている[6]。

さて、この事件の債権はそもそも1936年という中華民国期に発生したものである。そして、中華民国民法（総則編）（1929年5月23日公布、同年10月10日施行）第125条では消滅時効の期間は15年とされている。そのため、この債権は本来1951年に消滅するはずだった。しかし、1949年に新中国が成立したため状況は大きく変わることになる。中国においては、中国共産党中央が1949年2月22日に「国民党の『六法全書』を廃止し、解放区の司法原則を確定することに関する指示［中央関于廃除国民党《六法全書》和確定解放区司法原則的指示］」を発し[7]、中華民国法制の廃止が宣言された[8]。そして、刑事法に関しては、この中華民国法制の廃止を根拠として、刑罰について定めた法律も廃止されたのだから、中華民国期の行為については処罰できないという解釈がなされていた（もっとも、新中国で1951年2月20日に公布・施行された懲治反革命条例は、犯罪に関しての遡及処罰を認めていたので、中華民国期の行為に対して新中国の法規で罰されることはあった[9]）。しかし、中華民国期に発生した債権をはじめとする民事法上の問題

5　高見澤磨＝鈴木賢ほか・前掲本書第1章註29・151頁。

6　御手洗大輔「時効制度の意味することは何か」（Science Portal China ホームページ）〈http://www.spc.jst.go.jp/experiences/chinese_law/18010.html〉2018年8月15日更新、2019年2月1日閲覧。

7　「国民党の『六法全書』を廃止し、解放区の司法原則を確定することに関する指示」は、中央档案館（編）『中共中央文件選集（第18冊・1949年1月至9月）』中国・中共中央党校出版社、1992年、150～153頁などに収録されている。

8　もっとも、この「国民党の『六法全書』を廃止し、解放区の司法原則を確定することに関する指示」の文言上は、中華民国法制が全て廃止されたとはいえないのではないかという指摘もある（高橋孝治「1930年代から1940年代の中国共産党革命根拠地における裁判の動向――趙崑坡＝兪建平『中国革命根拠地案例選』を読む」『中国研究論叢』（17号）霞山会、2017年、63頁）。もっとも、多くの先行研究は「中華民国法制が廃止された」と理解している。

9　李光燦『中華人民共和国刑法論（上冊）』吉林人民出版社、1984年、705頁。高橋孝治「中台人的交流に関する公訴時効制度（訴追時効制度）の考察」『問題と研究』（46巻3号）台湾・国立政治大学国際関係研究センター、2017年、98～99頁。

第1部　中国における諸問題の法的構成

について、残念ながら管見の限り新中国の法規でとのように取り扱うのかについて示した基準や解釈方法は見当たらない。しかし、新中国における中華民国期の刑事法は無効となったとの解釈から、やはり中華民国民民法の消滅時効の規定も無効になっていると解釈するのが相当であろう。

　ここで問題となるのは、1949 年 10 月 1 日の新中国成立宣言の時点で、中華民国民法の消滅時効期間が来ていない債権のみが 1988 年年末までに訴訟提起すれば権利として認められるのか、それとも最高人民法院の《中華人民共和国民法通則》執行の貫徹について若干の問題に関する意見（試行）第 165 条および第 166 条を文言通りに捉え、1987 年 1 月 1 日より前に発生していた権利（中華民国期や清朝時代に発生していた債権を含む）は一律に 1988 年年末までに何らかの行動を取れば権利として認められるのかという点である。前者の場合、中華民国期に発生して、新中国成立宣言の際に中華民国民法に基づき消滅時効にかかっていなかった権利は、そのまま民法通則施行前には消滅時効や訴訟時効の規定のなかった新中国において、「時効の規定が存在しなかった」ために新中国において権利として存続したという解釈となる。先に述べた通り、この商船三井「BAOSTEEL EMOTION」差押え問題の根拠となっている判決は公開されておらず、どのような論理で商船三井に賠償義務があるとしたのかは分からない。しかし、中国の訴訟時効の規定にはこのような問題がありうるということである。

　ところで、先に述べたように、民法通則第 136 条第 4 号では、財物棄損の損害賠償は 1 年で訴訟時効にかかるとしている。そのため、民法通則施行前に存在していた財産棄損の損害賠償請求訴訟は、1987 年年末以降はできなくなるはずである。しかし、先に述べたように、当該差押の根拠は、船舶の賃借料、経営損失、船舶の損失、利息に関する損害賠償となっている。一応、民法通則第 137 条後段には「特殊な状況下においては、人民法院は訴訟時効の期間を延長することができる」との規定が存在する。しかし、これは訴訟時効の規定をそのまま適用して、不公平感が生じる場合に対応するための規定とされている[10]。残念ながらどのような場合が「特殊な状況下」に該当するのかは、明文に

10　王利民（主編）『民法』（第 5 版）中国・中国人民大学出版社、2010 年、148 頁。

コラム①　商船三井船舶差押え問題から見る中国の民事法運用

定めがないものの、今回の「船舶の損失」の部分が「特殊な状況下」に該当するとは考えにくいであろう。ここから、中国では、本書第4章3.1.で述べたような、「政治的決定が先で、刑法が後追いで適用される」という刑事法運用と同じ手法が、民事法においても行われているのではないかといえる。つまり、中国では、民事法においても結果がまず先にあり、その後条文を曲解、もしくは望ましい結論を導くために時には条文を無視して法律を運用している実態があるといえる可能性がある。[11]

11　もっとも、本書第2章3.4.で述べたように、中国では、「先判後審（先に決定を下し、その後に審理を始める）」ということが起こっていることは既に指摘されている。この指摘に刑事・民事の区別はない。

第5章　中国にとって租税とは何か

乱収費問題を素材として

――中国で起こっているという「根拠なき当局による徴収（乱収費）」の法的根拠は何なのだろう？

1．はじめに

　日本において租税[1]とは以下のように定義されている。「国または地方公共団体が、その課税権に基づいて、その使用する経費に充当するために、強制的に徴収する金銭納付[2]」、「国又は地方公共団体が特別の給付に対する反対給付としてではなく、これらの団体の財政需要を満たすための収入の目的をもって強制的に私人に対し賦課する金銭給付[3]」、「国家が、特別の給付に対する反対給付としてではなく、公共サービスを提供するための資金を調達する目的で、法律の定めに基づいて私人に課する金銭給付[4]」。租税法律主義（近代以後の国家において、租税の賦課・徴収は必ず法律の根拠に基づいて行わなければならないとする原則）を貫徹するためには、租税とは何かといった定義も定まっていなければならないことは当然である。また、国や地方公共団体が徴収する金銭は租税だけには限られない。そのため「形式的に租税といわれなくても、国民に対して強制的に賦課される金銭、たとえば専売品の価格、営業許可に対する手数料や、各種の検定手数料、郵便・郵便貯金・郵便為替などの料金等についても、租税法律主義の原則の趣旨からして、国会の議決が必要であると一般に解されている」ともいわれる[6]。つまり、「租税」という国民の義務に限らず、「手数料」など見返りを

1　本章においては、日本語のそれとの混同を避けるため、中国語の「租税」については全てにおいて「租税［税収］」と表記する。

2　芦部信喜・前掲本書第1章註27・350頁。

3　法令用語研究会（編）『有斐閣 法律用語辞典』（第3版）有斐閣、2006年、885頁。

4　金子宏『租税法』（第4版）弘文堂、1992年、8頁。

5　金子宏・前掲本章註3・9頁。

6　芦部信喜・前掲本書第1章註27・350頁。

84

期待する納付についても、国や地方公共団体に納付する以上、法律によること
が求められるのである。

ところで、中国では昨今「乱収費問題」が社会問題となっている。乱収費問
題とは、法律に根拠のない行政機関による徴収である[7]。中国では乱収費問題の
原因の1つとして以下のような説明がなされることがある。「行政徴収の本質
は国民の財産権の侵奪であり、これは一般的にいって外国の立法では厳しく制
限されている。政府による徴収権は1種類に絞られており、一般的に徴税権以
外には徴収権は存在しない。これらの国と違い、中国では徴税権以外にも強大
な徴収権が存在している[8]」。中国には徴税権以外にも行政機関による徴収権が
存在しているということになっている[9]。ここから中国にとって租税とは何なの
か、徴税権とそれ以外の徴収権はどう異なるのかが問題となる。本章は、乱収
費問題の原因の1つとされている「徴税権以外の徴収権」に留意しながら、中
国における租税の定義を探ることを目的とする。

2．中国における「租税」

中国における租税の定義を探るという目的を考えると、まず現在中国におい
て租税がどのように定義されているのかを明らかにしなければならない。日中
辞典によれば、日本語の「租税」は中国語でも「租税」もしくは「税款」と訳
される[10]。しかし、専門用語としては一般的に「租税」という言葉に代わり「税

7　「乱収費」とは、中国で一般に使われている用語であり、法律上の用語では「違法収費」
　という（王克穏「関于乱収費的法律思考」『行政法学研究』（2004年1期）中国・中国政
　法大学、2004年、91頁）。しかし、日本では一般に「乱収費」という言葉で紹介されて
　いる問題であるため、本章では「乱収費」という言葉で統一する。

8　武春玲「乱収費現象及其治理対策」『山西省政法管理幹部学院学報』（18巻2期）中国・
　山西省政法管理幹部学院、2005年、63頁。

9　「我が国の法定の正式な税の負担は重くはない。しかし、徴税権と徴費権は分けられてお
　り、事実上の税負担は相当に重い」ともいわれ、ここでも徴税権とその他の徴収権が別
　に存在していることが示されている。楊斌「関于中国税制設計和税制改革理論基礎及現
　実依拠的論弁」（香港中文大学中国研究服務中心ホームページ）〈http://www.usc.cuhk.edu.
　hk/PaperCollection/Details.aspx?id=5017〉更新日不明、2015年6月20日閲覧。2019年2
　月1日現在閲覧不可。

10　北京・対外経済貿易大学＝北京・商務印書館＝小学館（共同編集）『日中辞典』小学館、

第1部　中国における諸問題の法的構成

収」という言葉が使われている[11]。ここでは、現在の中国における「税収」という用語の定義を見ていき、さらに中国における租税法律主義についても見る。

2.1.　中国の租税法書における「税収」

中国の租税法書などにおける「税収」の定義は以下の通りである。「政府が社会の公共需要を満足させるために、政治権力を用い、強制、無償で財政収入を取得する行為」[12]、「租税法の生成、存在および発展の基礎であり、税法の性質および内容を決定する主たる要因である。税収は経済を内容とし、さらに租税法という法律に則ったものもある」[13]。さらに、「税収」に定まった定義はないとしつつも、その代表的な定義として各国の定義を挙げるものもある。ここでは日本の学者の定義をも紹介し「日本の学者金子宏は、税収とは国家が公共需要の資金を満足させるために法律の規定をもって無償で私人に対して課する金銭給付と述べている」とする[14]。さらに、「日本の学者汐見三郎は、税収とは国家および地方公共団体がその一般経費を支払うために、財政権に基づき納税者に対して強制徴収する資財であると述べている」とする[15]。

さらには、以下のように述べるものもある。「税収」の概念は「学者らがいまだ検討している事項である。しかし、主には『国家分配説』、『価格説』、『交換説』などの観点がある」[16]。そして「国家分配説によれば、税収とは国家がその職能を実現するために政治権力を用い、強制、無償で取得する財政収入の一形式であり、国家主体の分配関係を表して」おり、「価格説によれば税収とは、人々が国家（政府）の提供する公共物もしくは公共サービスを受け取った対価であ」り、「交換説によれば国家と個人は各自独立した平等の実態であり、国

1987 年、1083 頁など。

11　「税収という言葉は賦税、税捐、租税などとも呼ばれる」と、「税収」と「租税」は同義であるとする説明もある。徐孟洲（主編）『税法原理』中国・中国人民大学出版社、2008 年、3 頁。陳少英（編著）『税法学教程』（第 2 版）中国・北京大学出版社、2011 年、3 頁。張守文『税法学』中国・法律出版社、2011 年、3 頁など。

12　王紅雲（主編）『税法』中国・人民大学出版社、2011 年、1 ～ 2 頁。

13　徐孟洲（主編）・前掲本章註 11・3 頁。

14　張守文・前掲本章註 11・5 頁。

15　張守文・前掲本章註 11・5 頁。

16　楊萍＝魏敬森（編著）『税法学原理』（第 2 版）中国・中国政法大学出版社、2012 年、3 頁。

86

家の活動により人民は利益を享受しているので、人民は国家に対し金銭を支払わなければならない。税収とはこの両者の交換である」と説明している[17]。

そして、ここに挙げた中国における「税収」を見る限り、中国の「税収」は、日本の「租税」に相当する言葉のようにも見える。特に金子宏や汐見三郎の「租税」の定義を「税収」の定義として紹介しているものもある[18]。しかし、日本の「租税」が中国の「税収」であるとすることはできない。本章1．で日本の「租税」の定義を挙げた。そこでは論者によって若干の違いが見られるものの、一貫して租税は何らかの「金銭納付」または「金銭給付」であるとしている。これに対し、中国の税法書上の「税収」は「財政収入を取得する行為」という行為であったり、「決定する主たる要因」という要因であったりと様々な定義がなされている。さらに、本章2．2．で述べるが、中国憲法の立場からは経済作用としている。すなわち、「税収」には確固たる定義が存在しないといえる。

2．2．中国の憲法書における「税収」

ここでは中国の憲法書における「税収」を見る。憲法書においては、主に82年憲法第56条の納税の義務の項目に「税収」という言葉の定義が置かれている。しかし、中国においても憲法に納税の義務の記載があるにもかかわらず、いくつかの憲法書にはこれに関する記述が一切ないものもある[19]。

これに対し、「税収」の定義について説明がなされる場合には、以下のような説明がなされる。税収とは、「国家が法律の規定によって、納税単位あるいは個人から無償で徴収する実物あるいは貨幣」である[20]。また、「税収とは、我が国の国家予算の重要な構成部分であり、生産、流通、分配および消費を調節する重要な経済作用である」とも述べる[21]。また、税収とは「国家が経済のマク

17　楊萍＝魏敬森（編著）・前掲本章註16・3～4頁。

18　厳密にいえば、金子宏や汐見三郎の定義とは若干異なるが、単なる訳し方の問題といえる。

19　例えば董和平『憲法学』中国・法律出版社、2004年、287～288頁は中国公民の義務規定の総論的内容には言及するものの、納税の義務を含めた義務の具体的内容には言及していない。さらに、韓大元『憲法学基礎理論』中国・中国政法大学出版社、2008年は憲法上の義務規定について一切言及していない。

20　焦洪昌・前掲本書第1章註30・408頁。

21　焦洪昌・前掲本書第1章註30・408頁。

第1部　中国における諸問題の法的構成

ロ調節を行うための重要な経済作用であり、国家は異なる税種や税率を定め、国民経済の発展を促進するものである。また、個人収入の格差を調節する合理的手段でもあり、収入分配の不公平という矛盾を減少させる手段をもって社会の安定を保護するものである」とか、「国家が経済のマクロ調節を行うための経済作用であり、経済調整を実行することを有利にするものであり、政府は税収を通じて納税者に公共施設および公共サービスを提供するもの」と定義づける論者もいる[23]。

　憲法上の「税収」という言葉は租税法上のそれと比べれば、ある程度統一されている。すなわちその多くは「経済作用」と捉えている。しかし、これらの定義は一貫して「税収とは経済作用であり、公共サービスを提供するものや格差是正の手段」であるとしか述べていない。すなわち、日本でいう「租税」以外の経済政策などにも該当してしまう。

　さらに、「国家が法律の規定によって、納税単位あるいは個人から無償で徴収する実物あるいは貨幣」との定義もあり、必ずしも「経済作用」を指すわけではなく、憲法上も定まった定義が存在しないといえる。

2.3. 中国の法律用語辞典における「租税」

　ここでは、法律用語辞典から「税収」の定義を見る。ここまで租税法書や憲法書における定義は見てきた。しかし、法律用語辞典ならば租税法や憲法などとの分野にも共通する説明されるはずであり、用語の意味を探る上では意義があるといえる。

　法律用語辞典によれば、税収は「国家がその職能による需要を実現するために政治権力を用い、国家の法律にあらかじめ規定された標準に基づき、強制、無償で取得する財政収入の分配関係である」とか、「国家が国家の職能を実現するために、政治権力を用い、法律に定められた条件および手続によって、納税義務を負っている者から無償に貨幣や実物を徴収する形式の特殊な分配関[24]

22　楊向東（主編）・前掲本書第1章註30・119 〜 120頁。

23　侯西勛（主編）・前掲本書第1章註55・133頁。

24　王啓富＝陶髦（主編）『法律辞海』中国・吉林人民出版社、1998年、1655頁。

係」とされている。法律用語辞典によると中国における「税収」という言葉は「分配関係」という納税義務者と徴収者との関係を表す言葉になっている。これは本章2.1.および2.2.で見た租税法書や憲法書のどれにもなかった説明である。

2.4.中国における各文献から見る「税収」の定義を総括して

ここで、本章2.1.から2.3.の内容を若干総括しておきたい。日本でも「租税」の定義については論者によって違いが見られるものの、中国における「税収」の定義は日本のそれより遥かに大きな違いが見られるといえるだろう。しかも、日本語の「租税」にあたる的確な定義はなされていないと評価できる。

2.5.中国における租税法律主義

「租税[税収]」が定義されていないということは、租税法律主義の原則も揺らぐ。日本では、憲法第84条が租税法律主義を規定し、「租税は国民に対して、直接負担を求めるものであるから、必ず国民の同意を得なければならないという原則」と説明されている。しかし、租税が定義されていなければ租税法律主義を実行することはできない。「租税[税収]」が定義されていない中で、中国は租税法律主義をどのように取り扱っているのだろうか。

残念ながら、82年憲法には租税法律主義を直接謳った条文は存在しない。82年憲法上租税に関する条文は第56条の「中華人民共和国公民は法に従い納税の義務を有する」との規定のみである。なお、82年憲法第56条を反対解釈し、「法に依らなければ納税の義務は発生しない」として「中国憲法に租税法律主義が規定されている」と解する説もわずかながら存在する。

各租税法書には、租税法律主義（中国においては、税収法定主義とか税収法定原則と呼ぶこともある）については記載されている。しかし、ほとんどの憲法書には記載がない。また、中国における租税法律主義は日本のそれとは趣旨が異なる。

25　信春鷹（主編）『法律辞典』中国・法律出版社、2003年、1328～1329頁。劉輝（責任編集）
　　『法律辞典：簡明本』中国・法律出版社、2004年、611頁。
26　芦部信喜・前掲本書第1章註27・349～350頁。
27　徐孟洲（主編）・前掲本章註11・73頁。

第 1 部 中国における諸問題の法的構成

日本の租税法律主義は「国民の同意」を得なければならないとの趣旨を持つ。しかし、法律を根拠とすることが「国民の同意」を得ているとするには民主化していることが前提となる。民主主義国家ではない中国では、租税法律主義の趣旨は日本のそれと同じにはならない。中国における租税法律主義は「税法の最高原則であり、その実質は国家権力を制限するものである。すなわち、国家が徴税権を行使するためには全国の人民によって選ばれたその代表機関で制定された法律によらなければならず、それにより私人の財産権および社会、経済活動の秩序発展を保障するものである」と説明される。[28] ここで注意しなければならないのは、「公民」が選んだわけではなく、「人民」によって選ばれた代表が制定する法律という点である。本書第 4 章 2. 3. で述べたように、中国において「人民」は中国共産党の指導に従う者である。これに対し、「公民」とは、中国国籍者のことと一般には考えられており（82 年憲法第 23 条）[29]、日本における「国民」を意味する。中国においては主権者は「人民」であると定められている（82 年憲法第 2 条）。その意味で、「人民」という主権者の代表が定める法律ではあるが、日本の「国民の総意」とは異なる。

　なお、中国にも租税法律主義に「類似する」規定は存在する。日本でいう国税徴収法に相当する租税徴収管理法［税収征収管理法］（1992 年 9 月 24 日公布、1993 年 1 月 1 日施行）第 3 条である。租税徴収管理法第 3 条は「租税［税収］の徴収開始、徴収停止および減税、免税、払い戻し、追納は法律の規定に依らばければならず、法律の授権により国務院が規定することとされたものは、国務院の制定する行政法規に依らなければならない」と規定している。しかし、中国における租税法書、憲法書などで租税法律主義の根拠としてこの条文は挙げられていない。当該条文は法律の授権の範囲内という留保があり、法律ではない国務院（日本の内閣に相当）の制定する行政法規（日本の政令に相当）により課税ができることを明言している。その意味で、租税法の学説上の「国家が徴税権を行使するためには全国の人民によって選ばれたその代表機関で制定された法

28　劉少軍＝翟継光『税法学』中国・中国政法大学出版社、2008 年、57 頁。楊萍＝魏敬淼（編著）・前掲本章註 16・30 頁など。

29　もっとも、中国においても単に「中国国籍者」を指す言葉は「国民」であり、「公民」とは「中国籍を持ち、かつ義務を負担する者」を指すとの指摘もある。高橋孝治「『国民』、『公民』、『人民』の日中台比較」『日本學刊』（18 号）香港・香港日本語教育研究會、2015 年、160 頁。

律によらなければなら」ないとする租税法律主義の定義から外れるものといえる[30]。そのため、中国における租税法学者は租税徴収管理法第3条を租税法律主義の根拠とすることに躊躇しているものと思われる。このように民主主義国ではない中国では日本と同等の租税法律主義はあり得ないが、条文上および学説上も完備されているとは言い難い状態にあるといえる。

3．乱収費問題について

本章1．でも述べたように、「乱収費問題」とは、法律に根拠のない行政機関による徴収である。ここでは、乱収費問題について見ていく。

3．1．乱収費問題の概要

乱収費は4つの形態に分類されるとされている。すなわち、①法律の根拠なき徴収、②徴収官が自ら作り出した根拠による徴収、③法律や規定に違反した徴収、④法律を都合よく解釈した徴収の4つである[31]。乱収費問題の具体例としては以下のような例がある。湖北省のある県の小中学校で補習クラス、実験クラスなどのクラスを開きその学費の名目で学生およびその保護者から1998年から2001年の期間で350万元の徴収が行われていた例である[32]。他には、装飾補修に関して、従業員出入証作成費、廊下修復費、エレベーター使用料などの名目で費用請求する例[33]、今まで無料で通行できた高速道路や改良の予定もなく補修もされていない山道の通行で突然通行料を徴収するようになる例[34]などが報告されている。

このような乱収費問題は教育、医療、電力などの分野で頻繁に見られ、2005

30　日本でも白紙委任でない限り、政令による課税も可能と考えられている。しかし、税収徴収管理法第3条のように条文上「法律以外の規定」により課税できることは明言していない。

31　王克穏・前掲本書註7・91～92頁。武春玲・前掲本書註7・62頁など。

32　藩先佐「教育乱収費的類型及其治理――以基礎教育為中心」『華中師範大学学報（人文社会科学版）』（46巻2期）中国・華中師範大学、2007年、116頁。

33　楊宏「物業服務乱収費問題的法律思考」『四川文理学院学報』（21巻1期）中国・四川文理学院、2011年、51頁。

34　王克穏・前掲本章註7・91～92頁。

第1部　中国における諸問題の法的構成

年には湖北省だけで1万3000件確認され、乱収費によって徴収された額は1億9000万元にのぼる[35]。このような額が乱収費として徴収されており、中国では1つの大きな社会問題として認識されている。

3. 2. 乱収費問題の原因

乱収費問題の原因については様々な説明がなされている。まず、本章1. で述べた「税収以外にも強大な徴収権限が存在している」以外には以下の2つの原因があるとされている。第1の原因としては、乱収費問題は国家の公民の財産権保護制度の脆弱さの表れであるとの説明がされる[36]。つまり、中国では2004年の82年憲法改正まで憲法上に公民の私有財産に関する規定が一切なかったため、公民の財産権は長期に亘り法律上の保護を受けることができず、任意に公民の財産権が侵されることが頻繁に発生していたとする説明である。この具体例が乱収費問題であり、私有財産の最大の侵略者は政府であるとしている。ところで、中国では2004年の82年憲法改正で、その第22条第1項に私有財産の保護に関する規定が設けられた。しかし、この規定は国家の政策目標で具体的な権利を付与したものではない（プログラム規定）との指摘もある[37]。そして、乱収費問題が本章3. 1. で見たように、2004年以降である2005年にも発生していることから、82年憲法第22条第1項の規定はやはりプログラム規定であり、直接私有財産権が認められたわけではないと考えるのが相当であろう。すなわち、「国家の公民の財産権保護制度の脆弱さ」は2004年改正以降の82年憲法でも続いているといえる。

　2つ目の原因としては、1980年代に中国政府は各政府機関の財政問題の解決のために、いくつかの行政機関に自ら費用を徴収する権限を与えたことが原因であるとする[38]。これが乱収費問題の始まりであり、現在までこれが収拾でき

35　藩先佐・前掲本章註32・115頁。

36　王克穏・前掲本章註7・92～93頁。武春玲・前掲本章註8・63頁。また、以下の本文の乱収費問題のうち「国家の公民の財産権保護制度の脆弱さの表れ」を原因とする説明は同頁の説明による。

37　石塚迅・前掲本書第4章註3・339頁。

38　武春玲・前掲本章註8・62頁。また、以下の本文の乱収費問題のうち「行政機関に自ら費用を徴収する権限を与えたこと」を原因とする説明は同頁の説明による。

92

第5章　中国にとって租税とは何か

ていないとする。そして、乱収費は現在も中国が公共事業などを行う際に資力不足を補う主要な手段となっているとも指摘される。中国語としての「乱」には「違法」という意味がある。しかし、このように中国政府は各級政府機関に徴収権限を認めることにより、財政問題解決を乱収費によって解決してきた。そのため、乱収費問題は、中国政府に半ば黙認されている制度とも評価しうるのである。

　もちろん、徴収を行う行政官の私欲による乱収費もある。そのため、財政問題解決のための乱収費は生存型乱収費とも呼ばれている（これに対して、行政官の私利私欲のための乱収費は、腐敗型乱収費と呼ばれている）。生存型乱収費は、農村部の学校に多いといわれている。例えば、本章３．１．で挙げた湖北省のある小学校では学校の債務が308.7億元にも達し、債権者が学校に来ては取り立てを行ったり、校門を勝手に閉鎖したり、電気や水道を停めたり、校長を殴打するなどした。このため生徒の安全のために休校せざるを得ず、学校としての機能が正常に働かなくなっていた。[39]このため、債務の早期返済のために乱収費を行ったという経緯がある。

4．乱収費問題の背景

　本章３．では乱収費問題の説明と、その原因を見た。それを踏まえて、ここでは乱収費問題のさらなる背景を見ていく。

4．1．乱収費問題の根源

　本章３．２．で見たように、乱収費問題は国家が黙認しているものもある。これは、もちろん租税［税収］という言葉が明確に定義されていないことや租税法律主義の未完備といった状況のお陰という面がある。では、なぜ租税［税収］が明確に定義されていないのか、租税法律主義が未完備なのかといえば、中国が社会主義国家であり、租税理論の確立が不完全であったからと考えられる。

___
39　藩先佐・前掲本章註32・116頁。

第1部　中国における諸問題の法的構成

　本来、社会主義国家には租税は存在しないはずである。全ての事業体が国有
であり、当該国有企業の利益がそのまま国家に還元されるはずだからである。
しかし、他の社会主義国家のモデルとなったソビエト連邦でさえ、租税を完全
になくすことはできなかった。しかも、ソビエト連邦成立初期には革命の混乱
によって税収はほとんどあがっていなかった。そこでこの解決策として、ソビ
エト連邦政府は各地方に独自の徴税権を認めるという方法を採り、これにより
「強制献金」とか「非常時革命税」と呼ばれる租税が裕福な階級に課せられ
た。ソビエト連邦では、財政危機の解決のための非常手段ともいえる「非常時
革命税」も社会主義国家の理念である「貨幣の死滅」を達成するために肯定さ
れた。新中国も国有企業の利益がそのまま国家に還元されるというシステムと
並行して、租税［税収］も肯定した。新中国でも、ソビエト連邦と同様に租税
［税収］を階級闘争の1つの手段として積極的に認めるべきものと位置付けて
おり、その視点から租税［税収］が肯定されていたのである。

　具体的には、新中国で初めて憲法的機能を担った「中国人民政治協商会議共
同綱領」第40条には「国家の税収政策」に関する規定があり、さらに中央人
民政府政務院が1950年1月に「全国税政実施要則」を発布した。しかし、中
国の租税［税収］は改革開放政策の始まりと同時に大きく変化することになる。
すなわち、国有企業の利益がそのまま国家に還元されるという手法ではなく、
企業の利潤や各企業の差異を考慮して徴税を行う必要が生じたのである。この

40　林亨一「ソビエトにおける税制の変遷」『中京大学大学院生法学研究論集』（16号）中
　　京大学、1996年、114頁。さらに、同頁によれば、非常時革命税の導入背景は以下の通
　　りである。ソビエト連邦の初期には革命の混乱によって税収はほとんどあがっていなかっ
　　た。さらに1918年から1922年の内戦や外国干渉により軍費は増大し、インフレーショ
　　ンは進行するなどによりソビエト連邦の経済は大打撃を受けた。ソビエト連邦政府は既
　　に徴税体制を確立していたがそれでは国家財政を賄うことはできなかった。そこでこの
　　解決策として、ソビエト連邦政府は各地方に独自の徴税権を認めるという方法を採った。
　　これにより「強制献金」とか「非常時革命税」と呼ばれる租税が裕福な階級に課せられた。
41　林亨一・前掲本章註40・120 ～ 121頁。
42　李建昌「社会主義国家の税収が存在する必然性とその役割の問題」『アジア経済旬報』
　　（1111号）中国研究所、1979年、23 ～ 24頁。
43　日本語では、福島正夫＝宮坂宏（編訳）、『中華ソビエト共和国 中国解放区 憲法・施政
　　綱領資料』社会主義法研究会・中国農村慣行研究会、1974年、141頁を参照。
44　陳少英（編著）・前掲本章註11・40頁。
45　劉隆亨「利改税的意義和法律作用」『中国法学』（1985年1期）中国・中国法学会、1985年、

94

第 5 章　中国にとって租税とは何か

ため、1980 年 9 月 2 日に発布された「企業自主権の拡大に関する試験区域の工作状況および今後の工作意見の報告［関于拡大企業自主権試点工作状況和今後工作意見的報告］」および同年 11 月 5 日に発布された「1980 年少数の工業企業の利改税の試験区域に関する意見［関于 1980 年在少数工業企業進行利改税試点的意見］」により、企業の独立採算と国家の徴税について決定がなされた[46]。そして、この税制改革により、徴税権限が中央から地方へと委譲されていった[47]。つまり、現場での徴税力の強化である。そして、これは本章 3.2.で述べた乱収費問題の原因の 1 つである「中国政府は各政府機関の財政問題の解決のために、いくつかの行政機関に自ら費用を徴収する権限を与えた」時期とも重なる。つまり、改革開放政策により、国営企業の利益をそのまま受けることができなくなった行政機関のいくつかがこの時期に財政難になり、その財政難を解決するために、現場による徴税権限が強化されたことを利用し、乱収費問題が始まったと考えられる。もちろん、現場での徴収権限が強化されたことと共に、収入や利益の隠蔽、意図的な未徴税、徴税漏れなどが生じたとの報告もなされている[48]。しかし、その解決は当時なされなかった[49]。

　新中国成立初期にも租税［税収］制度は存在していた。しかし、社会主義理論や文革の時期の法律虚無主義などにより租税理論が確立することはなかった[50]。このような租税理論の未確立により、1980 年代は乱収費問題を黙認して財政問題を解決するには都合のいい社会状況だったのである。

4.2. 現在の中国の「租税法律主義」

　租税徴収管理法第 3 条に租税法律主義に「類似する」条文があることは本章2.5.で述べた。しかし、日本のような「形式的に租税といわれなくても、

---

　31 頁。

46　劉佐「国営企業 "利改税" 及其歴史意義」『税務研究』（2004 年 10 期）中国・中国税務雑誌社、2004 年、27 頁。

47　劉隆亨・前掲本章註 45・37 頁。

48　劉隆亨・前掲本章註 45・38 頁。

49　劉隆亨・本章前掲註 45・38 頁。

50　陳少英「試論税収法律主義在我国憲法中的缺失及完善」『西南政法大学学報』（1 巻 1 期）中国・西南政法大学、1999 年、40 頁。

第1部　中国における諸問題の法的構成

国民に対して強制的に賦課される金銭、たとえば専売品の価格、営業許可に対する手数料や、各種の検定手数料、郵便・郵便貯金・郵便為替などの料金等についても、租税法律主義の原則の趣旨からして」適用されるというような学説が中国では全く見受けられない。逆に、本章1．でも述べたように「中国では徴税権以外にも強大な徴収権が存在している」との指摘がある。

　租税徴収管理法が制定された 1992 年の 1 ～ 2 月には、鄧小平の南巡講話が発せられており、市場経済制度導入の準備が始まっていた時期でもある。[51] 外国企業を中国に呼んだり、世界貿易機関（WTO）に加盟する意味でも、形式的なものとはいえ租税法律主義の条文を用意しないわけにはいかなかった時代である。そんな状況下でこのような条文は作られたが、結局「租税」や「税収」（租税徴収管理法第 3 条の主語は「税収」となっている）の定義を明確にすることはなかった。[52]

　つまり、本章4．1．で指摘したような租税［税収］という言葉が明確に定義されていないことや租税法律主義の未完備は改革開放政策が出される前に限らず、現在も同じなのである。その意味では、中国は「市場経済制度」を打ち出してはいるものの、その根本は租税［税収］に関する理論の確立が不完全な社会主義国家であると評価できる。[53]

4．3．ソビエト連邦や古代中国との連続性

　本章4．1や4．2．で中国は社会主義国家であり、現在に置いても租税法律

51　髙見澤磨＝鈴木賢・前掲本書第 1 章註 53・105 頁。

52　このような手法は新中国ではよく見られる。例えば 1956 年から 1958 年頃に起こった百花斉放、百家争鳴政策および反右派闘争期などには「言う者に罪なし」と言論の自由化がなされたが、「『（右派分子には）“言う者に罪なし”は適用されない』とまるでペテン師のような言い訳をして」中国共産党の批判をしたものは弾圧されたとの指摘がある（矢吹晋『文化大革命』（講談社現代新書 0971）講談社、1989 年、54 ～ 55 頁）。この「ペテン師のような言い訳」は中国の租税にも当てはまる。租税［税収］は法律および行政法規の規定に依らなければならないとしながらも、これらの確固たる定義が存在していないからである。

53　刑事法の分野からも「現在においても中国法学は『なお、ソ連法学の最も正当なる継承者』なのである」と評価されている。坂口一成「中国刑法における罪刑法定主義の命運（1）──近代法の拒絶と受容」『北大法学論集』（52 巻 3 号）北海道大学大学院法学研究科、2001 年、873 頁。

第 5 章　中国にとって租税とは何か

主義が不完全であると指摘した。ここでは、それが乱収費問題へとつながる点につき、ソビエト連邦や古代中国と連続性があったのかについて検証をしたい。例えば、本章4. 1. で「財政危機の解決のための非常手段ともいえる『非常時革命税』」がソビエト連邦に存在していたと述べた。非常時革命税はあくまで「非常手段」であるが、「財政危機の解決のため」という点に、乱収費と同様といえる点がある。また、古代中国の租税の特徴の1つに「課税権の行使が専制的であったこと。最高統治者は税に関する立法権を持ち、納税者はこれに従わなければならない地位にあった」との指摘があり[54]、ここにも乱収費問題の発生とつながる可能性がある点が見て取れる。つまり、現在の乱収費問題の源流は、このようなソビエト連邦や古代中国の制度が背景にあるか否かを検証するということである。

　結論からいえば、これらとは直接の関連性はないが間接的な関連性があると考えられる。昨今の乱収費問題の根源は、「1980年代に」中国政府がいくつかの行政機関に自ら費用を徴収する権限を与えたことにある。ここに古代中国やソビエト連邦で非常時革命税の徴収が行われた1920年頃およびソビエト連邦の理論を継受した新中国成立初期と1980年代には時間的乖離がある。さらにその間には「制度として乱収費問題を黙認した時代」を挟んでいない[55]。そのため、古代中国やソビエト連邦でも乱収費問題に「近い現象」は確認できるのだが、直接の関係はないといえるだろう[56]。

　しかし、直接的な関係はなくとも、ソビエト連邦から私有財産保護の規定を基本的に持たない社会主義憲法を継受したという意味では、間接的にはソビエ

54　劉剣文（主編）『税法学』（第4版）中国・北京大学出版社、2010年、38頁。

55　例えば、新中国成立前の中華民国期は、西洋近代法を継受した時代であったにもかかわらず、現代中国にも古代中国法と類似する現象が見られることにつき、「伝統→西洋近代化→社会主義法の継受という歴史をたどってきた伝統中国において、『なぜ裁判のあり方に関する伝統中国法の遺伝子（裁判＝行政的）が今日においても残存しているのか』」という疑問が提起されている（坂口一成・前掲本書第2章註30・379頁）。これは裁判が行政的であるという視点からの疑問提起だが、この疑問提起と同趣旨である。

56　文革中は「税収は政治資金を集めるためだけのものになり、その他の作用は基本的に消滅した」といわれるように、「制度的に乱収費のような方法の黙認」はなかったとしても、それまでも乱収費的な手法による徴収を行っていた可能性はある。陳少英（編著）・前掲本章註11・41頁。

97

第1部　中国における諸問題の法的構成

ト連邦の影響によるものということはできるだろう。

　また、別のアプローチもできる。例えば、乱収費問題的な現象は、専制的な国家では往々にして見られる現象でもある。[57]例えば、大日本帝国憲法(1889 年(明治 22 年) 2 月 11 日公布、1890 年（明治 23 年）11 月 29 日施行。以下「明治憲法」という)第 62 条および第 63 条には租税法律主義の条文があったが、第 62 条第 2 項では「但シ其ノ他ノ収納金ハ前項ノ限ニ在ラス」とその他の収納金については租税法律主義の例外としていた。[58]この明治憲法上に規定されているその他の収納金を租税法律主義の例外とするような手法は、まさに乱収費と同等と評価できる。

　つまり、乱収費問題のような方法は専制的な国家では、ある種行われ易い手法であるとも評価できる。そうすると、古代中国における「課税権の行使が専制的」という特徴と現在の乱収費問題には直接の関係はないが、「同じ専制的国家であるがゆえに起こる現象」として評価しうる。ここから、古代中国法の特徴が現代中国にも見て取れるという現象は、少なくとも乱収費問題に関しては、古代との連続ではなく、専制国家で起こる 1 つのモデルと評価できることになる。[59]

57　例えば、本章1．でも述べたように、租税法律主義は「近代以後の国家」における原則であり、「近代」になっていない国家では観念されていなかった。

58　明治憲法上の「租税法律主義」は、日本国憲法上の「租税法律主義」と同等だとの指摘もある（片上孝洋「租税法律主義の再考――『租税立法制約の基本原理』の提唱」『社学研論集』（16 号）早稲田大学大学院社会科学研究所、2010 年、268 頁。小山廣和『『租税法律主義』概念の生成――明治憲法体制確立期へ至るまでの憲法思想的背景とのかかわりを中心として」『法律論叢』（76 巻 1 号）明治大学法律研究所、2003 年、39 頁など)。しかし、ここで示したように「但シ其ノ他ノ収納金ハ前項ノ限ニ在ラス」との規定があり、現在の「形式的に租税といわれなくても、国民に対して強制的に賦課される金銭、たとえば専売品の価格、営業許可に対する手数料や、各種の検定手数料、郵便・郵便貯金・郵便為替などの料金等についても、租税法律主義の原則の趣旨からして、国会の議決が必要であると一般に解されている」との学説とは相いれない。

59　なお、「清代にまでに見られたことと、今の中国で起こることとを表現の仕方次第ではとても似たように見える。それを連続ととらえるのか、何かの統治システムなり、秩序をつくろうとするときと、プロトタイプのようなものの 1 つが、そういう現れ方をするのか」という疑問は既に提起されている。寺田浩明＝王晨ほか・前掲本書第 2 章註 21・72 頁。

5．おわりに

　本章での議論を総括すると、以下のようにいえる。中国は社会主義国家であり、私有財産保護に関する観念が存在しなかったため、改革開放政策により財政難になった行政機関があったとしても、乱収費によって財政難を解決するという手法が行いやすい社会背景があった。また、このような乱収費という方法を用いることについては、中国がいまだ専制主義の要素を多く含んでいることにも原因があると考えられる[60]。そして、本章3．2．でも述べたように、中国では現在も82年憲法上私有財産の保護が具体的には認められていない。このため「違法」を意味する「乱」の文字が使われているにもかかわらず、憲法から見ると理論的には乱収費問題は必ずしも「違法」とは評価できなくなる。特に1980年代に財政問題の解決のために、行政機関に自ら費用を徴収する権限を与えてから今まで乱収費問題は収拾しておらず、国家が「黙認」している状態となっている。さらに、現在もまだ租税［税収］に確固たる定義が示されていないこと、租税［税収］以外にも様々な徴収権が存在していることを認めていることも乱収費問題が必ずしも違法とは評価できないことを示している。

　乱収費問題が憲法上問題なく、82年憲法の枠内の現象とすると、中国における全ての「金銭の徴収」行為のうち、「徴税権」と「その他の徴収権」の線引きは、何らかの税法と名の付く法律を根拠に行われているか否かと捉えることが最も適当といえる。これを踏まえると、中国において租税［税収］とは「企業所得税法、関税法など何らかの税法と名の付く法律を根拠に行われる金銭納付」と定義づけられる。無論このような定義では「税法とは何か」と問われれば租税［税収］という言葉を用いないで説明しなければならない。そのため適切ではないといえるかもしれない。しかし、中国ではこのようなトートロジーを持つ定義づけは往々にして存在する。例えば、犯罪と刑罰にしても中国では「犯罪とは何かと問えば、危害が大きく刑罰をうけるべきものとし、刑罰とは

60　例えば、「1949年に建国された『新中国』は、名義上は『人民共和国』だが、実質的には『党の天下』であった」と評されている。劉暁波『天安門事件から「08憲章」へ──中国民主化のための闘いと希望』藤原書店、2009年、210頁。

第1部　中国における諸問題の法的構成

何かと問えば、犯罪に科せられる制裁であるという答えが返る[61]」。その意味で、租税をこのような定義で捉えることは「中国らしい定義」ともいえる。

　本章では、中国の乱収費問題を素材に租税［税収］の定義を考察した。その過程で乱収費問題は必ずしも「違法」とは評価できない現象であることが明らかとなった。そのため、中国では租税法という根拠がある租税［税収］と、租税法の根拠がない乱収費が併存して徴収しているという状態になっている。すると、次の疑問は、なぜ租税［税収］と乱収費が併存しているのかということである。すなわち、全ての徴収を「租税」もしくは「乱収費」にしないのはなぜだろうかという疑問である。財政問題の解決のために、いくつかの行政機関に自ら費用を徴収する権限を与えたのなら、租税法を廃止し、全ての徴収を乱収費的に現場で行うとしても構わないという議論はありうる。しかし、本章4.2.で述べたように改革開放政策以降は、外国企業を中国に呼んだり、WTOに加盟する意味でも租税法の整備が必要でもあった。つまり、「乱収費問題が違法とは呼べず」かつ「租税［税収］と乱収費が併存している状態」は、市場経済制度の導入という目標と財政難の解決という現実の妥協と考えられる。

61　高見澤磨＝鈴木賢ほか・前掲本書第1章註29・292頁。

第 2 部

中国における人間の行動の形成と法

　中国で、一見するとサービスが悪いと思うと、ついつい「中国人はモラルが低く、サービスが良くない」などといいがちである 。しかし、これはトートロジーであり、何の説明にもなっていない。なぜなら、なぜ中国ではサービスが悪いのかといえば「中国人はモラルが低いからだ」というのであり、なぜモラルが低いと分かるのかといえば、「中国ではサービスが悪いからだ」というのである[1]。すなわち、このような説明をする場合、安易に国民性に求めるのではなく、別の理由を見つけるべきである。ここでは、それが法制度に求められる側面があるということを示す。

　伝統的行事や法文化についても「そのような原始社会や未開社会のものではなく、現代実際におこなわれているものであり、そのかぎりにおいて、現代の政治権力がこれを何らかの形で支持したか、あるいはすくなくとも完全なその消滅に努力をはらわなかったことの証である」といわれている[2]。これはつまり、何らかの特定の集団内における人間の行動に同一性が見られる場合、積極的もしくは消極的にその集団に政治的権力を持つ者がその行動を支持しているのではないか（＝そのような（条文が存在するとは限らないものの）法があるのではないか）ということである。そして、それを示すのが第 2 部である。もちろん、現実には法制度以外にも様々な要因があるであろう。そのため、あくまでここで示すのは、法制度がこのような一見するとモラルが低かったり、サービスが悪く見える現象の一側面を形作っているのではないかというものである。

1　この表現は千葉正士（編）・前掲本書「はじめに」註 6・17 ～ 18 頁より示唆を受けた。
2　千葉正士・前掲本書「はじめに」註 7・204 頁。

第6章　中国における郵便事故

郵便関連法規の日中比較論

——中国では郵便が宛先に届かないこと（郵便事故）が多く発生しているが、なぜ
なのだろう？

1．はじめに

1．1．問題の所在

　中国では郵便が宛先に届かないこと（以下「郵便事故」という）が日本と比べ
て多く起こっているように見受けられる[1]。例えば、筆者の北京での経験では
2012年10月から12月の3か月間で相手方が「出した」とする手紙が4通届
かなかった。その他にも中国現地では「10年以上中国に住んでいる経験から
いうと、中国で普通郵便が届くのはかなり難しい」と述べる者などもおり（北
京在住日本人2014年9月17日回答）、郵便事故の多発は中国にいる者は肌で感じ
ているといえる（本章1．2．でさらに詳しく述べる）。

　郵便事故が起こる原因としては、郵便職員の作業に対する誠実度および職業
訓練、郵便業務の作業方法、郵便が届く家の構造[2]、郵便に書かれた宛名が読み
易いかなど様々な要因が関係している。しかし、本書「はじめに」でも述べた
ように、郵便事故の発生原因の1つに法制度があるのではないかと仮定し、こ
れを示すことを目的とする。すなわち日中の郵便関連法規と郵便事故の多寡の

1　中国における郵便事故の発生率などとについて言及した公式統計や先行研究などは管見
　の限り発見できなかった。そのため、日本における郵便事故発生率と比較できるという
　意味で、中国に住む日本人に聞き取り調査を行った。
2　例えば、本章1．1．では、筆者には少なくとも4通の手紙が郵便事故に遭っていること
　を述べている。しかし、この時の筆者の家にはポストがなかった。このように届け先の
　ポストの有無も郵便事故の発生には大きな影響があるといえるだろう。なお、筆者の元
　にはこのようなポストのない状況でも「ドアの前に置く」という方法で5通ほど手紙が
　届いている。そのためポストがない場合にも、全く手紙が届かないわけではない。

間に何らかの関係があることを明らかにする。郵便事故発生の多寡の原因が法律にあるとは、すなわち日本では郵便事故を起こした場合には強く賠償請求ができるために郵便事業者に誠意を持って業務を行わせることを間接的に強制しているのではないか、それに対し中国では郵便事故を起こしても免責され易いため郵便事業者に誠意ある業務を行わせることができていないのではないかということである。

1．2．中国における郵便事故

本章註１でも述べた通り、管見の限り中国での郵便事故の発生率や数などの統計を見受けることができない。そこで、日本の郵便事情と比較できる者に対し日中の郵便に関し思うところや経験などの聞き取り調査を行った。それに対し寄せられた回答は以下の通りである。

「中国の郵便は遅延・紛失が当たり前で、最初から信用していません。以前、日本から中国へ国際EMSを発送したことがありますが、インターネットなどで荷物の追跡ができるはずなのに、『中国到着』の情報しか出ず、中国国内のどこに郵便が現在あるのかまでは情報がでてきませんでした。以前、中国で通信関係の仕事をしていた経験からの推測ですが、中国の郵政は毎年赤字でサービス向上が難しい状況にあるように思えます」（天津在住の日本人 2014 年 10 月 29 日回答。EMS については、本章 2．1．で解説する）。「一度だけだが、郵便が届かなかったことがあり、中国の郵便に不信感を持った」（北京在住日本人 2014 年 10 月 29 日回答）。「日本からの国際便ですが、『発送した』と相手が言い張る郵便が 2 通ほど届かなかった」（北京在住日本人 2014 年 10 月 29 日回答）。この日本からの国際便が行方不明になったという回答はこの他にも聞くことができ、その回答をした者はその話を中国人秘書にしたところ「中国の郵便は当てにならない。届かないことが多い」との回答をされたと述べる（北京在住日本人 2014 年 10 月 29 日回答。当該秘書の回答は 2012 年頃のものとのこと）。「誰が手紙をくれたか別途電話とかをもらっていないので、郵便事故が起きているかは分からないが、郵便事故が多いという話は聞く」（天津在住日本人 2014 年 11 月 2 日回答）。

このような意見が聞かれる反面、以下のような意見も聞くことができた。「中国の郵便事情は日本とあまり変わらないイメージがある」（北京在住日本人 2014

第 2 部　中国における人間の行動の形成と法

年 9 月 29 日回答）。「これまでに郵便に関するトラブルを経験したことはありません」（北京在住日本人 2014 年 10 月 29 日回答）。「中国で郵便事故は経験したことはありません」（北京在住日本人 2014 年 11 月 2 日回答）。

　ここから中国の全ての郵便が事故に遭っているわけではないといえる。しかし、やはり中国の郵便事情に関し、「届かなかった」、「信頼できない」のような意見の方が多いように見受けられる。担当する郵便職員にもよるだろうが、やはり相対的に中国では日本より郵便事故が多く発生しているといえるだろう。

2．中国における郵政法と郵便事故

　中国において、郵便に関連する基本法規は郵政法である。郵政法は 1986 年 12 月 2 日に公布され、1987 年 1 月 1 日より施行された（以下、これを「86 年郵政法」という）。また 2009 年 4 月 24 日に郵政法の第 1 次改正が行われ、2009 年 10 月 1 日に当該改正法が施行された（以下、これを「09 年郵政法」という）。さらに 2012 年 10 月 26 日に第 2 次改正が行われ、同日施行された（以下、これを「12 年郵政法」という）。また、12 年郵政法は 2015 年 4 月 24 日に一部改正され現在に至る（同日施行）。

　また、郵政法実施細則（1990 年 11 月 12 日公布・施行。以下「実施細則」という）により郵政法に関する制度の内容はさらに具体的なものとなっている。

3　86 年郵政法より前には新中国には郵便関連法規はなかった。以下に簡単な中国の郵便関連法規の歴史を示す。中国共産党政権下の最も早い郵便関連法規は 1932 年の江西ソビエト政権下での「赤色郵便規定［赤色郵政章程］」であった。新中国では、1949 年 11 月に郵電部が設立され、1950 年 1 月 1 日には郵政総局が設立された。この時期の郵便事業の業務規程として「郵政業務叢書」があった。これは法律ではなかったが、「過渡期の国家および人民に対する通信の需要なとに重要な作用を与えた」とされる。1954 年から郵政法の起草が始まったが「郵電法」を制定するのか、または「郵政法」と「電信法」と郵便と電話に関して分けて立法するのかで統一意見が出されぬうちに、反右派闘争、大躍進運動、文革といった政治運動の展開で立法作業は頓挫することになった。これらが終結した後に郵電部郵政総局は 1980 年に郵政法立法グループを立ち上げ、1981 年に正式に立法作業に入ることとなり 86 年郵政法につながる。周臣孚＝鹿蔭棠（編）『郵政法釈義』中国・人民郵電出版社、1990 年、10 ～ 11 頁。

4　国家郵政局政策法規司（編著）『中華人民共和国郵政法学習読本』中国・法律出版社、

第6章　中国における郵便事故

2.1.　郵政法における郵政サービス

中国における郵便配達業務［信件寄逓業務］は、中国郵政集団企業［中国郵政集団公司］と中国郵政集団企業が委託をしている企業（この2つを合わせて、以下「郵政企業」という）が独占的に行っている（12年郵政法第5条および第84条第1項。以下、本章2．で単に条文番号を記すときは12年郵政法を表す）[5]。

また、別の条文を読むと、郵政企業が行うサービスの1つに郵便配達［郵件寄逓］があるとしており（第14条）、郵便の特快配達業務［特快専逓業務］も行う（実施細則第19条）。郵便とは、郵政企業が配達する郵便物、小包［包裹］、送金通知および新聞・雑誌、印刷物などをいう（第84条第4号）。特快配達とは、快速郵便［快逓］（決められた時間内に速く行う配達業務をいう（第84条第3号）。特に、快速郵便企業［快逓企業］が配達する郵便物、小包、印刷物などを快速郵便物［快件］という（第84条第5号））のうち、中国郵政集団企業が各省郵政企業［各省郵政公司］と共同出資で設立した中国郵政快速郵便物流株式有限会社［中国郵政速逓物流股份有限公司］が行う郵政サービスをいう（この特快配達を「EMS」という）。また「郵政業務標準（YZ/T0128-2007）——快速郵便サービス［郵政行業標準（YZ/T0128-2007）——快逓服務］」5.3.1 では、「快速郵便サービス組織［快逓服務組織］は、顧客に対し電話あるいはインターネットなどで調査サービスを提供する」ものとしている。具体的には、インターネットなどを通じて、快速郵便が現在どこまで送達されているか、既に配達されているかを調べることができる（しかし、日本から発送した EMS が中国国内の具体的な現在位置を調べることができなかったという体験があることは本章1.2．で述べた）。

郵政企業の経営内容は、国内・国際郵便の配達業務および各郵政業務の具体的種類はおよび郵件の分類は、郵電部の規定によるものとするとされている（実施細則第23条）。これを受けて、国内郵便処理規則［国内郵件処理規則］（郵電部が1991年12月28日発布）第10条第1項では、損害賠償問題に関連して、郵便

2010 年、11 頁。

5　「国務院の規定の範囲内の郵便物［信件］の配達業務は、郵政企業の独占業務とする」（第5条）。「郵政企業とは、中国郵政集団公司およびそれに郵政サービスを提供する全資企業および株式会社をいう」（第84条第1項）。ここでいう「郵便物［信件］」とは、書簡（封書の形式による郵便）および葉書をいう（第84条第6号）。

105

第2部　中国における人間の行動の形成と法

を賠償対象郵便［保価的郵件］と非賠償対象郵便［非保価郵件］に分類している。賠償対象郵便とは、郵便事故があったときに損害賠償を請求できるようにしておく保険がかかっている郵便である。書留郵便［挂号函件］や快速郵便物はすべて賠償対象郵便となる（国内郵件処理規則第10条第3項）。

　なお、86年郵政法第1条は「通信の自由および通信の秘密を保護し、郵便事業の正常な進行を保障し、郵便事業の発展を促進し、もって社会主義建設および人民の生活の需要に応える」ことを目的としていた。これに対し、09年郵政法および12年郵政法第1条はその目的を「郵政の通常サービスの保障、郵政市場に対する管理監督の強化、郵政通信および情報安全の維持、通信の自由および通信の秘密の保護、郵便利用者の合法権益の保護、郵政事業の健全なる発展、経済社会の発展および人民生活の需要に適応すること」としている[6]。

2.2. 郵政法における損害賠償規定

　86年郵政法では、第6章（第32条～第35条）が損害賠償［損失賠償］の規定であった。86年郵政法第33条では、郵便業者は郵便の紛失、棄損、内容物の減少につき賠償もしくは補償の措置はとるものとして、書留郵便の場合は、国務院郵政主管部門の規定した金額を賠償し、賠償対象郵便の紛失あるいは全部毀損の場合、送金額を賠償し、内容物の減少もしくは部分毀損の場合は、当該郵便の全体価格に対し比例する額を賠償し、現金以外の小包の場合は、実際の損害額を賠償するとしていた。ただし、通常郵便［平常郵件］に関する損失については郵政企業は賠償責任を負わないとしていた（86年郵政法第34条）。通常郵便とは、郵政企業およびその分支機構が受け取りをするときに、証明を発行せず、配達のときに受取人のサインを貰わない郵件である（86年郵政法第41条第3号[7]）。

6　中国の世界貿易機関（WTO）加入後、郵便市場の競争は激化し、伝統的な政府・企業の合一的郵便管理体制は市場経済発展の需要に適さなくなった。そこで政府・企業の分離を行う代わりに、政府による監督の強化を始めたのである（国家郵政局政策法規司（編著）・前掲本章註4・11頁）。09年郵政法以降の目的条文に記されている「郵政市場に対する管理監督の強化」はそのような郵政市場の政府・企業の分離を表している。

7　なお、09年郵政法第84条第8号および12年郵政法第84条第8号は「通常郵便とは、郵政企業が受け取りをするときに、証明を発行せず、配達のときに受取人のサインを貰

第6章　中国における郵便事故

86年郵政法上では通常郵便に関し賠償責任を負わないことについては、以下のように説明される。「顧客は積極的に郵便に条件を付けておらず、郵便を発信するときに『損失が発生しても、賠償しない』との条件を承諾したものである。そのため郵政企業は法により賠償責任を免除されるのである」[8]。しかし、現在では86年郵政法における損害賠償制度は不完全であったと批判されている[9]。

09年郵政法および12年郵政法では、第5章（第45～50条）が損害賠償の規定である。なお、09年郵政法第46条および12年郵政法第46条では通常郵便に関する賠償につき、以下のように規定した。「郵政企業は通常郵件の損害に対して賠償責任を負わない。ただし、郵政企業の故意または重大な過失で通常郵便に損害が発生した場合はこの限りではない」。すなわち、無条件に賠償責任を負わないのではなく、郵政企業に故意または重過失があった場合には損害賠償を負担しなければならないと改められたのである。これによって通常郵便の損害賠償制度は完成されたと評価されている[10]。その一方で、通常郵便に関する損失は通常は証明できないものであり、この規定を用いることは困難を極めるとも指摘されている[11]。

09年郵政法以降における通常郵便で損害賠償を請求できないことについては、以下のように説明される[12]。①通常郵便の損害は証明できない。すなわち、通常郵便は、郵政企業が受け取りのときに証明を発行せず、受取人のサインももらわないためである。②通常郵便の損害を賠償しないことは、国際郵政条約にも合致している。万国郵便連盟は1964年のウイーン大会で通過した3141号提案により、通常郵便につき賠償責任を負わない原則を明確にしている。このように、09年郵政法以降の学説では、「賠償しないことに同意したとみなす」とする説に替わって、証明の困難さや国際法から説明がなされるようになった。

わない郵便である」として、「その分支機構」という文言を削除している。

8　周臣孚＝鹿茵棠（編）・前掲本章註3・77頁。

9　賈玉平＝張毅「《郵政法》損失賠償制度要論」『郵政研究』（26巻4期）中国・石家庄郵政高等専科学校、2010年、33～35頁。

10　国家郵政局政策法規司（編著）・前掲本章註4・93頁。

11　馬軍勝（主編）『中華人民共和国郵政法釈義』中国・法律出版社、2010年、106～107頁。

12　国家郵政局政策法規司（編著）・前掲本章註4・93頁。馬軍勝（主編）・前掲本章註11・107頁。

第2部　中国における人間の行動の形成と法

　なお、郵政企業の従業員の怠慢による郵便事故の場合には97年刑法第253条が適用される[13]。この97年刑法第253条には以下のように規定されている。「(第1項) 郵政サービス人が郵件もしくは電報を開封、隠匿もしくは棄損した場合は、2年以下の有期懲役あるいは拘留に処する。(第2項) 前項の罪を犯し、かつその財物を窃取した者は、本法第264条 (窃盗罪) の規定の重罪として処罰する」。また、79年刑法第149条にも「人の信書を隠匿・破棄するかまたは不法に開封し、国民の通信の自由の権利を侵害し、情状の重い者は、1年以下の有期懲役または拘留に処する」という同様の規定が存在した。79年刑法が「情状の重い者」としているのに対し、97年刑法はその要件が撤廃されており、刑法の条文だけを見れば、この点も郵便の損害に対して配慮があったといえる。

　なお、通常郵便でも故意・重過失の場合を損害補償の対象とすることや刑法による規制強化などは「厳格な業務規範およびサービス規律は、通常郵便の損害の発生率を抑えることに有効である」といわれている[14]。そのため、中国政府も中国における郵便事故の「多さ」を認め、対策が必要であるという認識があったことがうかがえる。

3．日本における郵便法と郵便事故

　日本で最初の郵便関連法規は1872年 (明治4年) に公布された新式の郵便を開く旨の太政官布告と「書状を出す人の心得」だった[15]。そして、後の1874年 (明治6年) に「郵便規則」が、1882年 (明治15年) に郵便条例が制定された (郵便条例は1883年 (明治16年) 1月1日より施行[16])。1900年 (明治33年) に郵便条例が廃止されると同時に郵便法が制定された (明治33年法律第54号。以下、「旧郵便法」という)。これ以降、日本において郵便関連法規の基本法は、「郵便法」になる。

　その後、新しい郵便法が1947年 (昭和22年年) 12月12日に公布され、1948

13　国家郵政局政策法規司 (編著)・前掲本章註4・93頁。馬軍勝 (主編)・前掲本章註11・107頁。
14　馬軍勝 (主編)・前掲本章註11・107頁。
15　通信省 (編)『通信事業史 (第2巻)』通信協会、1940年、79頁。牧野正久「郵便法は誰が創ったのか？——通信事業の充実・発展と共に」『郵便史研究』(11号) 郵便史研究会、2001年、16頁。
16　通信省 (編)・前掲本章註15・79～80頁。

108

年（昭和 23 年）1 月 1 日に施行された（昭和 22 年法律第 165 号。以下、「新郵便法」という）。新郵便法は 2018 年 6 月までに 60 回改正されて現在に至る。その中でも、特に大きな改正は 2005 年（平成 17 年）10 月 21 日の郵政民営化法施行に合わせた改正だった。なお、旧郵便法は新郵便法施行により失効した。

3．1．郵便法における郵便サービス

日本において郵便業務は日本郵便株式会社および日本郵便株式会社に郵便業務の一部を委託された者（この 2 つを合わせて「会社」という）が独占的に行っている（新郵便法第 2 条および第 4 条第 1 項。以下、本章 3．で単に条文番号を記すときは新郵便法を表す）。

日本における郵便物には、第 1 種郵便物、第 2 種郵便物、第 3 種郵便物、第 4 種郵便物の 4 種類がある（第 14 条[17]）。しかし、本章で考察する内容につき重要なのは「書留」郵便である。書留とは、引き受けから配達までの郵便物などの送達過程を記録し、万一、郵便事故に遭った場合には原則として差出の際に申し出た損害賠償額の範囲内で、実損額を賠償する郵便である（第 45 条[18]）。書留には、さらに一般書留、現金書留、簡易書留の 3 種がある。一般書留は、引き受けから配達までの送達過程を記録し、万一、郵便事故に遭った場合は、実損額を賠償するものである。現金書留は、現金を送付する場合専用の一般書留である。簡易書留は、一般書留に比べて廉価であるが、郵便事故の場合には賠償額の上限が 5 万円となる書留である。すなわちこの条文に着目すれば、日本では書留以外の郵便の場合の郵便事故については賠償しないことが法律に定められている。なお、本章 3．2．でも述べるが、書留以外にも代金引換郵便の郵便事故についても損害賠償の対象となる。

17　第 2 種郵便物、第 3 郵便物、第 4 郵便物に該当しない郵便物および書状、書簡を第 1種郵便物といい（第 20 条）、葉書（往復はがきを含む）を第 2 種郵便物といい（第 21 条）、会社の承認を受けた定期刊行物を内容とする郵便を第 3 種郵便物といい（第 22 条）、通信教育のための郵便物、盲人用点字のみを内容とする郵便物、植物種子で栽植の用に供するものを内容とする郵便物、学術団体が継続して年 1 回以上発行する学術刊行物を内容とする郵便物などを第 4 種郵便物という（第 27 条）。

18　「書留」（日本郵便ホームページ）〈http://www.post.japanpost.jp/service/fuka_service/kakitome/〉更新日不明、2019 年 2 月 1 日閲覧。

第2部　中国における人間の行動の形成と法

なお、新郵便法第1条は「郵便の役務をなるべく安い料金で、あまねく、公平に提供することによって、公共の福祉を増進すること」を目的とすると規定している。

3.2.　郵便法における損害賠償規定

2005年（平成17年）の郵政民営化法施行以降の新郵便法第50条第1項は以下のように規定している。「会社は、この法律若しくはこの法律に基づく総務省令の規定又は郵便約款に従って差し出された郵便物が次の各号のいずれかに該当する場合には、その損害を賠償する。一、書留とした郵便物の全部又は一部を亡失し、又は毀損したとき。二、引換金を取り立てないで代金引換とした郵便物を交付したとき」。さらに同条第3項は「会社は、郵便の業務に従事する者の故意又は重大な過失により、第1項各号に規定する郵便物その他この法律若しくはこの法律に基づく総務省令又は郵便約款の定めるところにより引受け及び配達の記録をする郵便物に係る郵便の役務をその本旨に従って提供せず、又は提供することができなかつたときは、これによって生じた損害を賠償する責任を負う。ただし、その損害の全部又は一部についてこの法律の他の規定により賠償を受けることができるときは、その全部又は一部については、この限りでない」と規定し、さらに同条第5項では「会社は、第1項及び第3項本文に規定する場合を除くほか、郵便の役務をその本旨に従って提供せず、又は提供することができなかつたことにより生じた損害を賠償する責任を負わない」と規定している。

すなわち文言通りに読めば、第1項で書留、代金引換郵便が亡失または毀損した場合に損害賠償を請求することができ、第3項で書留、代金引換郵便、配達を記録する郵便を故意または重過失により郵便の役務の本旨に従った提供をしなかった場合にも損害賠償を請求することができる。しかし、第5項によりそれ以外（書留以外の郵便など）が原因で損害賠償を請求することはできないとされている。

すなわち文言だけを見れば、日本の郵便法は中国の郵政法よりも損害賠償の範囲が狭いといえる（免責される範囲が広いともいえる）。中国では通常郵便であっても、文言上、郵政企業の故意または重過失による郵便事故の場合、損失補償

110

第6章　中国における郵便事故

がなされるからである。しかし、日本の郵便法は潜在的には、これを超える損害賠償がなされる可能性がある。それは郵便法違憲判決の趣旨からである。

3.3. 郵便法違憲判決

　もともと 2002 年（平成 14 年）12 月 4 日より前の郵便法第 68 条には以下のように規定されていた。「逓信大臣は、この法律又はこの法律に基く省令の規定に従って差し出された郵便物が左の各号の一に該当する場合に限り、その損害を賠償する。一、書留又は保険扱とした郵便物の全部若しくは一部を亡失し、又はき損したとき。二、引換金を取り立てないで代金引換とした郵便物を交付したとき。三、小包郵便物……の全部又は一部を亡失し、又はき損したとき」（第 3 号は 1986 年（昭和 61 年）4 月 25 日の改正による追加条文。しかし、2005 年（平成 17 年）郵政民営化法施行の際に第 3 号は再び削除される）。すなわち、文言通りに読めば、このときまでの郵便法では、書留、保険扱いとした郵便物もしくは小包の亡失または毀損に対してのみに損害賠償がなされていた。さらに、郵便職員に故意・重過失があったとしても、関係ないとされていた。

　これに対し、書留の遅延について国家賠償法第 1 条（国又は公共団体の公権力の行使に当る公務員が、その職務を行うについて、故意又は過失によって違法に他人に損害を加えたときは、国又は公共団体が、これを賠償する責に任ずる）に基づく訴訟が提起された。

　この訴訟の具体的事例は以下の通りである[19]。原告 A 社は、訴外の B に対して債権を有しており、裁判所は B の被差押債権について差押命令を発した。しかし、B の預金債権のある C 銀行に対して差押命令を送達すべき郵便職員の重大な過失により、送達が遅延し、その間に差押を察知した B が C 銀行から預金を引き出したため、差押をすることができなかった。なお、第 1 審、第

19　飯田稔「郵便法違憲判決」『法學新報』（110 巻 5・6 号）中央大学法学会、2003 年、241 〜 247 頁。尾島明「郵便法 68 条及び 73 条のうち書留郵便物について不法行為に基づく国の損害賠償責任を免除し又は制限している部分と憲法 17 条」『ジュリスト』有斐閣（1245 号）有斐閣、2003 年、188 〜 189 頁。長尾英彦「郵便法免責規定の違憲性」『中京法学』（38 巻 1 号）中京大学法学会、2003 年、3 頁。中村英樹「郵便法損害賠償免責規定違憲判決」『法政研究』（70 巻 1 号）九州大学法政学会、2003 年、235 頁。佐藤幸治『日本国憲法論』成文堂、2011 年、359 頁など。

第2部　中国における人間の行動の形成と法

2審ともに原告敗訴となり、最高裁判所で郵便法に対し、違憲判決が出たものである（最高裁平成14年9月11日大法廷判決。民集第56巻7号1439頁）。

　当該判決の要旨は以下の通りである。「公務員の不法行為による国又は公共団体の損害賠償責任を免除し、又は制限する法律の規定が同条（筆者註──憲法第17条を表す。「何人も、公務員の不法行為により、損害を受けたときは、法律の定めるところにより、国又は公共団体に、その賠償を求めることができる」）に適合するものとして是認されるものであるかどうかは、当該行為の態様、これによって侵害される法的利益の種類及び損害の程度、免責又は責任制限の範囲及び程度等に応じ、当該規定の目的の正当性並びにその目的達成の手段として免責又は責任制限を認めることの合理性及び必要性を総合的に考慮して判断すべきであ」り、「郵便官署は、限られた人員と費用の制約の中で、日々大量に取り扱う郵便物を、送達距離の長短、交通手段の地域差にかかわらず、円滑迅速に、しかも、なるべく安い料金で、あまねく、公平に処理することが要請されているのである。仮に、その処理の過程で郵便物に生じる事故について、すべて民法や国家賠償法の定める原則に従って損害賠償をしなければならないとすれば、それによる金銭負担が多額となる可能性があるだけでなく、千差万別の事故態様、損害について、損害が生じたと主張する者らに個々に対応し、債務不履行又は不法行為に該当する事実や損害額を確定するために、多くの労力と費用を要することにもなるから、その結果、料金の値上げにつながり、上記目的の達成が害されるおそれがある。したがって、上記目的の下に運営される郵便制度が極めて重要な社会基盤の1つであることを考慮すると、法68条、73条（筆者註──当時の新郵便法第68条と第73条を意味する。当時の新郵便法第73条は「損害賠償の請求をすることができる者は、当該郵便物の差出人又はその承諾を得た受取人とする」と損害賠償を請求できる者も制限していた）が郵便物に関する損害賠償の範囲に限定を加えた目的は、正当なものであるということができる」。このように最高裁判所は、当時の郵便法の損害賠償規定の制限は正当であると認めた。ところが、「法68条、73条の規定のうち、書留郵便物について、郵便業務従事者の故意又は重大な過失によって損害が生じた場合に、不法行為に基づく国の損害賠償責任を免除し、又は制限している部分は、憲法第17条が立法府に付与した裁量の範囲を逸脱したものであるといわざるを得ず、同条に違反し、無効であるという

112

べきである」と結論を出した。さらに特別送達郵便物については、軽過失であっても、賠償責任を肯定したところで、直ちに郵便法の目的の達成が害されるということはないとした[20]。すなわち、「郵便事故の責任制限規定を設けることの合理性は認めつつも」、免責の幅の広さが「合理性を欠き違憲であるとした[21]」。

この判決を受けて、2002年（平成14年）12月4日に新郵便法第68条は以下のように改正された。「(第1項) 逓信大臣は、この法律又はこの法律に基く省令の規定に従って差し出された郵便物が左の各号の一に該当する場合には、その損害を賠償する。一、書留又は保険扱とした郵便物の全部若しくは一部を亡失し、又はき損したとき。二、引換金を取り立てないで代金引換とした郵便物を交付したとき。三　小包郵便物……の全部又は一部を亡失し、又はき損したとき。(第2項)(略)。(第3項) 郵政事業庁長官は、郵便の業務に従事する者の故意又は重大な過失により、第1項各号に規定する郵便物その他この法律又はこの法律に基づく総務省令の定めるところにより引受け及び配達の記録をする郵便物 (次項において「記録郵便物」という。) に係る郵便の役務をその本旨に従って提供せず、又は提供することができなかったときは、これによって生じた損害を賠償する責めに任ずる。ただし、その損害の全部又は一部についてこの法律の他の規定により賠償を受けることができるときは、その全部又は一部については、この限りでない。(第4項) 記録郵便物に係る郵便の役務のうち特別送達の取扱いその他総務省令で定めるものに関する前項の規定の適用については、同項中『重大な過失』とあるのは、『過失』とする。(第5項) 郵政事業庁長官は、第1項及び第3項本文に規定する場合を除くほか、郵便の役務をその本旨に従って提供せず、又は提供することができなかつたことにより生じた損害を賠償する責めに任じない」。

そして、2005年（平成17年）10月21日の郵政民営化法施行に合わせてこの条文が第50条へ移動して現在に至る。

20　長尾英彦・前掲本章註19・6頁。
21　佐藤幸治・前掲本章註19・359頁。

第 2 部　中国における人間の行動の形成と法

4．郵便事故とその検討

4．1．日中の郵便法規による損害賠償の潜在性

　本章は「中国で日本より郵便事故が多いのは、『中国人はモラルが低く、サービスが良くない』ことも原因の 1 つかもしれないが、法制度にも問題がある」ということを示そうとするものであった。しかし、ここまでで明らかになったことは「文言だけを見れば、中国は日本よりも郵便事故に対する賠償責任の規定は厳しい」ということである。中国では故意または重過失で通常郵便に損失が発生した場合にも損失賠償するという条文があるのに対し、日本では普通郵便の郵便事故については、一律に「免責」されることになっているからである。

　しかし、日本では郵便法違憲判決が示すように、現在の郵便法も違憲の可能性がある。これについては、「普通郵便物の事故の場合についても、言及するところはない。もっとも、通常の封書・葉書などは、そもそも差出しの事実を証明すること自体が難しい場合が多いであろうし、そういう意味で、賠償責任が免除されてもやむをえない面はあろう[22]」、「特別送達郵便物及び書留郵便物以外の郵便物に関する国の損害賠償責任の限定については触れておらず、普通郵便物など郵便物一般に関する問題に解答を与えるものではない」といわれる通りである[23]。ここで重要なのは、普通郵便の郵便事故について「賠償責任が免除されてもやむをえない」と、普通郵便に対する賠償責任の免除が「絶対的に必要なもの」とは捉えられていないことである。つまり、当然に普通郵便に対する免責規定（現在の新郵便法第 50 条）も違憲無効の可能性がある。もちろん、普通郵便に対する免責規定が無効となるには「故意または重過失」による郵便事故のみなのか、軽過失もしくは無過失による郵便事故をも含むのかといった問題がある。しかし、潜在的に「国家賠償責任を規定した憲法の下に、普通郵便に対しても賠償がなされる可能性がある」のが日本の郵便法であるといえる[24]。

22　長尾英彦・前掲本章註 19・15 頁。
23　中村英樹・前掲本章註 19・70 頁。
24　もっとも郵便法違憲判決における裁判官の多数意見は「国家賠償請求権の問題のみなら

第6章　中国における郵便事故

　82年憲法第41条第3項には「国家機関および国家勤務員が公民の権利を侵犯したことにより損失を受けた者は、法律の規定に基づき賠償を受ける権利を有する」と日本国憲法第17条に「類似」する規定が存在する。ここから中国の郵政法による郵便事故に対する補償は、日本のように当該規定により拡大、すなわち故意または重過失がなくても通常郵便の郵便事故に関して賠償はなされないのかという疑問が噴出する。

　結論から述べれば、82年憲法により郵便事故に対する補償が「拡大」されることはない。中国では82年憲法に裁判規範性を認めていないからである（最高人民法院の裁判文書に引用する法律、法規などの規範性法律文書に関する規定［最高人民法院関于裁判文書引用法律、法規等規範性法律文件的規定］（2009年10月26日公布、同年11月4日施行[25]）。すなわち、中国では82年憲法を裁判に用いることはできないのである。このため日本のように憲法をもって郵便法の賠償の範囲が拡大されることはない。

　また、郵政法の文言上、故意または重過失による郵便事故の場合、郵便郵件でも賠償する旨が規定されていても、通常郵便に関する損害は普通は証明できないものであり[26]、この規定を用いることは困難を極めると指摘されていることは本章2.2.で述べた。このように考えると、憲法などの視点から「潜在的に普通郵便に対しても賠償がなされる可能性がある」日本に対して、「郵政法で定められた賠償責任の範囲を超えることが起こりえず、さらに証明不能の観点から潜在的には郵政法の文言通りには実行されない」中国と対比できるだろう。

　なお、日本においても普通郵便に関する損失は証明できないものである。し

　ず、諸制度間の均衡・平等の問題としても捉えている」。飯田稔・前掲本章註19・256頁。

25　松井直之「最高人民法院による司法解釈の廃止——斉玉苓事件における司法解釈をめぐって」『比較法学』（45巻1号）早稲田大学比較法研究所、2011年、102頁。髙見澤磨＝鈴木賢・前掲本書第1章註53・124頁。

26　中国における通常郵便の故意または重過失による郵便事故は、「郵便配達人などが故意または重過失により郵便を廃棄または隠匿した場合」などに適用される条文であると思われる。例えば、日本でもそのような事件はたびたび起こっている（「川に郵便物廃棄疑い」『中日新聞』2014年10月15日付8面。「郵便物隠した疑い元配達員を逮捕」『北海道新聞』2014年6月5日付32面など）。しかし、このような事件が明るみに出ても郵便物が届かなかった原因が当該事件であることを示すことは困難を極めるであろう。

115

第2部　中国における人間の行動の形成と法

かし、本章4．2．で説明するように日本では「郵便事故調査システム」というサービスがあり、普通郵便に関しても「確かに投函した証明」がなくても、会社は対応してくれることになっている。このため、普通郵便の郵便事故に関しても亡失した郵便が見つかる可能性は中国より高いといえる。

4．2．郵便事故調査システムと郵便調査システムの検討

日本も中国も現在はインターネットを通じて、郵便の調査をすることができる。特に日本は「郵便事故調査システム」というサービスがあり、ポストへの投函日、差出人の情報、受取人の情報などを用いて、普通郵便の郵便事故についても会社に調査を依頼することができる[27]。これに対し、中国における「郵便調査システム［給拠郵件跟査詢系統］」というサービスは、郵便の配達状況について調査できるシステムであるが、利用の際には郵便番号［郵件号碼］の入力が必要となっている[28]。郵便番号とは EMS など一部の郵件に付される郵便を管理するための番号である。すなわち郵便番号が付されていない通常郵便が郵便調査システムの対象となることはない。

郵便事故調査システムにより、どれだけの郵便事故が現実に解決するかは不明確である。しかし、この点は日本と中国は大きく異なるといえる。すなわち日本は普通郵便に対しても郵便事故の防止に精力を注いでいるといえるのに対し、中国は EMS などの一部の郵便以外は調査を行う姿勢も見受けられない。

では、日本にはなぜここまでのシステムがあり、中国にはないのだろうか。これは郵便事故をゼロにしたいという日本の郵便職員の気持ちであろう[29]。では

27　ホームページアドレスは〈https://yubin-chousa.jpi.post.japanpost.jp/omoushide/top.do〉。なお、インターネットの普及前にも戦後から日本には「郵便物事故調査制度」と呼ばれる制度があった（赤座彌六郎「郵便物事故とその救済——郵便事故調査制度（郵第101号制度）」『ジュリスト』（88号）有斐閣、1955年、42頁）。

28　ホームページは〈http://yjcx.chinapost.com.cn/qps/yjcx〉。

29　「郵便事業に携わっている多くの関係者が、『郵便の事故をゼロにしたい』と願っているに違いない。私も経験があるが、郵便に携わるほとんどの職員がお客さまのお叱りや苦情に直面し、そのたびに反省する」といわれる。福永久男「郵便事故ゼロ職場づくり大作戦(上)——品質管理がシステム化された職場づくりを目指して」『郵政研究』郵研社（617号）郵研社、2002年、8頁。

116

第6章　中国における郵便事故

その気持ちはどこから来るのだろうか[30]。これを制度から説明しようとすれば本章４．１．で述べたように日本では潜在的に普通郵便の郵便事故についても憲法などから賠償を求められる可能性があるのに対し、中国ではそれは起こりえないからであるといえるだろう[31]。

　表現を変えれば、「お客さまのお叱りや苦情に直面し、そのたびに反省する」ことが原因ともいえる[32]。すなわち、日本では郵便事故と思われる場合、苦情などが来るのに対し、中国では本章１．２．で挙げたように「中国の郵便は遅延・紛失が当たり前で、最初から信用していない」、「中国の郵便は当てにならない」と半ば諦めの気持ちがある。では、なぜ中国では苦情よりも諦めの気持ちが先行するであろうか。これも日中両国の制度の違いから説明ができるように思われる。すなわち、中国では政府が個人の利益を救済するという観念が薄く、国民もそれを知っており諦めているということである。例えば、1982年までの中国では国家賠償に関し、実際には人民公社と単位により補償がされていたものの、基本理念は「国家が人民の国家であって、人民のために奉仕し、人民の利益と国家の利益は根本的に一致する為、人民の利益を国家が侵害することはありえないという国家無責任を正当化」したものであった[33]。現在、人民公社などは解体したが、この基本理念は現在も生きていると思わせるような動きを見ることができる[34]。例えば、中国では1994年に国家賠償法が公布され、1995年

30　日本においては郵便事故をなくすもしくは減らそうという努力がかなりなされているといえる。具体例としては、以下の文献を参照。（園田徳明「失敗に学ぶ（上）〜年賀郵便物残留事故の特訓〜」『郵政研究』（619号）郵研社、2002年、7頁以下。園田徳明「失敗に学ぶ（下）〜年賀郵便物残留事故の教訓〜」『郵政研究』（620号）郵研社、2002年、1頁以下。福永久男「郵便事故ゼロ職場づくり大作戦（下）――品質管理がシステム化された職場づくりを目指して」『郵政研究』（618号）郵研社、2002年、20頁以下など。

31　やや議論の飛躍があるように見えるかもしれないが、本書「はじめに」で述べたように国民性に依拠せず、制度に原因があることを示すのが本章の目的であるので、このような説明がなされるべきであろう。

32　福永久男・前掲本章註29・8頁。園田徳明「失敗に学ぶ（下）〜年賀郵便物残留事故の教訓〜」・前掲本章註30・10〜11頁。

33　李竜賢「中国における国家賠償法（一）」『名古屋大學法政論集』（251号）名古屋大学、2013年、94〜95頁。江必新＝梁鳳雲ほか『国家賠償法利与実務（上巻）』中国・中国社会科学出版社、2010年、94頁。

34　木間正道＝鈴木賢ほか『現代中国法入門』（第6版）有斐閣、2012年、119〜120頁。また、陳情などを行っても「いい結果が得られることはほとんどない」とも指摘されている（毛

第 2 部　中国における人間の行動の形成と法

1 月 1 日から施行された。しかし、現在も国家賠償がなされた件数は少なく、また賠償額も少ないとされている[35]。さらには、「訴えて何になる」というような司法などの救済手段への諦めなども報告されている[36]。このように、国家無責任の基本理念が現在も残っており、国民が諦めの気持ちを持っていることが、郵便に対しても表れていると思われる。

　また、日本の郵便事故調査システムは郵便事故防止に関するある無限連鎖を生み出しているともいえる。それは、普通郵便も郵便事故時には調査の対象となり、つまり郵便法違憲判決が述べていた「損害が生じたと主張する者らに個々に対応し、債務不履行又は不法行為に該当する事実や損害額を確定するために、多くの労力と費用を要すること」を既にやっており、普通郵便の郵便事故が免責される明確な理由は既に失われているということであり、ならば普通郵便の郵便事故も極力起こさないようにしなくてはならなくなり、そのために普通郵便の郵便事故にも対応しなければならなくなるという連鎖である。ここでは、普通郵便に関する郵便事故に対する対応の差を苦情と諦めの差、ひいてはそのような差を生み出した国家無責任の理念に求めた。しかし、さらにこの連鎖により結果として郵便事故調査システムは、ますます日本で郵便事故を起こさないもしくは起こしてはならないような動きを生み出しているのではないだろうか。

5．おわりに

　本章 1．1．で述べた通り、中国は日本に比べて郵便事故が多いということに着目し、「郵便事故の発生原因の 1 つに法制度があるのではないか」ということを示すことが本章であった。しかし、法律の文言では中国の方が日本と比べると故意または重過失による郵便事故に関しても責任追及ができる条文になっており、郵便事故の発生原因が法制度にあるとは言い難いといえる。しかし、日本の郵便事故調査システムのように普通郵便の郵便事故を調査対象とし

　里和子＝松戸庸子（編）『陳情——中国社会の底辺から』東方書店、2012 年、ⅴ頁）。

35　李竜賢・前掲本章註 33・97 頁。

36　寺田浩明＝王晨ほか・前掲本書第 2 章註 21・56 頁。

第6章　中国における郵便事故

ていなければ、郵便職員の故意または重過失を証明する手段はないに等しく、この規定は潜在的に実効性を期待できない。これでは「郵便事故を減らそう」という動きが出てくることにも期待できない。これに対し、日本の郵便法は、現行の規定も「広い免責範囲に合理性がない」という点で違憲の可能性を持っている。さらに普通郵便も郵便事故調査システムの対象としており、潜在的に郵便事故に対する補償が十分に揃っている制度になっているといえる。なぜ中国と異なり、日本にはこのような郵便事故調査システムがあるのかといえば、郵便事故に対する苦情が多いからである。この点、中国では国家無責任の理念が現在も続いており、郵政に対する諦めがあるため日本と異なるといえる。

　条文の文言のみでは、「中国は日本に比して郵便事故が多いことの原因を法制度に求めること」はできない。しかし、郵便事故に対する潜在的な賠償の可否まで考えれば、やはり郵便事故の発生原因の1つに法制度があるということは示せただろう。そして制度から説明しようとすると、最後は国家無責任という社会主義国家の基本理念が現在もまだ残っていることに収束するといえるだろう。

[コラム② 中国で春節が祝われることに関する法社会学初歩的考察]

――中国ではなぜ春節を新年として祝い、西暦の新年を祝わないのだろう？

現在の中国人にとっての新年が春節であることはいうまでもないだろう。しかし、春節が中国人にとっての新年であることについては紆余曲折があった。これについては、すでに由俊勇「春節下の『救国』――日中戦争現場での春節に関する動員の歴史的考察［春節下的"救亡"：抗日戦争場域下春節動員的歴史考察］」（『海南熱帯海洋学院学報』（25巻3期）中国・海南熱帯海洋学院、2018年、122～128頁収録）がある程度の研究成果を出している。由俊勇「春節下の『救国』――日中戦争現場での春節に関する動員の歴史的考察」122頁は以下のように述べている。「祝日と政治の関係は一つの特殊な社会現象でもあり、深く考察すべき社会問題でもある。辛亥革命以降、国民政府は行政手段で強行的に旧暦を廃止し、西暦を導入し、春節に対し『革命』を起こし、西洋の『新年』である元旦を導入した。これにより数千年続いた『慣習』は廃除されたのである。しかし、これはすぐに人々の不満を呼び、袁世凱は政権取得後、社会の反発に迎合し、保守的措置を取ることとなった。こうして1913年に春節が再び法定の祝日として設定されることとなった。国民党が北伐を完了させた1929年には再び西暦が用いられ、西暦を中国の単一の暦とすることになり、春節の風俗は再び廃除されることになり、しかも暴力的手段を用いて民間の春節の風俗習慣を廃除していった。中華民国期には政治や政変から見ると、春節の近代への変化があった時期といえよう。……日中戦争期および解放戦争期には中国共産党は、政治的立場を優勢にするために、華北革命根拠地にて春節の風俗を、政治宣伝に利用することにした。こうして新中国成立後には、元旦と春節双方を祝うことになり、春節の存廃問題は解決した」。

ここにある通り、中国で西暦が採用されたのは、袁世凱政権下の1913年からであった[1]。そのため、1914年1月26日は中国にとって「初めての春節」と

---

1 「第一個"春節"：1914年新旧撞撃的歴史細節」『晩清』（2015年1期）中国・中共貴州省委当代貴州雑志社、2015年、17頁。

コラム②　中国で春節が祝われることに関する法社会学初歩的考察

いわれている[2]。そして、由俊勇「春節下の『救国』――日中戦争現場での春節に関する動員の歴史的考察」が述べるように、中国共産党は市民の支持を得るために春節を積極的に用いるという方法をとった。しかし、中国共産党もすぐに春節を積極的に政治利用したわけではない。例えば、1931年12月に公布された中華ソビエト共和国労働法第21条では、一律に労働を停止する休日に「1月1日新年」は規定されていたが、ここに春節は規定されていなかった。これは1933年10月15日に公布された改正中華ソビエト共和国労働法第23条も同様であった。これに対し、1941年4月1日に公布・施行された晋西北工広労働暫行条例第14条では1月1日は1日のみ休日とし、春節［陰歴年節］は5日間休日とするなど、春節の方を重要視するようになった。しかし、同年11月1日に公布・施行された晋冀魯豫辺区労工保護暫行条例第11条では、「新年元旦」と「春節」の双方を各習慣に応じて休日とすると規定されており、中国共産党革命根拠地で、一律に春節を重要視するという取り扱いがなされたわけではない。

そもそも、中国共産党は、後の文革の際に顕著になるが、中国の伝統を打破して共産主義国家を建国することを目的としていたはずである。そのため、労働法規上の休日からは、春節を西暦元旦より重視していたように見えるが社会的には必ずしも春節を重要視していたわけではないともいえる。例えば、1947年は1月22日が春節である。しかし、1947年は『人民日報』で見ると、1月1日に新年の挨拶が掲載されている（図②-1参照）。これに対し、1947年1月22日の『人民日報』1面には「新年」を思わせる記述が全くない（図②-2参照）。また、『人民日報』紙面上で、春節を「新年」として取り扱うのは1979年からである（図②-3参照）。

もちろん、これは『人民日報』紙面上で見ただけの結果であり、新中国でも春節は祝っていた。例えば、1964年1月10日には「山西省人民委員会による1964年春節期間の軍属優遇活動に関する通知［山西省人民委員会関于1964年春節期間開展拥軍優属活動的通知］」が[3]、1965年12月28日には「江西省人民

2　「第一個"春節"：1914年新旧撞撃的歴史細節」・前掲本コラム註1・18頁。

3　「山西省人民委員会関于1964年春節期間開展拥軍優属活動的通知」『山西政報』（1964年2期）中国・山西省政府弁公庁、1964年、43～44頁などに収録されている。

第 2 部　中国における人間の行動の形成と法

図②-1 『人民日報』1947 年 1 月 1 日付 1 面（「新年献詞」の文言が見える）

図②-2 『人民日報』1947 年 1 月 22 日付 1 面（「新年」を思わせる文言はない）

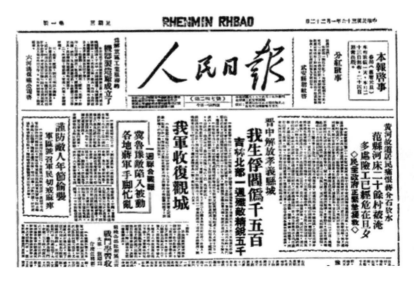

図②-3 『人民日報』1979年1月28日付1面（「春節聯歓」の文言が見える）

委員会による"江西省各界人民の春節慰問団"成立に関する通知［江西省人民委員会関于成立"江西省各界人民春節慰問団"的通知］」が出され[4]、中国各地での春節の祝い方などについて言及している。しかし、この『人民日報』の取り扱いを見ると、1978年以前の春節は、各地では祝いこそすれ、『人民日報』などで大々的に祝うものではなかったといえる。

　特に文革の際には、中国の伝統的な行事などは全て批判され、文革期には形式上春節を大々的に祝うということは難しいという側面があった。それは、以下のような中国人のインタビュー結果からもわかる。「文革中も一応春節はあったが、実家に帰ることもなく、質素に過ごし仕事もしていた」（北京市在住の60

4　「江西省人民委員会関于成立"江西省各界人民春節慰問団"的通知」『江西政報』（1965年12期）中国・江西省人民政府、1965年、397～398頁などに収録されている。

第 2 部　中国における人間の行動の形成と法

代男性、2017 年 1 月 29 日回答）。「貧しい中国の一般人にとって肉を食べることができる貴重な期間が春節であり、文革中であっても、各家庭でこっそりと春節を祝っていた」（上海市在住の 60 代女性、2017 年 2 月 3 日回答）。このように、文革中の春節は、質素にひっそりと祝われていた。そして、『人民日報』紙面上でも春節が祝われた 1979 年と文革終了時が概ね重なることから、1979 年頃から中国人が望んでいるような「春節を祝う」という社会を演出し、文革による社会混乱を鎮静化するという動きがあったのではないかと思われる。

　ところで、「通過行事は……現代実際におこなわれているものであり、そのかぎりにおいて、現代の政治権力がこれらを何らかの形で支持したか、あるいは少なくとも完全なその消滅に努力をはらわなかったことの証である」との指摘がある。残念ながら、この指摘は中国の春節には該当しないといえるだろう。中華民国期の北伐完了後には暴力的手段を用いて春節の習慣を排除しようとしたにもかかわらず、中国では春節が廃止されなかった（もっとも、この時にはこの中国の民衆の反発を利用して、中国共産党が春節を廃止しないことで優位に立とうとした面もあったため、中国共産党を含めた権力が完全に春節を廃止したわけではない）。さらに、文革期には質素に過ごし、仕事も休みにならないという事実上春節とはいえない状態となっていても、中国の民衆は春節を棄てることはなかったといえる。確かに、ある慣習があったとしても、権力がそれを徹底的に弾圧すればその慣習は滅ぶという説明には説得力がある。しかし、こと中国の春節に限っていえば、中国人にとっては春節への思い入れが非常に強かったため、ある程度の政治権力による弾圧では廃止されなかったといえるだろう。さらに、文革終了後の 1979 年からは『人民日報』などでも春節を祝うことが許されたため、中国人にとって春節を新年とするという慣習は確定的になったといえるだろう。中

5　千葉正士・前掲本書「はじめに」註 7・204 頁。
6　例えば、政治権力により消滅した慣習の代表例としては、台湾の祭祀公業が挙げられるだろう。祭祀公業とは、人が死亡した際に、その者の財産を均分相続の対象とせず、その財産で不動産を購入し、そこから発生する賃料で祖先祭祀の費用を捻出するという古くから中国南部で見られる慣習であり、特に台湾で最もよく見られるとされている（後藤武秀『台湾法の歴史と思想』法律文化社、2009 年、78 頁）。しかし、中華民国政府統治下の台湾では祭祀公業の解体が推奨され、現在の台湾では「祭祀公業」という慣習を知る者も少なくなっている。

コラム②　中国で春節が祝われることに関する法社会学初歩的考察

華民国期の北伐完了後に中国共産党が春節を政治利用しなかったり、文革中の春節への弾圧が非常に強く、隠れて祝うこともできない状態であれば現在中国では春節が祝われていない可能性もあっただろう。

　するとやはり「春節を祝う」という習慣が現代中国にあること自体にも政治性があるといえるだろう。もっとも、これはあくまで中国共産党統治圏にとっての春節についてのみ述べている。現在も春節を祝っている台湾（国名としては「中華民国」）や香港（正式名称は「中華人民共和国香港特別行政区」）はなぜ春節を祝うのか、これは今後明らかにしなければならない課題である。

第7章　中国における信号無視

日中の道路の法社会学

——中国ではなぜ信号無視が多いのだろう？

1.　はじめに

　中国でフィールドワーク活動をしていると、日本と比べて信号無視をする人が多いように感じる（歩行者用信号が赤色に点灯しているにもかかわらず、人が当該道路を横断する、もしくは自動車用信号が赤色に点灯しているにもかかわらず自動車が通行することを「信号無視」という。ここでは「中国では信号無視が多いように感じる」とイメージで述べている。しかし、実際に中国で信号無視が多いことは本章2.4.で述べる）。

　中国でも日本でも当然に信号が赤色に点灯しているときは、歩行者も自動車も道路を渡ってはいけないという法律がある（ただし、本章3.1.で述べるように、中国では一部例外規定が存在する）。この点からすると、中国では当該法律を守らない者が多い、という問題のようにも見える。先行研究でも例えば、伝統中国では基本的に「法」を守ることは行われていないと指摘されており[1]、この流れが現代まで続いていると見ることもできないわけではない。また、中国をはじめとする社会主義国家の法律は正義の実現を目的としないといわれ[2]、さらに人々に遵法意識が出てくるのは、法律に正当性・正統性がある場合であるとも指摘されている[3]。つまり、中国の法律は正義の実現を目的としておらず、国民にとっては法に正当性および正統性がないために遵法意識が出てきていないと捉えることもできよう。

1　「中國ほど法の輕蔑が久しく行われたところはない。法が人民管理支配の手段であり、上から又はよそから與えられただけで人民が自らを守るものとならず、しかも支配者は自己の都合でその埒をこえる限り、人民にとって法の輕蔑はいつまでも續く筈である」といわれている（仁井田陞『中國社會の法と倫理——中國法の原理』清水弘文堂書房、1967年、123頁）。

2　福島正夫・前掲本書第2章註15・1～2頁、26頁。

3　笹倉秀夫『法哲学講義』東京大学出版会、2002年、79頁。

126

さらに、信号無視の原因には、自動車の普及率、事故が行った場合の現実の賠償のされ方、信号に対する信頼度など様々な要因が考えられる。しかし、本章は「中国における信号無視」には、法律にも問題があると仮定し、それも原因の1つであることを示すことを目的とする。また、「多い」ことを示すことは、比較対象がなければ成立しないため、日本における信号無視と道路交通法規の比較も行う。まとめると、中国の道路交通法規には「日本と比べ信号無視をしやすい行動パターンを形成する規則」があるのではないかと仮定してそれを示すことが本章の目的ということである。もちろん、日本と中国では社会の発展度合いが異なるため信号無視という行動パターンの単純な比較はできないとの疑義がないわけではない。しかし、少なくとも日本と中国の現在の信号無視の原因の1つに法制度がある可能性があるということを示すことはできよう。

2．日中の信号無視の実態

ここでは、筆者が行った日中の信号無視の実態調査の結果を示す。しかし、日本、中国ともに信号の数は膨大であり、当然に全ての信号で調査できたわけではない。あくまで何か所かの信号で一部の時間のみ実態調査をしただけである。しかし、「中国では信号無視が日本と比して多い」と述べるのに十分な調査結果が得られたと考える。

2．1．調査方法

調査の方法は、特定の信号で10分から20分程度連続した時間で、一定方向に道路を横断しようとした歩行者が何人いて、そのうち何人が歩行者用信号を無視したのか、一定方向に横断歩道上を通行しようとした自動車（オートバイなどの自動二輪車を含む）が何台あり、そのうち何台が自動車用信号を無視したのかを算出するという方法を用いた。

ただし、自動車の信号無視に関しては、歩行者と異なり全ての車線に自動車が埋まっていると先頭にいる自動車以外の自動車は信号無視のしようがないという点は歩行者と異なる。例えば、3車線道路で3台の自動車が横に並んでいると、その後ろの自動車は信号無視をしたくとも前進することはできず信号無

第 2 部　中国における人間の行動の形成と法

視のしようがない。このような場合にも横断歩道上を通行しようとした自動車
の数は 3 台として数えた。

　そのため、信号無視をした自動車がいないかぎり、「横断歩道上を通行しよ
うとした自動車」の数は車線数を超えることはない。このため、「横断歩道を
通過しようとした自動車の数」は「道路を横断しようとした歩行者の数」と比
べると一見数が少ないように見える点を注意点として特に記しておく。

２．２．中国の信号無視の実態

　中国での調査は、北京市海淀区学院南路の交差点および横断歩道、北京市朝
陽区三里屯路の横断歩道の 3 か所で行った。北京市海淀区学院南路の交差点は
図 7-1 のような交差点であり、2016 年 12 月 10 日午後 5 時 4 分から午後 5 時
24 分までの 20 分間で、A の方向から来る自動車が何台信号無視したのか、ま
た B から C の方向へ向かう歩行者が何人信号無視したのかを調査した。しか
し**図 7-1** の D は補助道路であり、ほとんど自動車が通ることはない。そのため、
歩行者の多くは信号が赤色であっても E 地点まで進んでいる。途中まででは
あるが、これも信号無視の一形態である。そこで、歩行者に関しては、信号が
赤色であっても E 地点まで進んで来ることを「E 地点までの信号無視」と、信
号が赤色であっても C まで進んで行こうとすることを「完全な信号無視」と
呼ぶこととする。そして、「E 地点までの信号無視」と「完全な信号無視」を
合わせて単に「信号無視」と呼ぶ。また、**表 7-1** で「信号が赤色に点灯してい
るときに通行した自動車」は全て右折した自動車であった。本章３．１．で述
べるように、中国では自動車が交差点で右折する場合には、信号が赤色に点灯
している場合にも通行することが許されており、これは「信号無視」とは呼べ
ない。そこで、**表 7-1** のみは、「信号が赤色に点灯しているときに通行した自
動車」と表現することとする。この調査結果は表 7-1 の通りである。

　次に、北京市海淀区学院南路の横断歩道および北京市朝陽区三里屯路の横断
歩道であるが、これは双方とも**図 7-2** のような横断歩道である。こちらでも、
自動車に関しては、A 方向からやってくる自動車は何台ありうち何台が信号無
視をしたのか、歩行者に関しては B から C へ向かおうとする者が何人おりう
ち何人が信号無視をしたのかを調査した。なお、こちらも D は補助道路であ

128

第 7 章 中国における信号無視

図 7-1 信号無視調査を行った交差点のモデル

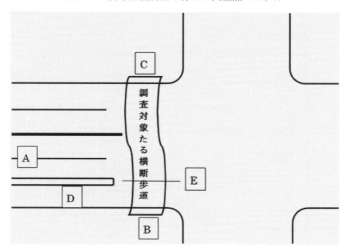

表 7-1 北京市海淀区学院南路の交差点における 20 分間の信号無視状況

調査開始からの経過時間	信号無視をした歩行者の数（うち完全な信号無視をした歩行者の数）	道路を横断しようとした歩行者の数	信号が赤色に点灯しているときに通行した自動車の数	横断歩道を通過しようとした自動車の数
0 秒	4 人（1 人）	7 人	0 台	2 台
1 分 49 秒	5 人（0 人）	5 人	0 台	3 台
3 分 38 秒	5 人（1 人）	5 人	1 台	4 台
5 分 27 秒	9 人（5 人）	9 人	0 台	3 台
7 分 16 秒	3 人（1 人）	3 人	1 台	3 台
9 分 5 秒	10 人（3 人）	10 人	0 台	3 台
10 分 54 秒	3 人（1 人）	3 人	1 台	4 台
12 分 43 秒	4 人（3 人）	4 人	0 台	3 台
14 分 32 秒	5 人（2 人）	5 人	2 台	5 台
16 分 21 秒	2 人（1 人）	2 人	8 台	8 台
18 分 10 秒	12 人（10 人）	12 人	0 台	4 台

第 2 部　中国における人間の行動の形成と法

図 7-2　信号無視調査を行った横断歩道のモデル

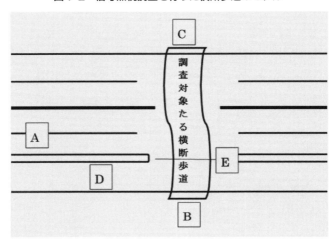

表 7-2　北京市海淀区学院南路の横断歩道における 10 分間の信号無視状況

調査開始からの経過時間	信号無視をした歩行者の数（うち完全な信号無視をした歩行者の数）	道路を横断しようとした歩行者の数	信号無視をした自動車の数	横断歩道を横断しようとした自動車の数
0 秒	7 人（7 人）	7 人	2 台	4 台
1 分 15 秒	3 人（0 人）	3 人	3 台	5 台
2 分 30 秒	1 人（0 人）	1 人	8 台	10 台
3 分 45 秒	4 人（0 人）	4 人	13 台	15 台
5 分	6 人（0 人）	6 人	5 台	7 台
6 分 15 秒	2 人（0 人）	2 人	1 台	3 台
7 分 30 秒	2 人（1 人）	2 人	2 台	3 台
8 分 45 秒	2 人（0 人）	2 人	1 台	3 台

り、信号が赤色であっても E 地点まで進んでいる者が多く見られた。そのため、こちらでも歩行者に関しては、信号が赤色であっても E 地点まで進んで来ることを「E 地点までの信号無視」と、信号が赤色であっても C まで進んで行こうとすることを「完全な信号無視」と呼び、これらを合わせて単に「信号無視」

第 7 章　中国における信号無視

図 7-3　信号無視調査を行った横断歩道のモデル

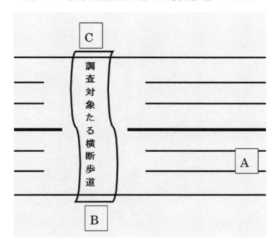

表 7-3　北京市朝陽区三里屯路の横断歩道における 15 分間の信号無視状況

調査開始からの経過時間	信号無視をした歩行者の数（うち完全な信号無視をした歩行者の数）	道路を横断しようとした歩行者の数	信号無視をした自動車の数	横断歩道を通過しようとした自動車の数
0 秒	5 人（3 人）	5 人	2 台	5 台
2 分 30 秒	4 人（0 人）	4 人	0 台	4 台
5 分	0 人（0 人）	2 人	4 台	7 台
7 分 30 秒	9 人（0 人）	10 人	3 台	7 台
10 分	3 人（3 人）	3 人	4 台	7 台
12 分 30 秒	4 人（0 人）	4 人	5 台	8 台

と呼ぶ。なお、北京市海淀区学院南路の横断歩道については 2016 年 12 月 11 日午後 3 時 10 分から午後 3 時 20 分までの 10 分間、北京市朝陽区三里屯路の横断歩道については 2016 年 12 月 11 日午後 4 時 45 分から午後 5 時までの 15 分間調査を行った。これらの調査結果は、北京市海淀区学院南路の横断歩道に関しては**表 7-2** であり、北京市朝陽区三里屯路の横断歩道に関しては**表 7-3** の

131

第 2 部 中国における人間の行動の形成と法

写 7-1 三里屯路での調査時の写真

通りである。

また、三里屯路の横断歩道の調査時には、当該調査対象交差点の横には公安の車が停車しており、さらにその公安車両の内部には警察官もいた（**写7-1**参照。**写7-1**内の白色の円は筆者による加筆であり、当該円印内の車両が公安車両）。当該公安車両は、2車線ある補助道路のうち歩道よりに調査時間中は常に停車していた。それにもかかわらず、当該公安官などは信号無視をする歩行者や自動車の運転者を咎めることもなかった。

2．3．日本の信号無視の実態

日本での調査は、東京都新宿区甲州街道の横断歩道、東京都新宿区青梅街道の交差点、東京都千代田区靖国通りの交差点の3か所で行った。東京都新宿区甲州街道の横断歩道は**図7-3**のような横断歩道である。当該横断歩道を、2017年1月27日午後3時48分から午後4時の12分間で、Aの方向から来る自動

車が何台信号無視したのか、またBからCの方向へ向かう歩行者が何人信号無視したのかを調査した。この調査結果は**表7-4**の通りである。

東京都新宿区青梅街道の交差点は**図7-4**のような交差点である。調査時間は、2016年12月17日午後3時から午後3時20分の20分間である。こちらでも、自動車に関しては、A方向からやってくる自動車は何台ありうち何台が信号無視をしたのか、歩行者に関してはBからCへ向かおうとする者が何人おりうち何人が信号無視をしたのかを調査した。この調査結果は**表7-5**である。

今回の調査対象となった東京都千代田区靖国通りの交差点は「交差点」ではあるが、靖国通りと交差している道路は路地であり交通量もほとんどなく、事実上「単なる横断歩道」として扱える**図7-3**のような構造である。東京都千代田区靖国通りの交差点の調査は**図7-3**のAの方向から来る自動車が何台信号無視したのか、またBからCの方向へ向かう歩行者が何人信号無視したのかを調査した。調査は2017年1月27日午後2時58分から午後3時15分の17分間行った。その結果は**表7-6**である。

2．4．日中の信号無視の実態を比較して――若干の中間的考察

本章2．2．および2．3．で日中の信号無視の実態調査の結果を見てきた。この結果を概観すると、やはり「中国では日本に比して信号無視をする者は多い」ということができるだろう。例えば、学院南路の横断歩道での調査（**表7-2**の調査結果）では、横断歩道を横断しようとした全員が信号無視をしている。ただし、完全な信号無視をした者は多くはなく、その多くはE地点までの信号無視である。これに対し、日本ではほとんど信号無視をする者はいないといってよい。今回の調査で日本で信号無視をしている例が確認できたのは、靖国通りの交差点での調査（**表7-6**の調査結果）での1人のみである。ここから日本で信号無視をする者はいないわけではないが、中国と比すと大幅に少ないということはいえる。また、中国北京市では、北京市で生まれ育った者や北京市以外の場所から移動してきた農民工など様々な背景を持つ者が入り乱れて生活しているはずである。それにもかかわらず、**表7-1**～**表7-3**の調査結果からは、均等に多くの者が信号無視をしているように見える。少なくともここからは、中国の農村などで長らく生活していた者の方が信号無視をし易いなどといった社

133

第 2 部　中国における人間の行動の形成と法

表 7-4　東京都新宿区甲州街道の横断歩道における 12 分間の信号無視状況

調査開始からの経過時間	信号無視をした歩行者の数	道路を横断しようとした歩行者の数	信号無視をした自動車の数	横断歩道を横断しようとした自動車の数
0 秒	0 人	4 人	0 台	3 台
2 分 24 秒	0 人	2 人	0 台	0 台
4 分 48 秒	0 人	10 人	0 台	3 台
7 分 12 秒	0 人	8 人	0 台	3 台
9 分 36 秒	0 人	9 人	0 台	2 台

図 7-4　信号無視調査を行った交差点のモデル

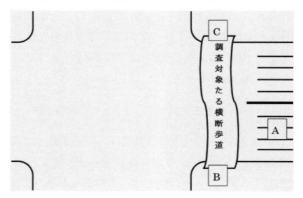

会の発展度の影響は少なく、信号無視はある程度中国全土で普遍的に起こっているといえる。

　ところで、中国では E 地点までの信号無視をする者が圧倒的に多いことから「信号よりも自分自身が安全と判断しているかを基準に道路を横断する」と考えている者が多いといえそうである。なぜなら、本章 2．2．で述べたように図 7-1 および図 7-2 上の D である補助道路は自動車がほとんど通らず、E 地点までなら安全といえるからである。これに対し、日本では今回調査を行った範囲内では、青梅街道の交差点（図 7-3 の交差点）は、車道のうち歩道に最も近い車線には自動車は全く走っておらず、信号が赤色であっても一車線分なら

第 7 章　中国における信号無視

表 7-5　東京都新宿区青梅街道の交差点における 20 分間の信号無視状況

	信号無視をした歩行者の数	道路を横断しようとした歩行者の数	信号無視をした自動車の数	横断歩道を通過しようとした自動車の数
時間の経過	0 人	45 人	0 台	4 台
	0 人	52 人	0 台	4 台
	0 人	43 人	0 台	4 台
	0 人	37 人	0 台	4 台
	0 人	51 人	0 台	4 台
	0 人	49 人	0 台	4 台
	0 人	47 人	0 台	4 台
	0 人	46 人	0 台	4 台

表 7-6　東京都千代田区靖国通りの交差点における 17 分間の信号無視状況

	信号無視をした歩行者の数	道路を横断しようとした歩行者の数	信号無視をした自動車の数	横断歩道を通過しようとした自動車の数
時間の経過	0 人	5 人	0 台	1 台
	0 人	1 人	0 台	2 台
	0 人	2 人	0 台	2 台
	1 人	4 人	0 台	2 台
	0 人	5 人	0 台	2 台
	0 人	4 人	0 台	3 台
	0 人	4 人	0 台	2 台
	0 人	5 人	0 台	1 台

道路を横断しかけても安全といえる状態であった。しかし、今回の調査時には
この一車線分を信号無視する者を見ることはできなかった。中国では「信号よ
りも自分自身が安全と判断しているかを基準に道路を横断する」と人々が考え
ているのだとすると、学院南路の交差点で自動車が信号無視をする例（信号が
赤色に点灯しているときに右折で通行するのではなく、直進で通行しようとする例）が全
く見られないのに対し、学院南路の横断歩道や三里屯路の横断歩道で自動車の
信号無視が相当数見られることもある程度説明がつくように思われる。すなわ
ち、交差点の場合、自動車用信号が赤色の場合、交差している道路には自動車

が走っており、信号を守らないと自動車同士の衝突が起こるため、信号と運転者が安全と判断するときが一致するのである。

ところで、「中国では信号よりも自分自身が安全と判断した場合を優先する」と捉えるだけでは説明できない部分もある。例えば、学院南路の交差点では8台の自動車が信号が赤色に点灯しているときに通行した後すぐに道路を横断しようとした者12人中10人が完全な信号無視をしている。自分自身が安全と判断するか否かが道路を横断する基準となるのなら、8台もの自動車が通行した直後は、安全のために信号を遵守するとかしばらく待った後に道路を横断しようという心理になってもよさそうである。この問題については、本章4．で私見を述べる。

また、日中の信号無視状況の調査をした際に、もう1点気づく点がある。甲州街道の横断歩道は、自動車の数が少なく、今回の調査時には閑散とするときもそれなりにあった。それにもかかわらず、信号無視をする者がやはりいないという点である。この点から、中国では「中国では信号よりも自分自身が安全と判断した場合を優先する」のに対し、日本は「安全と判断できる場合であっても信号を遵守している」と対比できる。

3．日中の道路交通法規

ここでは日中両国の道路交通法規について概説する。特に本章で行う議論の内容から信号に関する法規と交通事故処理の法規について見ておきたい。

3．1．中国の道路交通法規

中国共産党統治下の中国での道路交通法規は、1951年に公安部が公布した「都市陸上交通管理暫定規則［城市陸上交通管理暫行規則］」から始まる。[4] そ

4　中華民国期には1934年に内政部が公布した「都市陸上交通規則［城市陸上交通規則］」があった。本書では、中国の信号や道路交通法規の歴史を詳細に触れることは避ける。しかし、中国におけるはじめての信号は1928年にイギリス租界下の上海に設置されたことは述べておく。王玉軍「紅灯停・緑灯行」『交通建設与管理』（2007年5月号）中国・交通運輸部科学研究院、2007年、106頁。劉軍「紅緑灯史話」『交通与運輸』（2010年2月号）中国・上海市交通工程学会、2010年、66頁。

第 7 章　中国における信号無視

の後、1955 年 8 月 19 日に国務院が公布した「都市交通規則［城市交通規則］」（同年 10 月施行）、1988 年 3 月 9 日に国務院が公布した「道路交通管理条例」（同年 8 月 1 日施行。同日「都市交通規則」失効）、2003 年 10 月 28 日に全国人民代表大会常務委員会が公布した「道路交通安全法」（2004 年 5 月 1 日施行。同日「道路交通管理条例」失効）と中国の道路交通法規は続くことになる。そして、この道路交通安全法が 2007 年 12 月 29 日と 2011 年 4 月 22 日に小改正されて現在に至る（それぞれ 2008 年 5 月 1 日、2011 年 5 月 1 日に改正法施行）。

　まずは、道路交通安全法における信号について見ていく。道路交通安全法（以下、本章 3．1．で単に条文番号をいう場合は当該道路交通安全法を意味する）第 25 条第 1 項は「全国で統一的な道路交通信号を実行する」と規定している。ここでいう道路交通信号とは、交通信号灯、交通標識、交通標線および交通警察の指揮をいう（第 25 条第 2 項）。さらに交通信号灯には自動車信号灯［机動車信号灯］、非動力車信号灯［非机動車信号灯］、歩行者横断信号灯［人行横道信号灯］、方向指示信号灯、閃光警告信号灯、道路および鉄道線路交差信号灯［道路与鉄路平面交叉道口信号灯］がある（道路交通安全法実施条例（2004 年 4 月 30 日公布。同年 5 月 1 日施行。以下、本章 3．1．で「条例」という場合は当該道路交通安全法実施条例を意味する）第 29 条[5]）。なお、ここでいう「交通信号灯」が本章でいう「信号」である。さらに、交通信号灯の点灯の色は、赤色、緑色、黄色で構成され、赤色は通行禁止、緑色は通行可能、黄色は警告を意味する（第 26 条[6]）。信号が黄色の場合の「警告」とは、「既に停止線を超えている場合には、通行を継続することができる」という意味である（条例第 38 条第 1 項（二））。ただし、赤色であっても右折する

5　なお、1988 年の道路交通管理条例では、交通信号は指揮灯信号、車道灯信号、人の横断灯信号［人行横道灯信号］、交通指揮棒信号、手旗信号［手勢信号］の 5 種に分類されていた（第 9 条）。道路交通安全法下では「交通信号灯」であるが、道路交通管理条例下では「交通信号」である。また、「都市交通規則」時代には条文上このような信号の分類は存在しなかった。

6　「都市交通規則」第 9 条から第 11 条までに同様の規定があった。ただし、「都市交通規則」第 11 条では、信号が黄色の場合、通行を禁止するが、停車線を超えていた場合進行を継続しなければならないと規定されていた（道路交通安全法のように「警告」ではない）。また、「道路交通管理条例」第 10 条から第 14 条では指揮灯信号、車道灯信号など 5 種の信号ごとに色の効果を規定していた。ただし、その内容は道路交通安全法第 26 条と大きく変わらない。

137

第2部　中国における人間の行動の形成と法

場合に、他の車両や通行人を妨害しない状況下なら通行できるという例外規定
がある（条例第38条第3項）。そして、これらの規定に違反すると、歩行者、車
の同乗者、非動力車の運転者は警告もしくは5元以上50元以下の過料に処せ
られ（第89条）、自動車の運転者は警告もしくは20元以上200元以下の過料に
処せられる（第90条）。

　次に、道路交通安全法上の交通事故処理について見ていく。中国における
「交通事故」とは、「車両が道路上で過失もしくは無過失で人身に傷害［傷亡］
もしくは財産に損害を与える事件」を指す（第119条（五)[7]）。そして交通事故の
処理については、「道路上で交通事故が発生した場合には、車両の運転者は直
ちに車両を停止させ、現場の保護をし、人に死傷が発生している場合、車両の
運転者は死傷している者を直ちに救助し、合わせて勤務中の交通警察もしくは
公安機関の交通管理部門に迅速に報告しなければならない」（第70条第1項）。
さらに「道路上で交通事故が発生した場合に、人に死傷が発生しておらず、当
事者に事実および発生原因につき争いのない場合、直ちに現場から離れ、交通
を回復させ、損害賠償の処理に関して話し合うことができる。直ちに現場を離
れることができない場合、勤務中の交通警察もしくは公安機関の交通管理部門
に速やかに報告しなければならない」と規定されている（第70条第2項）。この
ように、中国においては条文上、交通事故が発生しても、人に死傷が発生して
おらず、話し合いにより解決できれば、公安への通報は必要ないのである[8]。こ
の規定は、事実および原因に争いがない場合、当事者の自主的な解決を許し、
交通事故の迅速な解決に有利であり、一定程度の交通の混雑の軽減および交通
渋滞の防止にも役立つと説明されている[9]。さらに、第70条第3項では「道路
上で発生した交通事故が軽微な財産損失の発生で、かつ基本的事実が明確な場
合、当事者は先に現場を離れたあと、話し合わなければならない」と規定され
ている。この「先に現場を離れたあと」との規定からも、道路交通安全法は「交

7　王万庫『道路交通全程精解』中国・中国政法大学出版社、2014年、1～4頁。

8　《中華人民共和国道路交通安全法適用于実例》組写組（編）『中華人民共和国道路交通安
　全法適用于実例——根据"新交規"修訂』（第3版）中国・法律出版社、2013年、155頁。

9　本書編写組（編）『《中華人民共和国道路交通安全法》逐条詳解与立法原始資料』中国方
　正出版社、2003年、123頁。羅震雷＝傅衛衛（編著）『最新中華人民共和国道路安全法配
　套解読与実例（含実施条例)』中国・法律出版社、2014年、149頁。

第 7 章　中国における信号無視

通事故に対する公安の確認」よりも「交通渋滞の防止」に重点を置いていると
いえる。

3.2. 日本の道路交通法規

　日本の道路交通法規は、明治憲法下では法律ではなく内務省令によってい
た。具体的には 1919 年（大正 8 年）1 月 11 日に公布された「自動車取締令」（同
年 2 月 15 日施行。1933 年（昭和 8 年）8 月 18 日全面改正。同年 11 月 1 日改正令施行）お
よび 1920 年（大正 9 年）12 月 16 日に公布された「道路取締令」（翌年 1 月 1 日施行）、
1922 年（大正 11 年）11 月 9 日に公布された「道路警戒及道路方向ニ関スル件」
（同日施行）などから始まる。

　後に、日本国憲法制定に伴い数々の法律が制定される中で、これらの省令が
法律に引き上げられ、道路交通取締法が制定された（1947 年（昭和 22 年）11 月 8
日公布、昭和 22 年法律 130 号、1948 年（昭和 23 年）1 月 1 日施行[10]）。しかし、この道路
交通取締法も内容が非常に簡素で、具体的な内容を結局政令に委任していた。
そのため、国民の自由を制限する道路交通法規の具体的内容は「法律」の形式
にする必要があるとの論が起こり、道路交通法が 1960 年（昭和 35 年）6 月 25
日に公布、同年 12 月 20 日より施行された（昭和 35 年法律 105 号、同日、道路交通
取締法は廃止[11]）。しかし、日本の道路交通法規の歴史は、内務省令時代から省令
を徐々に法律化しているにすぎず、道路交通に関する基本的なルールは変わっ
ていないと指摘されている[12]。その後も道路交通法はたびたび改正がなされてい
る。そのうち特に大きな改正といえるのは、1965 年（昭和 40 年）、1967 年（昭
和 42 年）、1970 年（昭和 45 年）、1971 年（昭和 46 年）、1975 年（昭和 53 年）、1989
年（平成元年）、1990 年（平成 2 年）の改正であるといわれている[13]。そして最終
改正は 2015 年（平成 27 年）9 月 30 日で 2016 年（平成 28 年）3 月 29 日施行であ
る[14]。

10　橋本裕蔵『道路交通法の解説』（11 訂版）一橋出版、2005 年、1 頁。
11　道路交通法研究会（編著）『最新 注解 道路交通法（Ⅰ）』立花書房、2006 年、3 頁。
12　道路交通法研究会（編著）・前掲本章註 11・4 頁。
13　道路交通法研究会（編著）・前掲本章註 11・5 ～ 7 頁。
14　ここでも、日本の信号や道路交通法規の歴史を詳細に触れることは避ける。しかし、日
　　本では 1919 年（大正 8 年）に手信号で交通整理をしたのが信号の始まりとされ、現在の

139

第2部　中国における人間の行動の形成と法

　ここでも、まず、道路交通法における信号について見ていく。日本において「信号機（本章でいうところの「信号」）」とは、「電気により操作され、かつ、道路の交通に監視、灯火により交通整理等のための信号を表示する装置をいう」（道路交通法（以下、本章3．2．において単に条文番号をいう場合は道路交通法を意味する）第2条（十四））。そして「信号機の表示する信号の意味その他信号機について必要な事項は、政令で定める」とある（第4条第4項）。これを受けて「法第4条第4項に規定する信号機の表示する信号の種類及び意味は、次の表に掲げるとおりとし、同表の下欄に掲げる信号の意味は、それぞれ同表の上欄に掲げる信号を表示する信号機に対面すう交通について表示されるものとする」と道路交通法施行令（1960年（昭和35年）10月11日公布、同年12月20日施行。2016年（平成28年）7月15日最終改正、改正法の一部は公布同日施行、一部は2017年（平成29年）3月12日施行。以下、本章3．2．で「令」という場合は当該道路交通法施行令を意味する）第2条は規定している。令第2条には本文の他に表があり、この表の「青色の灯火」の欄には「一、歩行者は、進行することができること。二、自動車、原動機付自転車（右折につき原動機付自転車が法第34条第5項本文の規定によることとされる交差点を進行する原動機付自転車（以下この表において「多通行帯道路等通行原動機付自転車」という。）を除く。）、トロリーバス及び路面電車は、直進し、左折し、又は右折することができること。三、多通行帯道路等通行原動機付自転車及び軽車両は、直進（右折しようとして右折する地点まで直進し、その地点において右折することを含む。青色の灯火の矢印の項を除き、以下この条において同じ。）をし、又は左折をすることができること」と規定されている。同様に「黄色の灯火」の欄には「一、歩行者は、道路の横断を始めてはならず、また、道路を横断している歩行者は、すみやかに、その横断を終わるか、又は横断をやめて引き返さなければならないこと。二、車両及び路面電車（以下この表において「車両等」という。）は、停止位置をこえて進行してはならないこと。ただし、黄色の灯火の信号が表示された時において当該停止位置に近接しているため安全に停止することのできない場合を除く」と、「赤色の灯火」の欄には「一、歩行者は、道路を横

　信号の原形は、昭和5年6月に東京の日比谷交差点に設置された信号であるとされている点は述べておく。岡本博之（編著）『道路交通の管理と運用（交通工学実務叢書第8巻）』技術書院、1987年、94頁。

断してはならないこと。二、車両等は、停止位置を越えて進行してはならないこと。三、交差点において既に左折している車両等は、そのまま進行することができること。四、交差点において既に右折している車両等（多通行帯道路等通行原動機付自転車及び軽車両を除く。）は、そのまま進行することができること。この場合において、当該車両等は、青色の灯火により進行することができることとされている車両等の進行妨害をしてはならない。五、交差点において既に右折している多通行帯道路等通行原動機付自転車及び軽車両は、その右折している地点において停止しなければならないこと」と規定されている。また、当該表には歩行者用信号についても規定があり、「人の形の記号を有する青色の灯火」の欄には「一、歩行者は、進行することができること。二、普通自転車（法第63条の3に規定する普通自転車をいう。以下この条及び第26条第3号において同じ。）は、横断歩道において直進をし、又は左折することができること」と、「人の形の記号を有する青色の灯火の点滅」の欄には「一、歩行者は、道路の横断を始めてはならず、また、道路を横断している歩行者は、速やかにその横断を終わるか、又は横断をやめて引き返さなければならないこと。二、横断歩道を進行しようとする普通自転車は、道路の横断を始めてはならないこと」と、「人の形の記号を有する赤色の灯火」の欄には「一、歩行者は、道路を横断してはならないこと。二、横断歩道を進行しようとする普通自転車は、道路の横断を始めてはならないこと」と規定されている。当該表は、この他にも「青色の灯火の矢印」や「赤色の灯火の点滅」などについても規定しているが、これらは本章での議論とは直接の関連がないため割愛する。そして、「道路を通行する歩行者又は車両等は、信号機の表示する信号又は警察官等の手信号等（前条第1項後段の場合においては、当該手信号等）に従わなければならない」と、信号に従う義務についても規定がある（第7条）。このため、信号に従わなかった者は、3か月以下の懲役または5万円以下の罰金に（第119条第1項第1号の2）、過失により信号に従わなかった者は10万円以下の罰金に処せられる（第119条第2項）。また、歩行者が信号に従わなかった場合、2万円以下の罰金もしくは科料に処せられる（第121条第1項第1号）。

　次に道路交通法上の交通事故処理について見ていく。第72条第1項は「車両等の交通による人の死傷又は物の損壊（以下「交通事故」という。）があったと

第2部　中国における人間の行動の形成と法

きは、当該車両などの運転者その他の乗務員（以下この節において「運転者等」という。）は、直ちに車両等の運転を停止して、負傷者を救護し、道路における危険を防止する等必要な措置を講じなければならない。この場合において、当該車両等の運転者（運転者が死亡し、又は負傷したためやむを得ないときは、その他の乗務員。以下次項において同じ。）は、警察官が現場にいるときは当該警察官に、警察官が現場にいないときは直ちに最寄りの警察署（派出所又は駐在所を含む。以下次項において同じ。）の警察官に当該交通事故が発生した日時及び場所、当該交通事故における死傷者の数及び負傷者の不詳の程度並びに損壊した物及びその損壊の程度、当該交通事故に係る車両等の積載物並びに当該交通事故について講じた措置を報告しなければならない」と規定している。

　この第72条第1項前段にある通り、例え人と車両が接触したとしても、人の死傷や物の損壊が発生しない限り「交通事故」には該当しないと解されている[15]。そして、日本では負傷者の救護、交通秩序の回復の最終判断は警察官が行うものであるため、交通事故の際には警察官への報告が必須であり、負傷者が既に救護されており、交通秩序が回復していたとしても、警察官に報告しないことは許されないと解されている[16]。

4．日中の道路交通法規を概観して

　ここではこれまで述べたことを受けて中国における信号無視の多さと法の関係を考察していきたい。

4．1．交通事故処理の日中比較からの考察

　交通事故の処理方法は、日中の法律の条文上は、大きな違いはない。日本の交通事故の定義は、「車両等の交通による人の死傷又は物の損壊」であり、交通事故が発生した場合には、警察官への報告が必要である。これに対し、中国の交通事故の定義は「車両が道路上で過失もしくは無過失で人身に傷害もしくは財産に損害を与える事件」であり、交通事故のうち人に死傷が発生している

15　橋本裕蔵・前掲本章註10・109頁。道路交通法研究会（編著）・前掲本章註11・406頁。
16　橋本裕蔵・前掲本章註10・111頁。

142

第7章　中国における信号無視

場合が必ず公安に報告しなければならない場合となっている。つまり、日中ともに人と自動車の接触など（自動車同士の接触もありうる）があっても、人に死傷や物の損壊がない場合、警察や公安に報告する必要はないのである。

　しかし、法律の実務運用まで視点を広げると、「日中の交通事故処理に違いはない」とする見方は変わってくる。日本では実務上、人に死傷がなくても、自動車と人の接触があれば交通事故と認定されている。日本では自動車と人との接触があった場合、外見上傷などがなくても、病院などに行くとほぼ確実に「ケガをしている」旨の診断書が発行され、死傷しているという扱いになるという（交通事故の実務処理に詳しい行政書士が2016年8月15日に筆者に対して回答）。これは、自動車と人が接触した場合、すぐに発症していなくても、しばらくしてからむち打ち症を発症する場合もあり、病院などが念のためにとケガをしているもしくは診察が必要との診断書を発行するからであるという。つまり、交通事故の定義は日中ともに法律の文言上は同じであるが、その実態は異なっているのである。日本では、見た目には人に死傷がなくても、自動車と人が接触し、病院に行けばそれで「交通事故」になるのである。

　筆者が思うに、この点に本章が検討したい信号無視と法律の関係があるのではないだろうか。すなわち、中国は人に死傷や物に損壊がなく、当事者同士が納得しさえすれば必ずしも公安が交通事故処理に関わってくるわけではない。場合によっては交通事故が起きたことを公安が知らないままに交通事故処理が終わることもある。そうすると自動車の運転者にとっては、「交通事故が起こったとしても、必ずしも公安に咎められるわけではないため、交通事故さえ起こさなければどのように走ってもかまわない」という心理が働くことになる。こうなると、信号の遵守意識は萌芽しにくいことになる。しかし、それでも現実に交通事故を起こすわけにはいかず、自動車は「基本的に信号よりも運転者が安全と判断しているか否か」を基準に運転がなされ、本章2.4. で述べたように交差している道路にも自動車が走っている交差点の場合、比較的信号を守ろうとする心理が働くようになるのではないだろうか。[17]

17　「法違反にたいする法的制裁の程度と確立から計算されるリスク（期待値）を、法遵守行動のコストと比較すれば、多くの場合に法違反の方が合理的行動となるようにみえる場合にも、多くの人々は法遵守をしているようにみえる」といわれている（和田仁孝＝

143

第 2 部　中国における人間の行動の形成と法

　そして、歩行者の側から見ると、自動車は「運転者が安全だと判断している
か否か」で運転をしており、信号を守ってもそれで安全であるとはいえない。
特に、中国では自動車は交差点では赤信号であったとしても、右折することは
法律上許されており、このような法律を知らない歩行者サイドから見ると信号
は守られていないように見える。そのため歩行者も信号よりも自分自身が安全
と判断したか否かが道路を渡る際の基準になる。さらに、信号無視をしている
ように見える自動車があまりにも多い場合、自動車の運転者はやはり信頼でき
ないということになり、自動車が歩行者のために停止するという期待を捨て、
「どうせ自動車の運転者は信頼できないのだから、いくら待っていても歩行者
の横断のために自動車が止まってくれるかは分からない。それならば多少無理
してでも今すぐ道路を渡った方が待ち時間がないだけいい」という心理になる
ように思われる。これが、本章2.4.で述べた8台の自動車が信号が赤色に
点灯しているときに右折した後、すぐに道路を渡ろうとした者12人中10人
が完全な信号無視をしたという行動に対する私見である。つまり、中国で歩行
者にとって「信号を守ってもそれで安全であるとはいえないと考えているであ
ろう」ことおよび「あまりにも多くの自動車が信号無視しているように見える
場合、歩行者も信号無視をする」ということの双方は「歩行者の自動車の運転
者および信号に対する信頼のなさ」が根源にあると考えることで説明ができる
ように思われる。

4.2.　その他のまとめ

　本章4.1.で、中国で日本に比して信号無視が多いのは、法律上交通事故
を起こしても公安が介入してこない場合があり、それにより信号無視をする自
動車が多くなり、自動車の運転者に対する歩行者の信頼がなくなるため歩行者
も信号無視をし易くなるのではないかと述べた。この論を補強するような要素
は他にもいくつかある。ここではそれを見ていきたい。
　本章4.1.では、日本の場合、実務上は人と自動車の接触（もしくは自動車

　太田勝造ほか（編）・前掲本書「はじめに」註1・2頁）。しかし、中国の信号無視の現状
　を見ると、法遵守のコストがあまりにも悪すぎる場合は、「合理的な法違反」の方が選択
　されるといえるように思える。

同士の接触）があったのみで、例え見た目には人に死傷がなくても「交通事故」になると述べた。このため、日本では自動車の運転者にとっては運転中に人や他の自動車とは絶対に接触してはならないという心理が働き易くなり、厳格に信号を守ろうという行動につながっていくことになる。そして、中国の場合とは逆で、日本の場合、自動車が厳格に信号を守るために歩行者も信号を守っていれば、それだけで交通事故を避けられるという自動車の運転者および信号への信頼があるように思われる。このため、本章2.4.で述べたように、日本では青梅街道の交差点（**表7-5**の調査）で確認できたように安全な車道一車線分の信号無視すら行わないという行動につながるのではないだろうか。信号に対して信頼があれば、信号があるにもかかわらず再度安全を確認することは無駄であり、労力の面からも不合理である。

　さらに、中国では軽微な交通事故であるにもかかわらず直ちに事故車両などがどかない場合には2016年8月20日より200元の過料を取るという実務的取り扱いがなされている[18]。これは、実務上も交通事故が起こっても早く交通の回復をさせるべきという中国当局の意思といえる。事故現場から事故車などがどかされては、例え後に公安などが事故現場に来たとしても、現場検証などできるはずもなく交通事故に対する事実究明ができない。この点からも中国では公安が極力交通事故の処理に関わらないような実務的取り扱いがなされているといえる。なお、この軽微な交通事故であるにもかかわらず、直ちに事故車両などがどかない場合に200元の過料を取るとの取り扱いは、中国での交通渋滞の21%が交通事故によるものであり、当該交通渋滞の緩和のためであると説明がなされている[19]。

　中国で公安が交通事故に対してなるべく介入しない、むしろ交通事故が起こっても軽微な事故ならば早くその場をどき、交通の回復を急がせる趣旨は、本章2.2.で見たような公安が信号無視を見かけても特に咎めないことと同じ考えが根底にあるように思われる。すなわち、特に大きな問題が起こらなければそれでよいという発想が根底にあるということである[20]。

18　郭超「軽微事故不及時挪車到堵罰200元」『新京報』（2016年8月20日付）A5面。
19　郭超・前掲本章註18・A5面。
20　高橋孝治「中国のマンガ輸入業に見る社会主義性――中国流通の台湾版『進撃の巨人』

第 2 部　中国における人間の行動の形成と法

　また、日本では、自動車を運行する際には、必ず自動車損害賠償責任保険ま
たは自動車損害賠償責任共済保険に加入していなければならない（自動車損害賠
償保障法（1955 年（昭和 30 年）7 月 29 日公布、昭和 30 年法律第 97 号、同年 12 月 1 日施
行。2016 年（平成 28 年）11 月 28 日最終改正・同日改正法施行）第 5 条）。これに対し
て、中国にはこのような自動車運行の際の強制保険制度はない。地方によって
はある程度の強制保険制度があるが、全ての自動車が対象となっているわけで
はない（例えば、北京市では、北京市外の自動車が 30 日以上北京市を運行する際に保険へ
の加入を確認するとしている（北京市道路交通管理規定（1997 年 12 月 4 日公布、1998 年 1
月 1 日施行）第 21 条第 2 項））。ここから、中国では自動車に対する強制保険制度
が未完備であり、多額の賠償責任を負わないように、交通規則を遵守し、事故
が発生しないようにするという心理が働いてもよさそうなのだが、本章 2．2．
で示したようにそうはなっていない。ここから、必ずしも自動車に対する保険
があるわけではなく、事故が起こったら多額の賠償責任を負う可能性があるに
もかかわらず、信号無視をする方が利益があると考えているのが中国社会とい
うことができよう。もっとも、公安に事故が認知されなければ賠償責任を負う
こともないため、「交通事故が起こったとしても、必ずしも公安に咎められる
わけではないため、交通事故さえ起こさなければどのように走ってもかまわな
い」という心理になっているとしたら、自動車が保険に加入していなくても交
通規則を遵守するという心理は形成されにくいともいえる。

5．おわりに

　これまで、中国では日本に比して信号無視がされることが多いということの
原因の 1 つを法制度にあるのではないかと考え、それを示そうとしてきた。そ
して、中国では法律の実務上、交通事故を起こしてもそれが軽微なら公安があ
まり介入してこず、そのため信号無視をする自動車が多くなり、それにより自
動車の運転者や信号に対する歩行者の信頼がなくなるため歩行者も信号無視を
するという心理が働くのではないか、さらに中国では交差点において自動車は

を素材に法的側面から」『21 世紀東アジア社会学』（8 号）日中社会学会、2016 年、187
〜 188 頁。

信号が赤色に点灯していても右折することが許されており、このような法律を知らない歩行者側から見ると、自動車は信号が赤色に点灯していても通行しているため信号に対する信頼が発生しにくいのではないかと結論づけた。これは本書「はじめに」で述べたように、あくまで「このように法制度が原因の1つと考えることもできる」という程度の結論である。本書「はじめに」でも述べたように、この問題には様々な要因がある。しかし、運用レベルまで含めた法制度にもそのような信号無視をする心理を惹起するような制度があるといえる点を示せたことが本章の意義であると考える。

そして、日中でなぜこのような差がでてくるのかといえば、結局交通をどう捉えているかということに帰着するであろう。つまり、交通事故が起きた場合、日本では交通秩序が回復しているか否かを公権力の担い手である警察官が確認するという作業が必要なのに対し、中国では交通渋滞の緩和との名目で、事故当事者が公安に報告することなく直ちに現場からどくことを奨励している部分がある。これは、交通渋滞の緩和という経済活動を重視し、人命を軽視していることに他ならない。[21] しかし、経済活動を優先することは、中国国内全体の利益にもなる。そうすると、「公のためを先にし、私のためを後にする」という社会主義国の法律のあり方には合致しているといえる。[22] そうすると、このような交通事故が起こっても、公安が必ずしも介入してくるわけではないという条文構成と法運用は、中国が社会主義国家であることが理由であるといえるかもしれない。

そして、その他にも中国当局が、人々が信号無視をしないようするよう努力を払っていないために、中国では信号無視が横行しているともいえるだろう。[23] 三里屯路で公安が信号無視に対して何らの咎めをしなかったことからも、この

21　中国の道路交通行政にはこのような人命軽視と取れる手法が往々にして存在している。例えば、上海市では1989年に交通事故対策としての新制度を導入したとされているが、この制度は各企業ごとに自動車による死亡事故の年間限度数（死亡者数）を定め、それを超えて死亡事故を起こした場合には、経済的制裁を課すというものだった（野村好弘「中国における民事法および交通法の動向」『ジュリスト』（965号）有斐閣、1990年、68頁）。つまり、交通事故によって人が1人死亡しただけでは制裁対象とならないという意味であり、人命軽視を象徴するような制度となっている。

22　稲子恒夫『現代中国の法と政治』日中出版、1975年、161頁。

23　千葉正士・前掲本書「はじめに」註7・204頁。

147

第2部　中国における人間の行動の形成と法

ようにいえるように思われる。

　そして、今回の中国での調査でも多くの者が信号無視をし、かつ公安まで黙認していることからも、社会の構成員に信号無視をすることが承認されているといえる。そうすると、「信号無視をすること」こそが、中国における「生ける法」と呼ぶこともできるのではないだろうか[24]。新秩序が生まれる源泉は、一定性質の「異常な」体験をする能力があり、この体験に基づく影響を他人に及ぼし得るところの諸個人の影響であるとの指摘がある[25]。「信号無視をすること」が新秩序だとすると、この場合、「法律の遵守を強要するはずの公権力が極力信号無視や交通事故に関わろうとしない」ということそのものが「異常な体験」であり、これが中国で生活する者全てに共感されるという形で他人にも影響を与えたと捉えることもできるかもしれない[26]。

　ところで、本章で述べたようなことを実際に中国で信号無視をしている者が信号無視をする一要素として直接意識しているとは考えにくい。中国でなぜ信号無視するのかという問いに対しては「両側に車が走っていないし、安全だし、時間の無駄にならなくていい」、「みんなそうやっているから別にいいじゃない」と答える者がいる[27]。大抵の信号無視をする者の考えとはこのような意識であると見てよいだろう。ここでも、「安全で時間の無駄にならない」という点が挙げられている。つまり、「安全ならば信号無視も合理的である」という意味であり、「『どうせ信号を守っても自動車は信号無視をしてくる、もしくはしているように見える（自動車は赤信号でも右折する）』ため『安全』を自分で確認できればそれで横断することが『合理的』である」という本章の結論と近い意識を持っていることは確認できる。上記は親が子に「なぜ信号無視をするの

24　六本佳平・前掲本書「はじめに」註3・22〜23頁。

25　マックス・ウェーバー（世良晃志郎（訳））『法社会学』創文社、1976年、34頁。

26　「他の運転手も、ルールを遵守する方が合理的だと少なくとも理解できる存在なのだと信じることができなければ、車を運転する気になとなれない」という指摘がある（和田仁孝（編）『法社会学』法律文化社、2006年、124頁）。しかし、本章2.2.で明らかにしたように、中国では「信号に関する法律上のルール」は守られていない現状がある。そのため、「信号無視をすること」という「生きたる法」が中国全体で共有されて自動車を運転しているという見方もできるように思われる。

27　陳韵「マナーをもって、天下を歩く」段躍中（編）『「御宅」と呼ばれても──第十回中国人の日本語作文コンクール受賞作品集』日本僑報社、2014年、109頁。

第 7 章　中国における信号無視

か」と問われたときの親の回答である。人は子どもの頃に教え込まれた内容に
基づいて、規範に従うかものであり[28]、実際には信号無視をしている親を見て、
次の世代もまた信号無視をするという行動をしているのであろう。しかし、こ
の子の質問に対する親の回答のように潜在的には本章が結論づけたメカニズム
が指摘できるように見える。

28　E. エールリッヒ（河上倫逸＝ M. フーブリヒト（共訳））『法社会学の基礎理論』みすず
　　書房、1984 年、71 頁。

第 3 部

ルポルタージュの中の中国と法

　中国は報道規制などが敷かれており、報道されているニュースなどだけでは中国で起きている全ての現象を知ることは困難である。このような通常では報道されていないけれども中国で起きている現象を知りたい場合には、ルポルタージュなどが非常に役に立つ。そこで、第 3 部では、ルポルタージュを素材に一般的には報道されていない中国の事件を考察していきたい。しかし、ここには問題もある。ルポルタージュは真実を伝えることが目的だが、新聞報道や研究書に比べるとその度合いが落ちるということである。ここでは、中国に関するルポルタージュを素材に事実確認を行う。

　しかし、これらのルポルタージュにも取材の最中に見落とされている事実や意図的に削除された事実があるかもしれない。しかし、第 3 部では、これらルポルタージュに書かれていることが当該事件の全てであり、他の事実は一切存在しないと「仮定」して議論を進める。それは、当該ルポルタージュ以外では報道されていない「真実」を調査することはできないからである。しかし、このような他では情報が存在していない事件を素材にするという点から、ルポルタージュの内容のみを「真実」として議論を進めたとしても、研究の意義は失われないと考える。なお、法社会学ではルポルタージュを素材とする有用性については既に言及されている。

1　和田仁孝＝太田勝造ほか（編）・前掲本書「はじめに」註 1・7 頁。

第8章　中国における劇場的法システムという試論

加藤隆則著『中国社会の見えない掟』に描かれた張暁麗事件を素材にして

——加藤隆則著『中国社会の見えない掟』には、張暁麗事件が書かれているが、この事件から中国社会はどのように評価できるのだろう？

1．はじめに

1.1．問題の所在

中国にとっての「法」は、日本をはじめとする「近代法」とは異なる発想を持っているという主張がなされている。[1]これらの先行研究は中国で訴訟となった例などを素材に、中国法の発想を導き出している。訴訟の結果は中国政府が発行する公式文書などに掲載されており、研究の素材となる。しばしば中国法については「遅れている」といわれることがあるが、これらの先行研究は中国法は近代法と「発想の構造を異にしているのであり、それを先進・劣後の関係と捉えることは根本的な反省が必要」と述べている。[2]

しかし、ここで「訴訟にまでなっていない問題」については中国法に独特の発想はないのかという疑問が噴出する。そこで本章はこの疑問にある程度の回答をすべく、中国で訴訟にならず意図的に黙殺された「張暁麗事件」を取り上げ考察を行いたい。「張暁麗事件」は本章3.1．で述べるように、法執行の監督者が法や党規則を無視して行った事件であり、上記の目的に適すると考えら

1　例えば「非ルール的法」という特質や（鈴木賢「中国的法観念の特殊性について——非ルール的法のゆくえ」『国際哲学研究 別冊2』東洋大学国際哲学研究センター、2013年、17〜18頁）、グラデーション的法文化という特質（鈴木賢「中国法の思考様式——グラデーション的法文化」アジア法学会（編）、安田信之＝孝忠延夫（編集代表）・前掲本書第4章註3・329〜331頁。宇田川幸則「市民と行政の関係の中国的特質に関する初歩的考察——中国国家賠償訴訟の分析をつうじて」『關西大学法學論集』（55巻4・5合併号）関西大学、2006年、600頁）などが先行研究として挙げられる。

2　鈴木賢「中国法の思考様式——グラデーション的法文化」・前掲本章註1・322頁。

第 8 章　中国における劇場的法システムという試論

れるためである。これを通じて先行研究が明らかにしてきた中国法の発想（特に中国共産党政権にとっての法）をさらに深く明らかにすることが本章の目的である。

　なお、本章が研究の素材とするのは、加藤隆則『中国社会の見えない掟——潜規則とは何か』（（講談社現代新書 2133）講談社、2011 年。以下「加藤書」という）第7 章（128 ～ 144 頁）である。加藤書は、当時読売新聞社の中国総局に勤務していた加藤隆則が中国の取材を通じて得た見聞を中国の「潜規則」という観点から解説するルポルタージュである[3]。なお、管見の限り、「張暁麗事件」全体を報じている文献は加藤書しか存在しない。

1．2．議論の前提——中国の検察の監察システム

　議論の前提として中国における人民検察院と監察局、全国人民代表大会（以下「全人代」という）に対する責任について説明する。人民検察院とは、国家が設置する法律監督を専門とし（82 年憲法第 129 条。人民検察院組織法（1979 年 7 月 5日公布、1980 年 1 月 1 日施行。2018 年 10 月 26 日最終改正、2019 年 1 月 1 日改正法施行）第 2 条第 1 項）、法制機能を保護する機関である[4]。人民検察院は、最高人民検察院と地方各級人民検察院および軍事検察院などの専門人民検察院から構成され（82 年憲法第 130 条）、最高人民検察院が最高ランクの位置にある（82 年憲法第132 条第 1 項）。そのため、最高人民検察院は、地方各級人民検察院および専門人民検察院を指導する（82 年憲法第 132 条第 2 項）。

　人民検察院は、法律を監督するために 3 つの手段を用いるとされている。すなわち、①公訴権を用い、法制を保護すること、②客観公正の立場を堅持し、公民の権利を保護すること、③司法監督の実施を行い、法によって事案を処理することを保障することである（人民検察院組織法第 2 条第 2 項、第 6 条）[5]。

3　加藤書では「潜規則」につき「明文化されていないが、ある集団内で広範に認知され、明文規定以上に実生活を支配するルール」との定義を紹介し、「裏を返せば、集団に属さない者、特に外から眺めている外国人には全くうかがい知れないルールである。中国の社会には、長い年月を経て根付いた潜規則があらゆる領域に存在している」と続ける（加藤書 13 頁）。ここから、「潜規則」とは法学でいうところの「慣習法」を意味するといえる。
4　孫謙『検察：理念、制度与改革』中国・法律出版社、2004 年、46 頁。
5　孫謙・前掲本章註 4・46 ～ 47 頁。

153

第3部　ルポルタージュの中の中国と法

　最高人民検察院には監察局が置かれる（人民検察院監察工作条例（2000年5月25日公布・施行）第7条[6]）。最高人民検察院監察局は、最高人民検察院の内部機構や直属の事業単位および検察院や省、自治区、直轄市の人民検察院および検察長、副検察長を監察する。監察とは、内部監督や検察機関および検察員が憲法や法律を忠実に守ることを促進することである（人民検察院監察工作条例第1条）。すなわち、人民検察院内部の遵法意識の向上や腐敗を防止することが最高人民検察院監察局の役目である。

　人民検察院監察工作条例第18条によれば、監察部門は紀律や法律に違反する行為の調査時には、実際の状況と必要に応じて以下の措置を採ることができ、同条（三）で、被調査人に時間を指定し、指定の場所にて被調査事項につき説明を求めることができる。ただし、当該規定は「監察部門の権限」という総則的な位置付けの章に規定されている。「案件の調査」という具体的な調査方法を規定した別の章には「監察部門は調査を行う中で、本条例第17条、第18条の規定による措置を採ることができる。ただし関係する書類を提示しなければならない」という規定が存在する（第48条）。すなわち、調査の際に、被調査人に時間や場所を指定して被調査事項の説明を求める場合には、あらかじめ書類を準備することが求められている。

　また、本章2.2.でも述べるが、加藤書139頁は「法的には、検察に対する唯一のチェック機能を持つのが全人代である」と述べる。これは82年憲法第133条の「最高人民検察院は、全人代および全人代常務委に対して責任を負う」という規定を指している[7]。

6　最高人民検察院以外の人民検察院には、「監察処（室）」や「専職もしくは兼職監察員」が置かれ、監察局は最高人民検察院のみに置かれる機関である（人民検察院監察工作条例第7条）。

7　最高人民検察院に対する監督は加藤書の述べる通りである。しかし、2003年9月に最高人民法院は「人民検察院が捜査案件を直接受理し、人民監督員制度を実行することに関する規定（試行）［関于人民検察院直接受理偵査案件実行人民監督制度的規定（試行）］」を発布し10月から、天津市、河北省など10の省、直轄市、自治区で検察機関が人民に監督されるという制度を試験的に開始した。これにより地方レベルの人民検察院では、「人民」による監督を受けることになっている。何勤華（主編）『検察制度史』中国・中国検察出版社、2009年、424頁。徐従鋒＝孫洪坤ほか『検察規律与検察民主論』中国・中国検察出版社、2009年、222頁。なお、「全人代常務委」は「全国人民代表大会常務委員会」の略である。

2．加藤書から見る「張暁麗事件」

ここでは加藤書をベースに張暁麗事件の概要を見ていく。

2．1．事件概要[8]

張暁麗は、元河北省廊坊市人民検察院の副検察長であり、河北省承徳市人民検察院反貪汚賄賂局副局長なども歴任した女性検察官である。功労賞なども多く受賞し、検察内部の「全国人民満意検察官」という優秀な検察官に与えられる称号も受けていた。つまり張暁麗は模範的な検察官であった。さらに2005年上半期には『検察日報』なども彼女の仕事ぶりを絶賛していた。

ところが、最高人民検察院と廊坊市人民検察院の女性幹部が結託し、将来を嘱望された張暁麗を排除しようとした。これにより張暁麗は最高検察院幹部を中傷する密告電話をかけたとの嫌疑で最高人民検察院監察局に拘束された。

拘束の手順は以下の通りだった。張暁麗は2005年6月16日に廊坊市内のホテルに呼び出され、その場で最高人民検察院の職員に北京市郊外の検察官学院招待所に連れていかれた。検察官学院招待所には当時最高人民検察院監察局長だった張建南がおり、張暁麗が「調査には手続が必要なはずだ」と反論すると、張建南は「あなたには重大な問題がある。ここで深く反省する必要がある。手続きは必要ない。なぜならあなたに問題があるからだ」と述べた。そして張暁麗は一室に閉じ込められ、250日に亘り違法な取り調べが行われた。その際[9]には、取調官は「最高検検察長の秘書が来たから、罪を認めるように。それが終われば帰ってもいい」、「書類を書いて認めれば、あなたには何の影響もない。

8　この内容は加藤書134〜139頁を参照している。
9　中国では中国共産党が党幹部による汚職などに対し、司法機関の拘留場所以外で拘束し取り調べを行うことができる「双規」と呼ばれる制度が存在する（中国共産党規律検査機関の案件検査業務条例［中国共産党紀律検査機関案件検査工作条例］（中共中央紀律検査委員会1994年3月25日発布、同年5月1日施行。）第28条）。張暁麗も党員であり、この取り調べは形式的には双規に「近い」手法だが、双規を行う際にも、先に「立案（事件として認定すること）」などの手続が必要である（同条例第23条）。「調査には手続が必要なはずだ」との問いかけに対し、張建南自身も「手続を行っていないこと」を認めており、法律のみならず党規則にも反した取り調べだったといえる。

すぐに自宅に戻って、子どもの面倒を見てもいい。子どもの中学受験も大変だろうから……」、「幹部の告発電話を認めるか、別の事件を告発するか、自殺するかのいずれかだ」と述べた。さらには、当該最高人民検察院検察長の秘書も「事件はたいしたことがない。認めればすぐ帰してあげる」と述べた。

この取り調べは過酷を極めた。深夜までわたる連日の取り調べで張暁麗の右目は網膜剥離を起こし、両脚、両膝の痛みが止まらず、さらには内分泌ホルモンが異常をきたし、生理による出血が止まらなくなったという。ある監視役は革靴で張暁麗の脚を蹴りつけ、他の者は床に落ちた飯粒を拾って食べるように命じた。

しかし、張暁麗は一貫して密告電話への関与を否認し、証拠も見つからなかった。そこで張建南による調査チームは、張暁麗の元勤務地を訪れ、張暁麗の関係者に対して張暁麗の不正の告発を奨励した。廊坊市人民検察院の張暁麗の元同僚や運転手らは、張暁麗に不利な証言をするよう求められ拘束までされた。

そして張暁麗が拘束されてから250日目の2006年2月20日に釈放され、検察官を解職され中国共産党の党籍も剥奪された。翌日、「廊坊副検察長の張暁麗が収賄などで免職された」との新華社電が配信され、事件は終結した。[10]

2.2. 事件のその後[11]

張暁麗は釈放後、最高人民検察院に役職解除の処分取り消しを求めて再審査を請求した。しかし、「証拠は十分」とする監察局の回答が届いた。そのため、張暁麗は司法界や各地の全人代代表に対して、違法な調査や処分を訴える文書を2万通以上郵便書留などで送った。「法的には、検察に対する唯一のチェック機能を持つのが全人代である」（加藤書139頁）。この張暁麗からの郵便を受け取った全人代四川省代表の楊敏は四川省高級人民検察院幹部に相談すると、当該事件を指導した張建南が面談に来た。張建南は「検察長が事件を重視し、特別に意見交換をしにきた」と丁重だった。しかし、張建南が検察長の名前を出

10　「河北廊坊原副検察長張暁麗渉嫌受賄等被免職」（中国・華商網ホームページ）〈http://news.hsw.cn/system/2006/02/21/004173966.shtml〉（2006年2月21日更新、2019年2月1日閲覧）でも同様に報道されている。なお、加藤書以外で確認できる張暁麗事件を示す報道はこのニュースくらいのものである。

11　この内容は加藤書139〜141頁を参照している。

したのは無言のプレッシャーだったと加藤書は述べる。最終的に張建南は楊敏に対し「代表団の会議ではこの事件は取り上げないでほしい」と述べ、楊敏はこれを承諾した。こうして張暁麗事件は全人代でも取り上げられることはなかった。

　最終的に、2008年の全人代で最高人民検察院弁公庁が代表向けの説明用に作成した内部資料には「張暁麗の問題は、本人の劣悪な思想品格が招いたものだ。彼女は、人間関係や裏口、虚偽、上の目をくらまし、下の者をだますなどの不正な手段で地位や名誉を得てきた」と根拠不明の個人攻撃まで記載されていた。

3．張暁麗事件を素材にした中国の法システムの提示

3．1．張暁麗事件を素材にして法システムを示すことの意味

　本章2．で張暁麗事件の概要を加藤書を基に見てきた。ここからは張暁麗事件を素材に中国政府（あるいは中国共産党）にとっての法はどういうものなのかを探りたい。このような作業に対しては、張暁麗事件は特殊な例で、張建南が勝手に行ったことでそれを素材に法の形式を示すことに意味があるのかと反論されるかもしれない。

　確かに、一般人が法を守らないということは往々にしてあり[12]、それを含めて法とは何かを探ることには意味はない。しかし、張建南は一般人ではなく、法律の執行を監督する立場にある最高人民検察院監察局長である。つまり、法執行の監督者が起こした事件であり、「このような事件が起こるのが中国法」と捉え、どのような法システムになっているのかは示されるべきである。

　なお、示すことを試みるのは、あくまで「法とはどういうものなのか」である。実際に「どのようにして、このようなことが起こるのか」については本章2．2．で述べたように、最高人民検察院に対して監督権を持つ全人代を黙らせることにより、最高人民検察院を監督する者がいなくなったことが原因である。

12　例えば、一般的にどこの国でも殺人は禁止されているが、事実として殺人事件が起こらない国は存在しないであろう。

3.2. 従来の中国法理論からの評価

　中国の法律の文字面からいえば、張暁麗には被調査事項の説明を求めるための書類の提示や立案手続もなく、違法な取り調べを受けている。しかし、中国では時に法律の文言通りの判断がなされないことがある。従来の理解では、①政策の法源性、②敵・味方の理論、③非ルール的法、④非公開の法といった理論で中国の超法規的措置を正当化してきた。しかし、これらによっても張暁麗事件を説明することはできない。ここではそれを示す。

　①政策の法源性については、本書第2章1.2.および3.4.（特に本書第2章註24）でも述べた通り、中国では政策にも法的効力があり、さらに政策が法律より優先されるということである。しかし、政策によって最高検察院監察局長が勝手に人を拘束できるとしているはずもなく、政策を用いても張暁麗事件を正当化することはできない。

　②本書第4章2.3.でも述べた通り、中国では、「人民（＝中国共産党の指導に従う者）」以外には一切の権利を認めないという構成が取られている。この国民を「人民」と「人民の敵（人民でない者）」に分け、異なる対応をする手法を「敵・味方の理論」と呼んだ。中国では、79年刑法の時代には、この敵・味方の理論を色濃く反映していた。しかし、2015年前後においても「敵・味方の理論」がいまだ健在であると考えられるような現象が中国では起きていることも本書第4章3.1.で述べた。

　ところで、張暁麗の行為は党方針に逆らうものではなく、張暁麗事件は敵・味方の理論を用いても正当化できない。

　③非ルール的法とは、制定法があってもそれを根拠にした裁判は行わず、立法者自身の判断によって裁きが進み、その結果こそが制定法に取り込まれるという「法」の発想である[13]。これは「一つ一つの事案についてまともな人間が公平な立場に立って一生懸命考えれば、行き着く結論は大体同じものになるものである、あるいは当該問題についての『誰もが認める一つの正しさ』＝『公論』

13　寺田浩明「『非ルール的な法』というコンセプト――清代中国法を素材として」『法学論叢』（160巻3・4号）京都大学法学会、2007年、77～85頁。鈴木賢「中国的法観念の特殊性について――非ルール的法のゆくえ」・前掲本章註1・18頁。

第8章　中国における劇場的法システムという試論

というものが必ずある筈」という考えが前提にある[14]。この非ルール的法は、清代中国法をモデルに構築された理論であるが、現在の中国にもこのような「法」が残存しているとの指摘がある[15]。

　しかし、非ルール的法を用いても、張暁麗事件は「誰もが認める一つの正しさ（公論）」があるとはいえず、正当化はできない[16]。さらに、非ルール的法は裁判に用いられる「法」の捉え方であり、張暁麗事件のように裁判になっていない事件に当てはめが可能なのかという問題もある。

　④本書第4章3．2．でも述べたように、中国においては、「非公開の法」が存在するということが既に指摘されている。これは、本書第3章註27で述べたように「絶対的秘密文件」に指定されている「両少一寛」などがその具体例ということができよう。さらに、中国では政策にも法的効力が認められ、政策が法律よりも優先的に適用されているにもかかわらず、「紅頭文件」と呼ばれる外部には公開されない政策文書が存在していることも明らかになっている[17]。「法とは、個々の行為をどのように行わなければならないかを公示するものである」ともいわれ、「法」は「公示」（すなわち公開）されていなければならないとされている[18]。しかし、本章1．でも述べたように、中国の「法」は、西側諸国のいう「法」とは異なっているという指摘が今までなされてきた。この観点からすると、「法が公開され、国民にその内容が周知されている必要がある」という要請は、西側諸国にとっての「法」理論であり、中国では必ずしも全ての法が公開されている必要はないのではないかということもできよう。

　ところで、先に「政策によって最高検察院監察局長が勝手に人を拘束できる

14　寺田浩明・前掲本章註13・63頁。

15　寺田浩明＝王晨ほか・前掲本書第2章註21・64～65頁。鈴木賢「中国的法観念の特殊性について――非ルール的法のゆくえ」・前掲本章註1・13頁、18頁。

16　張暁麗事件については、「誰もが認める一つの正しさ（公論）」はない。しかし、全人代代表の楊敏が張暁麗事件を黙認したことで（加藤書141頁の表現では「最高法律監督機関の家法が全人代を飲み込んでしまったのである」）、法律を超える措置を取り、それが再び立法者によって追認（黙認）されるという部分においては、非ルール的法の形式には合致するといえる。

17　唐亮『変貌する中国政治――漸進路線と民主化』東京大学出版会、2001年、31頁。

18　ホッブズ（田中浩＝重森臣広ほか（訳））『法の原理――人間の本性と政治体』（岩波文庫）岩波書店、2016年、268頁。

159

第 3 部　ルポルタージュの中の中国と法

としているはずもなく」と述べたが、これは非公開の法も同様である[19]。そのため、「非公開の法」を用いても張暁麗事件が正当化できるとは考えにくい。

3.3.「官」と「民」の理論——張建南の言葉から

本章3.2.で見たように、従来の中国法の理解では、張暁麗事件を正当化することはできない。従来とは異なる中国法の理解方法を示す必要がある。これには、張暁麗事件の発端となった張建南の発言に大きなヒントがあるように思われる。張建南は、「立件は公のために、法の執行は民のために［立検為公、執法為民］」という精神を堅持し、「法律の監督を強化し、公平正義を守る［強化法律監督、維護公平正義］」の主題を持ち、「大きな力で、法の執行レベルと事件処理の質を上げる［加大工作力度、提高執法水平和弁案質量］」の要求を厳格に執行しているとされている[20]。この言葉を見ると、張建南は自らの主張を張暁麗事件では実践しなかったように見える。しかし、ここで「法の執行は民のために」という言葉に注目したい。ここで人を政府サイドの統治者としての「官」と、政府によって統治される被統治者としての「民」に分かれるとする。すると「法の執行は民のために」という言葉は、法は民を統治するためのものであり、「官」は法に縛られないと捉えることができる。そして、張暁麗は地方人民検察院の副検察長などを経験していることからも、「官」、「民」という分類によれば、「官」に分類される。すると「官」である張暁麗は法の枠外におり、法的保護を受けられないとも考えられる。

中国では、「1950 年代末以降は、ソ連とは中ソ論争、中ソ対立、中ソ紛争と関係が悪化し、国内の政治・経済状況とあいまって、国家（法を含む）は統治の道具であるという考え方が極度に進展」した[21]。「法律は統治の道具である」という表現は、言い換えれば「法律は被統治者（民）への押し付けるものである」

19　もっとも、本書第 4 章 3.1.で述べた通り、中国では「政治的決定が先で、刑法が後追いで適用される」という現象が見られる。この現象のように、「張暁麗をまず失脚させたい」という政治的決定が先にあり、その結果が得られるように、法律を曲解しているとすれば、既存の中国の法理論でも「張暁麗事件」を正当化できるかもしれない。

20　「2004、再上新階——高検院部分庁、室、局負責人談 2004 年検察工作」『人民検察』（2004年 2 期）中国・検察日報社、2004 年、7 頁。

21　髙見澤磨＝鈴木賢・前掲本書第 1 章註 53・xiii 頁。また、同書 227 ～ 228 頁も同趣旨。

160

第 8 章　中国における劇場的法システムという試論

といえる。そうすると、法律という道具は民のみに向いており、道具を使う官には向いていないという意味を持つ。するとやはり「官」に法律の遵守は求められていないという論理が内在しているように見える。

3.4. 全人代の黙認

ここでは楊敏の張暁麗事件の黙認について見る。加藤書140頁では、楊敏は「相手の面子を立てて申し入れを承諾し」たとしている。これは面子ではなく、「社会の安定」という政策から正当化できる。

すなわち、当時最高人民検察院監察局長であった張建南のこのような「勝手な行為」が世間に広まると、「官」への不信感が増大する。それは「社会の安定」を害する行為といえる。そのため、張暁麗事件が表に出ないことは、社会の安定という政策には合致する。

つまり、張暁麗事件のように「官」内部の事件は、中国では発生した時点でもう終わりといえる。「官」内部の問題で「民」が知れば政府への不信感が増大する問題は社会の安定のために、事件そのものが公開されないからである。本書第2章3.4.で述べた通り、中国共産党の政権を維持するために、「民」の「官」に対する不信感は極力消さなければならない。さらに「民」の視点からは政府は常に「間違いを犯さない機関」でなければならない。このことは中国での有罪認定も同様である。[22] すなわち、政府機関である人民検察院が「間違いを犯すはずはないので」、起訴されれば、そのほとんどが有罪になる。その意味で、中国における公安や人民検察院といった機関の目的は、日本のそれとは異なり、「民」を納得させることであるといえる。[23]

22　「公安、検察、法院の機関の利益と被告人もしくは被害者の利益に衝突が生じる場合、被告人および被害者の利益が侵害される。例えば、公安および検察機関が有罪と考え、容疑者を拘留、逮捕、起訴した後、法院が無罪と判断した場合でも基本的に無罪判決が出ることはない。なぜなら、無罪判決は公安、検察およびそれに従事する者に対して不利であり、容疑者の合法的権利を犠牲にすることによって、公安、検察およびその従事者が損害を受けることを免れさせているのである」と指摘されている。張明楷「刑事司法改革的断片思考」『現代法学』（36巻2期）中国・西南政法大学、2014年、14〜15頁。
23　中国の刑事司法での量刑基準には「民憤」（民衆の怒り）が重要な指針となっており、この点にも「民」を納得させる（「民」におもねる）システムが見て取れる。田中信行「劉涌の裁判と薄熙来」『中国研究月報』（2012年12月号）中国研究所、2012年、7頁。

161

第3部　ルポルタージュの中の中国と法

しかし、社会の安定のために、政府機関が事件を非公開にし、黙認する構成を取ることは、権力を持つ者の「官」内部での「勝手な行為」を助長することにもなる。そのため「民」を巻き込まない「官」のみの世界では、「法律の枠外」の行為が起こりやすくなるのである。

3．5．その他の張建南の言葉から

本章3．3．で挙げた張建南の言葉のうち、「法の執行は民のために」は既に検証した。「立件は公のために」という言葉も、「公」という「社会の安定が害されるなら立件しなくていい」と読める。「法の執行レベルと事件処理の質を上げる」は、そもそも法が「民」との関係でしか機能しないのであれば、張暁麗事件とは無縁である。問題は、「法律の監督を強化し、公平正義を守る」という言葉である。「公平正義を守る」は、張暁麗事件とは矛盾する言葉である。これは、政府は「公平正義を守」っていると「民」へ向けての宣伝と思われるが、そうすると張建南の言葉のうち、なぜこれのみが宣伝なのかが問題となる。なぜ全てを宣伝にしないのであろうか。これについては本章4．1．で私見を述べる。

4．劇場的法システム

ここでは本章3．の内容を総括し、中国政府（あるいは中国共産党）にとっての法は「劇場的」と表現できることを示す。中国の裁判ももともと「裁判長が『演出』と『主演』を兼ねる超職権主義的裁判が行われていた。証拠収集などの立証活動は法院が専らこれを請負い、当事者や弁護人は口を動かすだけであり、場合によっては当事者が主張もしていない論点を法院が勝手に取り上げて

24　このような宣伝行為は中国法にはよく見られる。例えば、グローバルスタンダードに注意が払われたことが中国刑法に〔罪刑法定原則〕が導入される原動力の1つになったが、これも結局、日本において一般的に認知されている罪刑法定主義とは異なる概念である。すなわち、罪刑法定主義を導入したように見せかけて、その実は異なる原理なのである。坂口一成・前掲本書第4章註42・1232頁、1268頁。なお、引用中の〔　〕内は中国語原文であることを示す。

162

判断することもあった」といわれており[25]、中国の裁判は「演劇的」であった。しかし、ここで示したいのはもっと大きく中国政府にとっての法全体が「劇場」内部の現象と同質であるということである。

4.1.「劇場的」という言葉で説明がつく諸現象

ここまで「民」を納得させるために「官」内部の問題は「民」に知らせる必要はないし、法律も「民」に向けるものであり、「官」を縛るためのものではないと説明してきた。ここで、「民」を「劇場における観客」とし、「官」を「劇場における演者」とすれば、「中国政府にとっての法」は、「劇場内での現象」と同じ構造になっているといえる。

つまり、「民」（劇場における観客）から拍手をされるような「演劇」ができればそれでいいのであり、「民」には見えない「官」のみの世界（劇場における楽屋）では何が起こっていてもかまわないという構造である。そして、「劇場」で「演劇」を行い、「観客」を呼ぶには「広告」も必要である。そのために「民」に対しては聞こえのいい宣伝文句を並べる[26]。この中には、実際には演じることすらできないような「誇大広告」もあるのだが（本章3.5.で述べた「公平正義を守る」がこれに相当する）、全てが「誇大広告」では、「観客」もそんな「演劇」ができるわけはないと気づき、「広告」の効果が薄れてしまう。そこで「誇大広告」はほどほどにしか出さないようにする[27]。これが本章3.5.で提起した「なぜ

25　鈴木賢・前掲本書第2章註30・179頁。

26　古代の中国法については「国家法は理想を示した雛型にすぎず、現実にはそのようには適用されなかった」といわれることがある（髙見澤磨「近現代中国法研究方法試論──中国における『法治』の観点から」アジア法学会（編）、安田信之＝孝忠延夫（編集代表）・前掲本書第4章註3・134頁）。しかし、ここでいう「聞こえのいい言葉を宣伝文句」は一座の「理想」ですらない完全な「宣伝文句」である。また、本章3.4.で「政府機関である検察院が『間違いを犯すはずはないので』起訴されれば、そのほとんどが有罪になる」と述べたが、最近中国ではどれだけ無罪判決を出しているかを強調している（北京市高級人民法院（編）『北京市高級人民法院公報』（2013年1号）中国・法律出版社、2013年、2頁など）。そうなると、この無罪判決も「広告」として捉えるのが妥当といえるかもしれない。どのような事件がどのような論理で無罪判決を導いているのか、精査するような研究も今後求められる。

27　「誇大広告」は多くはなくても確実に存在している。例えば、本書第4章2.2.で述べたように、中国は人権について1990年代には「国家の独立なくして、人民の生命は保障されない」、「自由および権利を行使する際は、国家的、社会的、集団的利益およびそ

163

第3部　ルポルタージュの中の中国と法

全てを宣伝にすることをしないのか」という問いに対する回答である。

　しかし、時には「民」という「観客」と仲良くなった「官」という「演者」が楽屋内部のことを話したり、劇場の内部で迷い、「楽屋」に紛れ込んでその内部を見てしまう「観客」もいる。そのため、「楽屋」内の情報の一部が、「客席」に届くこともある。例えば、張暁麗事件も、検察技術情報センター副主任の王雪梅によって、真相が暴かれたが、これに対しても組織（人民検察院を意味すると思われる）は耳を貸さなかった。そして「インターネットでは王の勇気を支持する声が多数だった」（加藤書135頁）。「楽屋裏」を知り、「演者」が「名優」だと信じていた「観客」は「演者」や「一座」（中国政府や中国共産党に相当する）に対して激怒するが、「一座」は「観客」の怒りを聞かず、「観客」がそのスキャンダルを忘れるのを待つのである。なぜなら、「一座」の「名優」の人気の低下は、「一座」の存亡に関わるからである。そのため、ただ待つのではなく、「観客」に対して再び「広告」などを通じて、スキャンダルが発覚した「名優」に対するさらなる宣伝を並べ、「観客」のスキャンダルに対する記憶が薄れるよう積極的に「観客」にアプローチする。[28]張建南も張暁麗事件以降、「腐敗防止」などをさらに高らかに謳っている。しかし、それも実は「裁判の中で［審判管理中］」、「人民法院で」という留保が付いており、[29]「舞台」ではそれを実行する

　　の他の公民の合法的自由および権利を害してはならない」としており、日本の先行研究も、日本やいわゆる西側諸国の「人権」とは異なる概念であり、「集団の利益」を優先していると捉えてきた。しかし、2012年に中国は「生命および自由などに対する人権の尊重」と述べ（中華人民共和国国務院新聞弁公室『中国的司法改革』中国・人民出版社、2012年、16頁）、日本や西側諸国の人権の定義を受け入れたような表現をしている。しかし、本書第4章4．で述べたように、「中国は2015年前後においても、刑事における人権保障がなされていない」といえ、日本や西側諸国のいう人権は中国では現実には認められていない。結果的に、中国政府の出す声明や出版物は、それが「誇大広告」である可能性もあり、安易にその通りに受け取るべきではないということになる。

28　このような観客へのアプローチの成果か、学歴も高く日ごろから外国人と交流している中国人でさえも第2次天安門事件を知らないとの指摘がある。「『天安門』知らぬ職員」『読売新聞』2014年6月18日付6面。

29　張建南「人民法院審判管理与反腐倡廉建設」『中国党政干部論壇』（2012年3期）中国・中共中央党校、2012年、11〜13頁。高紹安「深入推進人民法院反腐倡廉建設──中央紀委駐最高人民法院紀検組組長張建南答本刊記者問」『中国審判』（2009年3期）中国・人民法院出版社、2009年、14〜17頁。張建南「為人民法院公正司法提供堅強保障」『中国紀検監察報』2013年5月3日付3面など。

第8章　中国における劇場的法システムという試論

が、「楽屋」では実行するつもりはないように見える。すなわち、張建南は「初心を忘れて天狗になったわがままな人気俳優」に相当するといえる。

4.2. 先行研究との結合

　中国法の先行研究では①政策の法源性、②敵・味方の理論、③非ルール的法、④非公開の法という超法規的理論があることは本章3.2.で述べた。これらも劇場的法律観の一部を構成しているように思える。ここではそれを示す。

　「中国政府にとっての法」が劇場内の現象と同質とすると、法律とは何に相当するのであろうか。中国には法律より優先される政策や非公開の法なとは確かに存在しているものの、大部分は法律の条文通りに運用がなされている[30]。そして、法律は一般に活字形式で公開されている。その大部分が「演劇」の内容に合致しており、「観客」に公開されている活字というのは、「演劇のパンフレットに書かれている演劇の内容の概要」である。すると、中国を「劇場」にモデル化した場合の「法律」とは、この「演劇のパンフレットに書かれている演劇の内容の概要」に相当するといえるのではないだろうか。

　なお、一般的に「パンフレット」には「演劇の内容の結末」までは書かれていない。そして、中国では全人代またはその常務委員会で立法作業が行われても、詳細な規定を欠く場合があると指摘されている[31]。これはまさに中国における「法律」は「詳細な法的効果」を明確にしておらず、「『観客』が最後まで『演劇』を見ないと結末は分からない」状態に相当しているといえる。また、先にも述べた通り、中国ではしばしば裁判などでも法律の条文通りの結果が出ないことがある。その意味では条文上、法的効果は分かっていても、必ずしもその通りの効果が得られるとは限らないといえる（その意味では、やはり「パンフレット」

30　もっとも、「法律学においては、同一種類の社会的事実については同一種類の法的判断＝法的処理がなされることが要請されており（それが、法によって権力を抑制する、ということの重要な目的なのである）」といわれており、「大部分」ではなく「全て」が法律の条文通りに運用されることが要請されている（川島武宜（編集）『法社会学の基礎1（法社会学講座3）』岩波書店、1974年、24頁）。その意味では、「全て」ではなく「大部分」が法律の条文通りに運用されていることはやはり問題である。しかし、本章1.1.で述べたように、中国にとっての「法」は、「近代法」とは異なる発想を持っているので、中国にとってはこのような「法のあり方」で問題ないと判断されているのかもしれない。

31　高見澤磨『現代中国の紛争と法』東京大学出版会、1998年、96～97頁。

第3部　ルポルタージュの中の中国と法

上に「演劇の結末」は書かれていないといえる[32]）。

　そして、「観客」の立場からは、基本的には「法律」という「パンフレットに書かれている演劇の内容の概要」通りに劇は進行していく。しかし、上演中に「舞台監督」（中国の国家首脳や中国共産党幹部に相当する）がより「観客」が満足するような「演出」をとっさに思いついた場合、「パンフレットに書かれている演劇の内容の概要」を書き換える必要がある。中国で、なぜ政策が法律よりも優先適用されるのかは、本書第2章註24で述べた。本書第2章註24で述べたような法律と政策の関係を見ると、「法律（パンフレットに書かれている演劇の内容の概要）を上書きすることができる」、「一般に公開されている」、「内容がよかったと判断された場合に、後に正式な法律（パンフレットに書かれている演劇の内容の概要）となる」といった特徴が政策にはあり、これは劇場における「パンフレットに書かれている演劇の内容の概要に対する訂正表」に相当しているといえるだろう（①政策の法源性）。

　また、「観客」の中には上演中の「演劇」を妨害する者もいる。劇を妨害をするため「劇場」内で不審な行動をした場合、「劇場」の警備員に咎められ「楽屋」へ連れていかれる。すると、「観客」だったにもかかわらず、連れていかれた「楽屋」という「他の観客には見えない」場所で法律によらない行為が許されるようになる。つまり、演劇を静かに見ている者は、最後まで「観客」でいられるが、途中で「演劇」を妨害しようとすると、「観客」も「楽屋」に連れていかれるのである。このように②敵・味方の理論も劇場的法システムの一部を構成する。

　なお、舞台袖から音もなく「演劇」を妨害しようとする場合は他の「観客」も騒然とはしないが、「上演」中に「観客席」から大きな声で「演者」に対する罵声を投げかけるような妨害の場合、劇場の警備員が急いで静止に入っても手遅れである。他の「観客」も出演中の「演者」に問題があるのかもしれないと疑念を持つ。これが、報道されてしまった政府による不法行為に相当する。

　また、「演者」がより「観客」が喜ぶ「アドリブ」を思いつき、実行するこ

32　中国の法が予測可能性を否定していることは既に高橋孝治「最高人民法院による無理のある判断——ある日本企業の中国での経験」『LAW AND PRACTICE』（10号）早稲田大学大学院法務研究科臨床法学研究会 2016年、311頁が指摘している。

とがある。そしてこの「アドリブ」の評判がよければ、この「アドリブ」は次の公演時には「パンフレットに書かれている演劇の内容の概要」の中にも取り込まれる。すなわち、③非ルール的法である。この「アドリブ」は「演者」が自分で思いついて実行することもあれば、舞台袖にいる「舞台監督」が思いつき、アイコンタクトなどで「演者」に伝えることもある。つまり、「パンフレットに書かれている演劇の内容の概要に対する訂正表」の配布とは異なり、「観客」に事前に劇の内容の変更を伝えない「上演」内容の変更である。この点が政策の法源性と異なる点である。

そして、「非公開の法」を含めた「法」が様々な国家活動の根拠となる「真の法」であり、この「非公開の法および公開されている法律を合わせた規範」こそが中国を「劇場」と、様々な法的現象や国家活動を「演劇」と見立てた場合の「台本」に当たるといえる。「劇場における台本」は一般的には「観客」には公開されていない（されていたとして、それは「パンフレットに書かれている演劇の内容の概要」程度である）。そのように考えると、「④非公開の法」という「真の台本」の一部が一般に公開されていないことは、正に中国という国家が「劇場」という形でモデル化できる重要なポイントとなるように思える。

ところで、①政策の法源性と②敵・味方の理論は社会主義法から来ており、③非ルール的法は古代中国の法から来ている考え方であり、その来歴は異なっている。しかし、ここで見てきたように、この両者が複雑に混ざり合っていて、さらに④非公開の法も存在している中国法の「現在地」は「劇場的法システム」に収まるのである。

4.3. 最近の動向

ここまで示してきた「劇場的法システム」における演劇の演目は、最近変化している。2013年頃からしばらく中国では汚職による公務員の立件が激増していた。[33] ここまでの説明では、「楽屋」内のことは「観客」には関係なく、む

33　2013年1月から11月までの間に1日平均110人の公務員が立件されたという（「中国汚職摘発、1日平均110人」『朝日新聞』2014年1月7日付12面）。さらに、汚職などで処分された中国共産党党員は2013年で18万2000人にのぼったという（「中国共産党　昨年1年で18万人処分」『朝日新聞』2014年1月11日付13面）。

しろ「一座」が抱える「演者」を守る方向に動いていた。ここから中国という「一座」は明らかに方向を変えている。しかし、それも結局は、「『観客』が『人気俳優』も実は『楽屋』では傍若無人な振る舞いをする者であることを既に知っており、そのような『演者』に罰が下るような『演劇』を行い『観客』の人気を得ようとしている」だけと表現できる。なぜそのようなことが必要なのかといえば、「一座」が再び人気を取り戻すためである[34]。なぜなら「一座」は既に「観客」からの人気がほとんどない状態だからである[35]。

5．おわりに

　本章は、加藤書というルポルタージュを用い、中国の公式文書に載っていない張暁麗事件を素材に中国政府にとっての法律観を考察した。中国では、「民」が窺い知れない「官」のみの世界では法律を無視した行為が行われている。しかも、加藤書140～141頁によれば、「権力監督の舞台裏で、妥協となれ合いの裏取引が日常化している」と張暁麗事件が特異な例ではないとしている。

　本章では、「官」のみの「内部」の世界を「楽屋」として、中国を「劇場」と見立てることで、裁判などにならず表に出てこない事件を含めた中国政府にとっての法律観を「とりあえず」示すことに成功したように見える。しかし、本章では張暁麗事件のみに着目し、さらには加藤書の内容のみを「真実」と仮定して議論を進めており、中国政府にとっての法を完全に捉えているとは言い難い（そのため本章は題が「試論」となっている）。他のルポルタージュや聞き取り調査などにより、中国の「楽屋」で起こっている事件をもっと多く確認することは筆者の今後の課題である。なお、このようにモデル化すると気になるのは、常に「楽屋」にいるが「舞台監督」のように大きな権限を持たない「新米役者」（新人の公務員などに相当する）の実態である。「大御所な名優」から意図的な「楽屋」

34　「『反腐敗』への強い姿勢を示して国民の支持を集め、政権基盤を強める構えだ」といわれる。「中国前最高幹部を立件へ」『朝日新聞』2014年7月30日付1面。

35　「『中国の特色ある社会主義を守り発展させることは、人民の利益にかなうと思うか』『共産党だけが、中国の特色ある社会主義の道を人民がよく進むよう導けると思うか』『（共産党）一党が政権を担う制度をどう思うか』といった問いに対し、『同意しない』が約8割にのぼった」とされる。「8割が共産党に否定的」『朝日新聞』2013年4月16日付8面。

第8章　中国における劇場的法システムという試論

内でのいじめなどはないのだろうか。この点も今後意識的に調査を行いたい。

　最後に、なぜ中国政府にとっての法が「劇場」という形でモデル化できるのかについてまとめたい。本章3．4．で述べたように、「観客」が「楽屋」内部のことを知らない限り、その状態は「劇場」内の安定であり、「社会の安定」という政策でその状態は是認される。さらに、非民主主義体制で国民による政府のチェック機能が基本的にない以上、「演者」が自己中心的になれば必然的に劇場というモデルに行きつく。しかし、筆者は「中国共産党の目的はそもそもが劇場を造ること」であったからと主張したい。例えば、新中国成立前には中国共産党は、人権や自由のために日本や中国国民党と戦えとしていた。しかし、新中国成立直前に「人権」はブルジョア的であるとの理由で撤回された。[36]また、新中国成立前には中国共産党は、民族自決権の保障も謳っていたが、[37]新中国成立後には民族自決権を制限することにした。[38]つまり新中国成立前から中国共産党は「誇大広告」を行っていたのである。この例では「上演予告」と実際の「公演内容」が異なっており、[39]「劇場」という法システムは、新中国成立前から見て取れる。そうなると、「劇場」とモデル化できる法律観は新中国が目指している「法」そのものということである。日本などでも「事件のもみ消し」など「劇場的」な側面もあるが、新中国ではそれが最初から目指している法システムであると考えられる。

　本章では、今まで研究の素材とされてこなかったルポルタージュを用いることで、中国という劇場の「楽屋」をある程度見ることに成功したと思われる。「劇場」や「一座」の目的は「観客」を喜ばせて人気を取り、「一座」が解散しないようにすることに他ならない。中国共産党政権がそれをなし得るのか、

36　石塚迅・前掲本書第4章註3・340～341頁。

37　中華ソビエト共和国憲法大綱（1931年11月7日採択）第14条、改正中華ソビエト共和国憲法大綱（1934年1月採択）第14条など。日本語では福島正夫＝宮坂宏（編訳）・前掲本書第5章註43・54頁、59頁を参照。

38　「中共中央関于少数民族"自決権"問題給二野前委的指示」中共中央文献研究室（編）・前掲本書第4章註21・20頁。

39　「党の主要目標は武装によって政権を奪取することであり、確かに根拠地内においてある程度の法制建設がなされていたが、その目的もやはり全国の政権を奪取するためであった」といわれる。陳守一「新しい中国の法学における30年の回顧」鈴木敬夫（編訳）『現代中国の法思想』成文堂、1989年、20頁。

169

第3部　ルポルタージュの中の中国と法

今後の動向にも注目したい。さらに、中国の国家運営を実際に行っている「法」
には、非公開の法が含まれていると本章は指摘した。すると、次の作業は、な
るべく多くの事例を分析し、中国における「真の法（劇場における台本）」を推測
していくという作業が必要になるといえる。

第9章　女性差別問題に見る中国の選択性執法

福島香織著『潜入ルポ 中国の女』に描かれたエイズ村のインタビューを素材にして

——福島香織著『潜入ルポ 中国の女』には、エイズ村での女性差別問題が書かれて
いるが、この問題から中国社会はどのように評価できるのだろう？

1．はじめに

1．1．問題の所在

　中国では、文革の際に、「女性は天の半分を支える」というスローガンが出
された。これに代表されるように、中国では男女平等や女性保護に力を入れて
いるように見える（以下、「男女平等や女性保護が貫徹されていないという問題」や「家
父長制度が残存している問題」を本章ではまとめて「女性差別問題」と呼ぶこととする）。
　これにつき、「中国の家族関係法規における弱者（子ども・女性・高齢者・障碍者）
保護規定内容は、残念ながら我が国の関連法規とは比較にならないほど濃密な
ものである」という評価もある。[1] しかし、この評価に対しては、法律の条文だ
けで中国で女性差別問題が解決されたと評価しており、実態や条文の運用につ
いて言及していない点が問題として挙げられる。そこで本章は、中国における
女性差別問題の実態を踏まえた上で、この疑問に対してある程度の回答をすべ
く、中国河南省上蔡県芦岡郷文楼村（通称「エイズ村」）という農村の女性差別問
題の実態を取り上げ考察を行いたい。

1．2．本研究の素材

　「女性差別問題の実態」に関しては、表に出てきにくい問題であり、さらに
中国の農村部の実態に関しては、調査することも制限されており、知ることす
らも難しい。しかし、1980年以降にも特に女性の人身売買、童養媳（トンヤン

1　加藤美穂子『中国家族法［婚姻・養子・相続］問答解説』日本加除出版、2008年、1〜2頁。

171

シー）など伝統中国と同じく女性を物として扱っている実態があるという指摘がある[2]。

しかし、これらの研究は「このような実態」は指摘しているものの、その実態と中国政府の反応や現地の者がどのように考えているのかは必ずしも明らかにしていない（しかし、何燕俠『現代中国の法とジェンダー』（尚学社、2005 年）99 頁など一部では強姦を私的に解決した事例、すなわち政府が黙認していた事例も明らかにしている）。

本章では研究の素材として、福島香織『潜入ルポ 中国の女──エイズ売春婦から大富豪まで』（文藝春秋、2011 年。以下「福島書」という）（同書文庫版『潜入ルポ 中国の女──エイズ売春婦から大富豪まで』（文春文庫）文藝春秋、2013 年。以下「文庫版」という）第 1 章（11 ～ 67 頁）（文庫版は 13 ～ 77 頁）を用いる。福島書はかつて産経新聞社の中国総局に勤務していた福島香織が中国の取材を通じて得た見聞を中国の「女性」という観点から解説するルポルタージュである。福島書第 1 章には、これまでの先行研究にはない「中国における女性差別問題」の詳細な実態と、公安という政府機関や現地の者の反応などが記されている。

2．中国における女性の地位の歩み

ここでは中国における女性の地位の歴史的背景を概観する。

2．1．近代より前の中国女性の地位

中国は非常に長い歴史を持つが、女性の法的地位に関しては、近代より前（中国が近代西洋型法の整備に着手する 1840 年より前[4]）においては、基本的に一貫していた。すなわち、封権的な男尊女卑の考えである。

この男尊女卑の思想は「妻は禿か馬鹿でなければ十分」「めんはめしではない、女は人ではない」、「娶った妻、買った馬は、自分（夫）で乗ろうが打とう

2　童養媳とは、将来の息子の嫁にする目的で安い値の幼女を買って女奴隷として働かせる制度である。

3　何燕俠『現代中国の法とジェンダー』尚学社、2005 年、92 ～ 99 頁。

4　髙見澤磨＝鈴木賢・前掲本書第 1 章註 53・1 頁、4 頁。

第9章　女性差別問題に見る中国の選択性執法

が勝手」といった格言や[5]、童養媳、典妻、租妻といった制度にも表れている[6]。さらには婚姻に関しても、「古来、中国においては婚姻の目的も、祖先のため、父母のため、家のための婚姻であって、実際上も、婚姻意思の主催者は婚姻当事者たるべき男女ではなく、もっぱら家父長その他の主婚者の意思に存したのである」と評される[7]。

2.2. 中華民国期の女性の地位

辛亥革命により清朝が滅亡し、1912年1月1日に中華民国が成立する。これにより中華民国民法親族編が1930年12月16日に公布された（1931年5月5日施行）[8]。中華民国期の法律は近代西洋法を継受したはずであったが、こと女性差別問題に関する法律は不完全なものであった。例えば、中華民国民法親族編の条文には、封建男尊女卑的な思想の残存もいくつか見られるが、そればかりではなく条文も意図的に無視され伝統的な家族制度が継続されている部分もあった[10]。

5　加藤美穂子『中国家族法の諸問題』敬文堂、1994年、41頁。

6　典妻、租妻とは、妻を娶るだけの経済力のない男子などが妻を家畜の如く質入れや賃貸する制度である。童養媳とも合わせて、伝統的には中国で女性は、売買の対象であり「物」と同じ扱いであった。

7　大塚勝美『中国家族法論』お茶の水書房、1985年、110～111頁。また、同頁では、このことは中国伝統の「門当戸対（メンダンフードゥイ）」にも表れているとしている。門当戸対とは、婚姻に関して家格（財産と門地）の対等を考慮することである。

8　楊大文（主編）『婚姻家庭法』（第4版）中国・中国人民大学出版社、2008年、40頁。裴庚辛＝郭旭紅「民国時期的婚嫁習俗与婚姻法」『蘭州大学学報（社会科学版）』（36巻1期）中国・蘭州大学、2008年、79頁。

9　例えば、「妻は夫姓を冠すべし（1000条）とか、夫の住所を妻の住所とすべし（1020条）とか、夫の財産支配権を肯定した法定財産制の規定（1017条、1018条、1019条、1020条）などに直接看取できるのである」と述べられている。大塚勝美・前掲本章註7・11頁。汪玢玲『中国婚姻史』中国・武漢大学出版社、2013年、386頁。

10　陳葦（主編）『婚姻家庭継承法学』中国・中国政法大学出版社、2011年、20頁。例えば以下のようにいわれる。「中華民国民法はその法律の行われる地盤条件を考慮することなしに制定公布され、且つ、その地盤条件を動かそうともしなかったのである。そのために民法の構成内容が無用の法文の連続、みかけだおしに終わっているところが少なくなかった」（仁井田陞〔幼方直吉＝福島正夫（編）〕『中国の伝統と革命（第1巻）』平凡社、1974年、104頁）。中華民国民法では婚姻年齢は男18歳、女16歳（中華民国民法980条）、さらに婚約可能年齢は男17歳、女15歳とされていた（中華民国民法973条）にもかかわらず、「『男女は満七才の後、婚姻の意思を有し、その法定代理人が主持して婚礼を挙

173

第 3 部　ルポルタージュの中の中国と法

　先行研究によれば、中華民国法によっても解決しなかった女性差別問題を解決しようとしたのは、中国共産党であったとされている[11]。例えば、革命根拠地における婚姻法は男女平等を謳い、旧社会の伝統を打破することに重きを置いた内容となっている[12]。中国共産党が、中国の伝統でもある女性差別問題を解決しようとしたことについては、「革命中国の政府はその出発の最初の日から、その後まで、婦人および子の解放を革命の基本目標としてうち立てていた」といわれている[13]。

２．３．新中国成立後、婚姻法貫徹運動期までの女性の地位

　1949 年 10 月 1 日に新中国が成立すると、中国共産党は 54 年憲法より先に婚姻法を制定した（1950 年 5 月 1 日公布・施行。以下「50 年婚姻法」という）。婚姻法の制定を急いだのは、伝統中国の家父長的家族制度を打破することが新中国の目指す社会主義国家建設のために必須だったからである[14]。すなわち、革命根拠地で掲げられた目標は継続され、50 年婚姻法も婚姻の自由と男女平等を原則としていた。しかし、条文の整備のみで人々の女性観は変わるものではない。そこで、中国共産党は、伝統的な女性差別問題を解決するために、50 年婚姻法の内容を周知させるキャンペーンを行った。これが婚姻法貫徹運動である[15]。

　　行し、かつ、民法第 982 条の方式を備えれば婚姻の効力を生ずべきにより……』として、父母が勝手に決め、子が婚姻の意思なき状態における早婚を肯定したのである」（大塚勝美・前掲本章註 7・111 頁）。

11　曹詩権＝孟令志ほか『婚姻家庭継承法』中国・北京大学出版社、2006 年、71 頁。もっとも、筆者は中華民国期にもある程度女性差別問題の解決は見られたし、中国共産党政権下でも必ずしも女性差別問題の解決がなされたわけではないと主張している。

12　宋剛＝劉閏春（主編）『婚姻与継法教程』中国・対外経済貿易大学出版社、2007 年、17 頁。陳葦（主編）・前掲本章註 10・30 頁。

13　仁井田陞・前掲本章註 10・141 頁。さらに、「中国の革命政府はその出発の最初の日からずっと、婦人および子の解放を、革命の基本目標としてスローガンにしてきたのである」ともいわれる（駒林麻里子「中国の婚姻法と婦人解放」『東海大学紀要 教養学部』（5 号）東海大学、1974 年、67 頁。「関于中華人民共和国婚姻法起草経過和起草理由的報告」『中華人民共和国婚姻法資料選集（一）』中国・中国人民大学法律系民法教研室・資料室、1982 年、21 ～ 22 頁（初出は人民出版社が 1950 年 4 月 14 日に発行した単行本『中華人民共和国婚姻法』））。

14　西村幸次郎（編）・前掲本書第 2 章註 1・155 頁。

15　楊大文（主編）『親属法』（第 4 版）中国・法律出版社、2004 年、15 頁。大塚勝美・前

174

第 9 章　女性差別問題に見る中国の選択性執法

50 年婚姻法公布の前日である 1950 年 4 月 30 日に中国共産党中央委員会は、「婚姻法の執行を保障することに関する全党への通知［関于保証執行婚姻法給全党的通知］」を発した。これにより各級党委員会が全党員を動員組織して、多くの大衆に対し婚姻法の宣伝教育工作を行うよう呼びかけたのである。その後、1952 年 12 月より 1953 年 2 月まで 1,276 か所で、主として農村で婚姻法貫徹の重点的試験工作が行われた。[16] また、各級婚姻法貫徹運動委員会は 1953 年 1、2 月の間に、全国の各農村、工場、鉱山、街道において 2,726 の典型的試験を行い、347 万余の基礎幹部および大量の宣伝員ならびに大衆中の積極分子を訓練し、婚姻法宣伝要綱を発布し、各種方式を利用し宣伝が展開された。さらに、1953 年 3 月、全国的に「婚姻法貫徹月間」が実行され、2,000 万部以上もの宣伝用印刷物が発行された。これらは大衆への啓蒙、宣伝教育を目的としており、あらゆる通俗的な読物や漫画、連環画、幻燈、歌曲、展覧会などを通じて行われた。その中で、伝統的な婚姻制度がいかに若い男女に苦痛を与えたかを説明し、50 年婚姻法が幸福をもたらし、生産への積極性となって反映することを理解させたという。また、婚姻法宣伝員は徹底的な婚姻法普及に努めていたが、その宣伝方法は決して強制的に上からの押しつけではなく、子守をしたり、農業を手伝ったりしながら大衆と親しくなり、信頼を得ながら行ったのであった。

　婚姻法貫徹運動の結果は「一部の冒険的偏向も生じたが、直ちに運動を正常ならしめるとともに、広大な大衆は婚姻の自由を獲得し、夫婦、姑嫁関係が改善せられ、夫婦の虐待、とくに傷害や殺害の現場は普遍的に減少するにいたった。しかし、これらの成果は全国的にみれば、運動の広さ、深さにおいて、なお不均衡であり、一個の省、一個の県、一個の区においても、みな程度の差があった」とされている。[17] ある統計によれば、婚姻の自由、男女平等の考えがかなり普及した地域は 15%、大部分の人には普及したがまだ伝統的な考えの人

掲本章註 7・133 ～ 141 頁。

16　この婚姻法貫徹運動の内容については、黒田三郎『婚姻法の近代化──アジアの現代家族法』勁草書房、1966 年、255 ～ 256 頁および馬翼「新中国成立初期貫徹婚姻法運動述論」『江西社会科学』（2010 年 4 期）中国・江西省社会科学院、2010 年、147 ～ 149 頁を参照している。

17　大塚勝美・前掲本章註 7・138 ～ 139 頁。

第3部　ルポルタージュの中の中国と法

がいる地域は 60%、誤解の存在する地域は 25% となっている。[18]　つまり、婚姻法貫徹運動によっても、中国全域には婚姻法の周知ははかれなかったが、このとき中国ではじめて女性差別問題を解決すべく政府が全国規模の運動を展開したといえる。

2.4.　大躍進運動期および文革期の女性の地位

　1958 年から 1960 年にかけて中国では大躍進運動が展開される。この頃には「公共食堂の設立その他の家事労働の社会化もさかんに行われ、婦人の生産労働への参加を保障した。したがって、この時期は、婚姻法公布を第 1 次婦人解放期とすれば、第 2 次の婦人解放期といわれ、したがって経営単位と家族単位の分離は一層進行し、旧い家父長権は弱化し、家族の民主化もますます具体化した」といわれる。[19]　しかし、大躍進運動が終わりを告げると、「女は家庭に帰れ」という要求が出されるようになったともいわれている。[20]

　そして、封建的女性観の打破が決定的となったのは、1966 年から 1976 年までの文革によるとの主張がある。[21]　文革とは、名目上は社会主義思想を徹底する運動であるが、その実態は、法律が公然と無視され中国社会に混乱と破壊をもたらした動乱である。動乱ではあるが、文革には家族観の改革を推し進めるという面もあった。[22]　例えば、文革により都市、農村ともさまざまな形態で、婦人の生産参加が激増した。[23]　本章1.1.で述べたように、文革期には「女性は天の半分を支える」という男女同権を表すスローガンが掲げられたし、「中国では、『男子のできることは女子もできる。女子のできることは男子もできる』というスローガンが文革後普及し、男子も家事をするようになった」といわれ

18　駒林麻里子・前掲本章註 13・77 頁。

19　幼方直吉＝古島琴子「中国の社会主義化族」福島正夫（編）『家族 政策と法（第 5 巻）社会主義国・新興国』東京大学出版会、1976 年、236 頁。

20　松丸道雄＝斯波義信ほか（編）『世界歴史体系 中国史（第 5 巻）』山川出版社、2002 年、532 頁。

21　楊立新『親属法専論』中国・高等教育出版社、2005 年、16 頁。

22　しかし、また家族内にも不信感が生まれるという面もあった。汪玢玲・前掲本章註 9・394 頁。

23　幼方直吉＝古島琴子・前掲本章註 19・237 頁。

第 9 章　女性差別問題に見る中国の選択性執法

る。これらの結果、中国の家族観や女性観は「文革においては、特に意識面の変革が顕著にみられ[25]」、「売買婚をはじめ旧い生活習慣に対する批判も深く進められ、改善されていった」との指摘がある。[26]

2.5.　ポスト文革期の女性の地位

文革が終了すると、法律の整備が急速に行われるようになり、新しい婚姻法が公布された（1980 年 9 月 10 日公布、1981 年 1 月 1 日施行。以下「80 年婚姻法」という。同日 50 年婚姻法失効）。この改正は、文革後の新たな 4 つの現代化（農業・工業・国防・科学技術の現代化）建設を実現するために、また、過った人口政策の結果、急を要する人口抑制政策の実現と共に社会主義精神文明の建設が要求され、婚姻家庭立法がその重要な責務を担えるよう行われた。[27] すなわち、80 年婚姻法は社会主義家族制度（女性差別問題を解決させた家族制度）の再建と計画出産［計画生育］の導入を目的としていた。

後の 1992 年に鄧小平の南巡講話で社会主義市場経済の考え方が示され、1993 年の 82 年憲法改正でそれが条文上にも表れた。ここで女性観にも変化が起こったとの指摘がある。「男女平等などをうたった『社会主義』中国社会に市場経済が導入されたことによって、さまざまな格差が見られるようになったが、そこには 80 年代以降の経済政策の変化によるものと、49 年以降も払拭されていない性別役割分担の社会的・家庭的場面における顕在化とがある。その

24　福島正夫「社会主義の家族法原理と諸政策」福島正夫（編）・前掲本章註 19・42 頁。また、以下のようにもいわれる。「家事労働が、婦人の一方的負担にならないよう、実情に即した措置がとられつつある。こうした方向を阻害するのは、数千年来の男尊女卑思想である。それは、男が女を軽視するばかりでなく、女自身が自己の能力を過小評価し、自己規制する思想でもある。文革中からよくいわれている毛沢東の『時代は変って男女とも同じになった。男の同志にできることは女の同志にもできる』ということばは、この思想に対する批判であり、婦人をはげますものであった。文革を継承発展させて進められている批林批孔運動の中で、男尊女卑思想批判はさらに徹底して行われている。また、具体的生活の中で、婦人の家事労働からの解放のため、先にのべた家事労働の男女共同分担の方向は、1974 年からは『女のすることは、男もする』ということばを生み出しており、婦人解放は一層前進するだろう」（幼方直吉＝古島琴子・前掲本章註 19・250 頁）。

25　幼方直吉＝古島琴子・前掲本章註 19・238 頁。

26　幼方直吉＝古島琴子・前掲本章註 19・242 頁。

27　陳葦（主編）・前掲本章註 10・24 頁。

第3部　ルポルタージュの中の中国と法

代表的なものとして、前者には、男女の学歴・職務・収入などの格差が更に生じていること、リストラの対象となったのは子育て中や中年の女性労働者であり、就職難に陥ったのは女子学生であった。農村では働き手のない女手だけの家庭は、貧困状態から抜け出ることができないままに放置されている。まさに社会主義社会の優位性を失い、社会主義政権を支持している人々はその恩恵を受けることができなくなっている。また後者には、家事労働時間は圧倒的に女性の方が多く、農村では男性はほとんど家事労働はしないという統計がでている」[28]この指摘のように、市場経済制度導入に伴い文革期に改革が進んだはずの男女平等の意識は再び伝統的な女性差別問題を抱えたものに戻りつつ現在に至ると見ることもできる[29]。

　その後、親族制度に関する一般規定がされていないこと、結婚制度が十分に完備されていないこと、夫婦の財産に対する規定が簡略すぎることなどを理由に、2001年に婚姻法が全面改正される（2001年4月28日改正・改正法施行。以下「01年婚姻法」という）[30]。

3．福島書から見る「エイズ村」の実態

　ここでは福島書を基本として「エイズ村」における女性差別問題の実際を見ていく。

3.1.「エイズ村」とは[31]

　河南省上蔡県芦岡郷文楼村が「エイズ村」と呼ばれるようになったのは、村民約3,000人の半分がHIVに冒されていることが原因といわれている。ここまでHIVが蔓延したのは、1990年代より広まった「売血経済」に原因があるとされている[32]。売血経済とは、農民が現金を得るために、自らの血液を地元政

28　前山加奈子「法と中国女性──『婚姻法』改正と社会変動をみる」『季刊中国』（64号）日本中国友好協会、2001年、11頁。

29　楊立新・前掲本章註21・16頁。

30　楊立新・前掲本章註21・16〜17頁。前山加奈子・前掲本章註28・9頁。

31　この内容は、福島書14〜19頁（文庫版16〜22頁）を参照している。

32　林建楊「"艾滋病村"文楼的新生之路」『瞭望新聞周刊』（2005年34期）中国・新華通訊社、

第9章　女性差別問題に見る中国の選択性執法

府に売り、その血液を製薬会社に売り、地域の財政とする政策である。文楼村のような農業以外に特に産業がない地方にとっては血液を売ることが最も簡単に現金収入を得られる方法とされていた[33]。

しかし、不衛生な器具の使用や採血方法だったために、器具などを通じてHIVウイルスが蔓延したとされている[34]。この話題は、外国の報道により明らかにされたが、中国政府はこれを隠蔽し、中国国内で報道することは困難となっている。

また、文楼村は建前上はHIV感染地域として、村への自由な出入りも制限がなされている（実際には出入りはできる）。そのため福島書によれば福島香織は中国当局に気付かれぬよう潜入取材を行っている。その際には、携帯電話が発する電波などにも気をつけ、平時に使用している携帯電話は持ち込まないようにしたという。

3.2.「エイズ村」での女性へのインタビュー[35]

福島書には、2005年7月に文楼村で親子でHIVに感染している一家に行ったインタビュー記録が記されている。それによれば、当時2歳半だった一家の次女は生まれたときからHIV陽性だったという（福島書26頁。文庫版30頁）。当該次女の父親は、1992年に初めて血液を売り、後に4年間で170回以上自らの血液を売却していたという。血液を売却して得た金銭で家を建て、その年に妻と結婚し、翌年である1997年に長女が生まれた。

長女の生誕から2年後の1999年に当時武漢大学医学部教授だった桂希恩が文楼村のエイズ集団感染を知り、村民の調査にやってきた[36]。その際の検査の結

2005年、36頁も同様に述べる。

33　阿古智子『貧者を喰らう国——中国格差社会からの警告【増補新版】』新潮社、2014年、15～19頁は、文楼村と同じ状況となっている河南省商丘市睢県東関南村の状況について触れている。このことから、売血経済により爆発的な数のHIV患者がいることは文楼村のみの問題ではないといえる。

34　林建楊・前掲本章註32・36頁や阿古智子・前掲本章註33・18頁も同様に述べる。

35　この内容は、福島書28～33頁（文庫版32～38頁）を参照している。なお、類似する事例は加藤美穂子「今日の中国における家族観の法と現実——計画出産規定を通して」『アジア経済旬報』（1253号）中国研究所、1983年、1頁でも確認できる。

36　陳葦（主編）・前掲本章註10・49頁も同様に述べる。

179

第3部　ルポルタージュの中の中国と法

果により、当該夫婦は双方とも HIV に感染していることが明らかとなった。後の 2003 年に当該妻はエイズを発病し、高熱に苦しみ、同時に次女の妊娠も明らかとなった。これに対し、当該妻は「長女が女の子だったから、なんとしても男の子を産まなきゃいけなかったの。それで病をおして産んだのだけれど、でも生まれてきたのは結局女の子で……」と回答している。中国の特に農村では、子どもには「男子」が好まれる傾向がある。[37] 中国では計画出産（一人っ子政策）が行われていたが、農村では第 1 子が女子だった場合、第 2 子の出産が許されている。しかし、第 3 子の出産は許されないため、2 人目の女子は戸籍を届け出ないことがある。次女もこの例により戸籍のない子（黒孩子）だった。ところで、次女の出産を機に当該妻の病状は悪化し、熱が続き、間接も腫れ、農作業をすることもできなくなった。しかし、2004 年には当該妻のさらなる妊娠が明らかとなった。

　なぜ、重い病気に罹りながらも子を作ろうとするのか。この疑問に対して当該妻は「だって、男の子がほしかったから。今度こそ、男の子が産めそうな気がしたから」と回答している。当該家族の第 3 子は男の子であった。そこまでして男の子がほしかったのかという問いに対して当該妻は続けて以下のように答えている。「村じゅうの女から、あそこの嫁は男の子を産まなかった、と思われ続けるのは、本当に辛い。私はこの子を産んで、ようやく、胸を張ることができる。こんな立派な男の子を産んだのだから」、「私は女に生まれて、幸せだと思ったのは、この子を産んだ瞬間だけだった」。

　なお、この長女と第 3 子たる長男については HIV 検査はしていないという。その理由として当該夫は「今のところ発病していないから、このままでいこうと思う。検査して、病気がわかったって、どうしようもない。気持ちが暗くなるだけだろう？」と述べたという。

37　農村において労働力となるのは男子であることと、伝統的な家父長制度により跡継ぎが「男子」であることが望ましいと考えられていることが原因といえる（加藤美穂子・前掲本章註35・2頁）。

第9章　女性差別問題に見る中国の選択性執法

3.3.「エイズ村」インタビューのその後[38]

本章3.2．で行われたインタビューから数日後に、このインタビューに答えた夫は公安に拘束された。理由は村外の者のインタビューに答えたからだという。そして殴る、蹴るの暴行を受け、以下のような罵声を浴びせられたという。「エイズのくせに、ぼこぼこ子供を産みやがって」、「国家の恥」、「エイズだからって何をしても許されると思うな」、「お前らなんてその気になれば、いくらでもぶちこめるんだからな」。

そしてさらに文楼村に潜入した福島香織に対しても、文楼村に潜入したことを口外しないようにとの中国当局からの警告があったという。すなわち、自由な出入りが制限されている文楼村に外国人が潜入したことは、既に中国当局は知っていたということである。

4．「エイズ村」の女性差別問題と中国の女性保護法規

4.1．国家法と伝統法

インタビューを見ると、文楼村では、中国の伝統ともいえる女性差別問題がいまだ根強く残っているといえる[39]。特に「村じゅうの女から、あそこの嫁は男の子を産まなかった、と思われ続けるのは、本当に辛い」と当該妻自身が考えていることは重要な点である。本章註37で述べたように、農村で「男子」が好まれるのは、労働力と伝統的な家父長制度の2点から説明されてきた。しかし、ここからは「労働力」としての視点はなく、「伝統的な家父長制度の残存」の側面しか見えない。この点からすると、中国共産党は婚姻法などにより女性差別問題を解決することを目指して、婚姻法貫徹運動などを行ったにもかかわらず、結果として中国の女性差別問題は解決していないと評価できる。

38　この内容は、福島書65～67頁（文庫版75～77頁）を参照している。

39　文楼村の事例が特殊というわけではなく、女性差別問題の具体例である童養媳にしても「『共産党の中国』以前の旧社会で広く見られた慣習だが、今なお根絶されてはおらず、2004年、福建省の村で童養媳の妻が夫に殺害されるという事件」も起きている（荒井利明『現代中国入門――共産党と社会主義はどう変わったか』日中出版、2009年、212頁）。

181

第3部　ルポルタージュの中の中国と法

「非西欧法学は、国家法と固有法との複合システムを各国ごとに精確に観察認識することから始まらなければならない」と本書「はじめに」でも述べたように、国家による法律以外の慣習などの要素を組み合わせて「事実としての法規範」を描かなければならない場合もある。この指摘の通り、文楼村における当該妻の考えは、国家法よりも固有法（伝統法）に強い影響を受けているといえる。

なお、中国の国家法として、82年憲法第48条第1項は「中華人民共和国の婦女は政治的、経済的、文化的、社会的および家庭生活などの各方面で男子と平等の権利を享有する」と規定しており、さらに01年婚姻法第4条は「夫婦は相互に忠実で相互に尊敬し合わなければならない。家庭の構成員間では老いた者を敬い、幼い者を愛し、相互に助け合い、平等、和睦、文明的婚姻家庭関係を擁護しなければならない」と規定している。この規定は、夫婦の一方が相手方に対して不忠実であることは婚姻の義務を果たしておらず、法律および道徳上の要求に合致していないとする規定と説明される[40]。社会主義国の家族法は、道徳的な内容を法律に規定し、さらにそれを義務規定とする点に特徴があると指摘されている[41]。本章2．で見たように新中国は伝統中国の家父長的家族制度をはじめとする女性差別問題の解決を目指して女性の保護の充実のための様々な施策を行っており、これらの法律の根本にはこのような趣旨があるはずである。この意味では、当該妻に「男子を出産すること」を強要することや、当該妻自身が「男子を出産しなければならない」と思うことは女性差別問題を撤廃しようとした新中国の国家法の趣旨からは外れる行為である。

また、中国では人口資質を高める目的で、「医学上婚姻するべきではないと認められる疾病に罹患している者」の婚姻を禁止している（50年婚姻法第5条。80年婚姻法第6条第2号。01年婚姻法第10条第3号[42]）。この「疾病」の具体的内容については、01年婚姻法上は曖昧であるとされているが、事実上の取扱いとし

40　楊大文（主編）・前掲本章註8・79頁。ただし、01年婚姻法第4条を根拠に訴訟を起こすことはできない（陳葦（主編）・前掲本章註10・117頁）。

41　張偉＝趙江紅（主編）『親属法学』中国・中国政法大学出版社、2009年、2～3頁。福島正夫・前掲本章註24・35頁。

42　加藤美穂子・前掲本章註1・27頁。陳葦（主編）・前掲本章註10・87頁。

て「HIV」はこの「疾病」に含まれている[43]。中国の法律の文言上は、これ以上のことについては規定されていないが、「人口資質を高める」という趣旨からも「HIVに罹患した者は子を出産してはならない」という意図が中国の国家法にはあるといえる。このことが「エイズのくせに子を生みやがって」という批判につながっているのだろう。

4．2．伝統法的発想の「黙認」

本章4．1．で見たことを総括すると、「中国の一部では、国家法よりも伝統法による社会運営が続いており、伝統が継承されている」と見ることもできる。しかし、そのような単純な問題ではないと考える。例えば本章2．3．および2．4．で見たように、新中国では婚姻法貫徹運動などを通じて伝統的な女性差別問題の解決を強く宣伝してきた。中国共産党による社会主義革命は、教育や宣伝などによって「社会を構成する人間の思想意識をも変革する」ものでもある[44]。つまり「非西欧法学は、国家法と伝統法との複合システム」として考えなければならないという指摘もあるが、こと中国では思想改革も行っており、政府によって伝統法的発想は駆逐できるはずなのである。それにもかかわらず、伝統法的発想が残存しているのならば、それは政府が「意図的に許容」もしくは「黙認」していることが原因と考えられる[45]。

中国はもともと党があらゆる手段を用いて社会をコントロールしていたが、改革開放政策の開始を機に、中国では党による社会のコントロールの度合いが大幅に弱まったといわれる[46]。しかし、特に農村に対する党のコントロールは完

43　加藤美穂子・前掲本章註1・29頁。

44　浅井敦『現代中国法の理論』東京大学出版会、1973年、59頁。

45　本書「はじめに」でも述べたように、伝統的行事や法文化についても「そのような原始社会や未開社会のものではなく、現代実際におこなわれているものであり、そのかぎりにおいて、現代の政治権力がこれを何らかの形で支持したか、あるいはすくなくとも完全なその消滅に努力をはらわなかったことの証である」と指摘されている。

46　毛利和子（編）『現代中国の構造変動（第1巻）大国中国への視座』東京大学出版会、2000年、48頁。同書32頁では、中国共産党による社会のコントロール方法として「(1)党委員会・支部指導下の基層社会の統治・監視システムの形成、(2)党指導下のマスメディア・ネットワークの形成、(3)イデオロギーによる管理と統治のメカニズムの浸透」を挙げている。

第3部　ルポルタージュの中の中国と法

全に崩壊したわけではなく、現在でも基本的には維持されている[47]。実際、福島書でインタビューを受けた夫も数日後には、外国人のインタビューに答えたという理由で公安に拘束され暴行を受けているし、福島香織自身に対しても、文楼村に潜入したことを口外しないようにとの警告がなされている。特に文楼村への潜入については、携帯電話の電波などにも気を使い、平時に使用している携帯電話を持ち込まないなどの注意が払われている。それにもかかわらず、中国当局は外国人が文楼村に潜入し、誰にインタビューしたかも知っているのである。つまり、中国の農村——特に自由な出入りが制限されている文楼村のような村——は中国当局により常に監視されているといえる。しかし、そうすると「戸籍のない子がいる」という実態や女性差別問題が起こっている実態について当局が何も指摘していない点に疑問が残る。当局はいつ外部者が誰を訪ねたかまでを知っているにもかかわらず、住人の数が戸籍上の数字と合わないことや中国共産党が解決しようとしていた女性差別問題が発生していることに気づかないとは考えにくい。特に「エイズのくせに子を生みやがって」と批判はされているものの、「戸籍のない子」や女性差別問題については何の言及もされていない。すなわち、文楼村の実態は当局に「黙認」されている状態となっていると考えられる。

4.3. 女性差別問題に見る「選択性執法」

ここまでで述べたような、中国当局による「黙認」について中国では特筆することではない。中国ではよく「権力側は、法をその統治、支配の道具としてしか認めず、自分に都合がよければそれを使うが、悪ければそれを無視する、というような政治的運用」をしている[48]。これはつまり、法律は一律平等に適用されるわけではなく、政府サイドに都合が悪いときには、法律はあってもそれを意図的に無視した執行されるということである。さらに、普段は黙認されている違法とも評価できる行為が、何らかの政治的必要性や政策的意図の元で突然取り締まられることもあり、このような現象は「選択性執法」とも呼ばれ

47　毛利和子（編）・前掲本章註46・48頁。

48　王雲海『賄賂の刑事規制——中国・米国・日本の比較研究』日本評論社、1998年、2頁。

第 9 章　女性差別問題に見る中国の選択性執法

る。[49]

　文楼村が「エイズ村」と化した原因は、村中が貧困であり、現地の人々は血液を売って生計を立てる以外の方法がなかったからであり、格差拡大に対する対策として現地地方政府が売血をするよう「宣伝」した側面もあった。[50] そのため、HIV が蔓延したのは現地地方政府に原因の一端があり、HIV の蔓延を隠蔽することには「政治的原因」がある。しかし、「男子」を望む気持ちが、貧困を理由とする労働力確保のためでないのならば、「戸籍のない子」の存在が黙認されているのは、「政治的原因」ではないといえる。つまり、文楼村の女性差別問題に見られる「選択性執法」は、「政府サイドに都合が悪いときに法律を意図的に無視する」という手法のみではないのである。「戸籍のない子」の黙認に関しては、当局が女性差別問題の解決に対して無関心であること、解決しなくてもかまわない問題であると考えていることが根底にあると考えられる。そして、外国人のインタビューに答えると、急激にその黙認をやめ、公安に拘束されるのである。まさに、普段は違法が黙認されているものの、政治的必要性などによって突然取り締まられる選択性執法の例といえるだろう。

　ところで、中国ではしばしば法律があっても現場の者が法律の解釈手法や知識に疎く、適切な法執行が行われないことがあるといわれる。このエイズ村での女性差別問題についても、新中国の法制度は、女性差別問題を撤廃しようとしていたことをエイズ村周辺の者が知らないだけなのではないかといえるかもしれない。しかし、この意見に筆者は賛同できない。本章4．2．で述べたように、中国は基本的には党が社会のいたるところを監視している。さらに、「公安は中国共産党および政府の指導を受けなければならない」と述べられており、[51] 党が公安に対して「農村における女性差別問題の解決に尽力せよ」とい

49　鈴木賢「商船三井差し押え事件の教訓と中国の選択的執法リスク」『web マガジン nippon.com』（2014 年 7 月 14 日号）ニッポンドットコムホームページ〈http://www.nippon.com/ja/currents/d00131/〉もしくは〈http://lex.juris.hokudai.ac.jp/~suzuki/pdf/work_20140724-001.pdf〉2014 年 7 月 14 日更新、2019 年 2 月 1 日閲覧。

50　阿古智子・前掲本章註 33・24 頁。

51　範愉＝黄娟ほか（編著）『司法制度概論』（第 2 版）中国・中国人民大学出版社、2013 年、187 頁。

185

第3部　ルポルタージュの中の中国と法

う内部文書を出すだけでも現実を変えることはできるはずである[52]。しかし、それを行っているようには見えない。つまり、文楼村で戸籍なし子が黙認されていることや女性の意識に伝統社会から変化が見られないことは、公安さらには公安に指導を出す中国共産党が「現状のままで構わない」と考えているからと考えられる。

　総括すると、「男女平等」、「伝統的家父長制度の打破」などの女性差別問題解決を掲げた趣旨の法律はあっても、公安や党が女性差別問題を黙認しているため、市民の意識も伝統からの脱却ができないのではなかろうか[53]。事実、婚姻法貫徹運動などで「男女平等」、「伝統的家父長制度の打破」を宣伝したにもかかわらず、大躍進運動が終了したときには「女は家庭に帰れ」との要求が出されたと指摘されたり、文革終了後は男女の学歴・職務・収入などの格差が更に生じ、リストラの対象となったのは子育て中や中年の女性労働者で、就職難に陥ったのは女子学生であったとの主張に代表されるように女性差別問題が発生している。つまり、新中国では党が女性差別問題の解決を掲げているにもかかわらず、女性差別問題の解決が強く出された運動が終了した時期には、伝統的女性差別への回帰が頻繁に起こっているのである。

　そうなると、1950年代に行われた婚姻法貫徹運動とはなんであったのかを考えなければならない。つまり、女性差別問題解決のために憲法にも先駆けるくらい重要な法律と位置付けられていた婚姻法の「貫徹」運動があったにもかかわらず、結局なぜ「婚姻法の意図の貫徹」がなされていないのかということである。思うに婚姻法貫徹運動とは、表向きだけのものであり、中国政府の真

52　例えば、本書第3章1.2.1.で述べた「厳打」も、素早く逮捕を行う現場末端の公安職員が「党の指導」に従って動いているといえる。それだけ、中国においては公安という組織の運営に「党の指導」が影響を及ぼしており、公安の末端職員にも「党の指導」が行き届いているのである。

53　筆者は「教育」などがあれば「国民の意識」は変わるものと考えている。例えば、日本も幕藩体制の下で、法は「人民の固有の権利の保護ではなく、秩序維持自体を支配の正当性根拠とするこの体制の下で、法は専ら権力者の下す命令として従うべきものであるという法観念」を持っていた（六本佳平『日本の法システム』放送大学教育振興会、2000年、39頁）。この法システムは現在の中国と類似している。しかし、現在の日本は一般的に中国の法システムを「民主主義が完成していない」、「法治が実行できていない」などの理由で批判するまでに至っている。これは日本が「西洋的な近代法」を学び、それにより価値観が変化したことが理由として考えられる。

第9章　女性差別問題に見る中国の選択性執法

意としては婚姻法を貫徹するつもりはなかったのではないだろうか。そのために婚姻法貫徹運動は新中国建国初期には「とりあえず」実施したが、運動終了後に見られる女性差別問題の解決には興味がなく、女性差別問題が確認できても解決しようとすらしないということである。このように考えれば、文楼村でのインタビューに見られるような伝統的な女性差別問題が色濃く残存していることにも説明がつくように思われる。

5．おわりに

　ここまでで、福島書を素材に、文楼村では伝統的な女性差別問題がいまだ根強く残っていること、公安などは文楼村を監視しているにもかかわらず国家法の趣旨に反している文楼村での女性差別問題について解決しようとする姿勢が全く見えないことから伝統が「継承せざるを得ない」状況になっていることを明らかにし、それは中国政府が真意としては女性差別問題を解決する気がないことが原因ではないかと述べてきた。ここでは本章の結論として、婚姻法貫徹運動のさらなる意味と中国にとっての「女性」の意味について見ていきたい。

5．1．婚姻法貫徹運動の意味

　本章2．で見たように、中国では女性差別問題の解決が図られかけた時期がある。それは革命根拠地の時期、新中国成立すぐの婚姻法貫徹運動の時期、大躍進運動の時期、文革の時期である。しかし、大躍進運動終了後には「女は家庭に帰れ」といわれたり、文革終了後には市場経済制度の導入もあり、女性の就職や昇進などに対する差別が見られるという指摘があったりしている。

　ところで、大躍進運動は「常に高い目標をめざし、多く、速く、立派に、無駄なく社会主義を建設するという運動」でもあり、文革は「名目上は社会主義思想を徹底する運動」でもあった。ここで、革命根拠地の時期を「中国共産党が政権を取るために社会主義の素晴らしさを宣伝していた時期」とし、婚姻法貫徹運動が行われた新中国成立初期を「政権が替わってすぐであり、社会主義による統治の素晴らしさを宣伝していた時期」として捉えれば、何らかの「社会主義運動」がある時期にある程度の女性差別問題が解決しているようにも見

187

第3部　ルポルタージュの中の中国と法

える。

　そうすると、中国共産党の真意としては、女性差別問題を解決するつもりは
なく、「社会主義の素晴らしさ」、ひいては「中国に社会主義を導入しようとし
ている中国共産党の素晴らしさ」を宣伝する必要がある時期に、人口の半分を
占める女性から社会主義および中国共産党への支持を得るために女性差別問題
を解決するように見せかけたようにも見える。こう考えることで、大躍進運動
や文革が終了した後に、女性差別的な社会状況が中国で見られることも説明が
つくように思える。つまり、「社会主義の素晴らしさを宣伝する運動」が終了
した後は、女性差別問題が発生していたとしても、党にとっては、解決する必
要がない問題なのである。このように考えると、婚姻法貫徹運動を経験したに
もかかわらず、伝統的な女性差別問題が解決しきっていないことも説明できる
かもしれない。本章4.3.で述べたように、婚姻法貫徹運動は「とりあえず」、
「社会主義の素晴らしさを宣伝する」ために行ったものであり、思想改革をも
行ったはずの中国の社会主義革命の中でも、こと女性差別問題が国民意識とい
う根本から解決することはなかったし、当初からやるつもりがなかったものと
思われる。このことは、文楼村が2005年の段階でもまだ伝統的な女性差別問
題を抱えていること、公安も文楼村内部のことを細かく知っているにもかかわ
らず「黙認」していることなどからもいえるように思われる。

5.2. 中国にとって「女性」とは何か

　本章5.1.で「人口の半分を占める女性から社会主義および中国共産党へ
の支持を得るために女性差別問題を解決するように見せかけた」と述べた。こ
れはつまり、中国共産党は自らの支持を集めるために「女性」を利用していた
のではないかということである。

　本書第2章3.4.で述べたように、民主主義国家の場合は、選挙によって
政府の正統性を獲得するが、中国では、政府は事実として国家を統治している
にすぎず、政権には正統性がない。そのため、ありとあらゆる資源を「政府の
正統性確保」のために用いるのではないだろうか。そして、これは「女性」も[54]

54　少なくとも以下のような指摘を確認することができる。例えば、法運用については「司
　法裁判は党の執政地位および基礎の堅固化にプラスであるかどうかを考慮しなければな

第 9 章　女性差別問題に見る中国の選択性執法

同じであると考えられる。「政府の正当性確保」のために、女性差別問題を解決することを演出したにすぎず、女性差別問題に苦しみ、それを解決してくれると党に期待して党を支持した女性たちは党に利用されたにすぎなかった側面があるように思われる。このように、中国では「女性」も政治の用具に過ぎなかった可能性があるということである。そして社会主義運動が起こっていない現在は特に女性差別問題の解決を積極的に行う必要もなくなっているということである。

5.3. 結びにかえて

　本章では、福島書における文楼村の事例を素材として、思想改革を行ったはずの中国にいまだ伝統的な女性差別問題が見られること、国家法の趣旨に反する行為でありかつ公安が厳しく管理しているにもかかわらずそれを「黙認」していることを確認し、そこから中国では「女性」も政治の用具である可能性があるということを示した。そのため、政治的な必要がなければ女性差別問題の解決に積極的に政府、党および公安が動くことはないのではないだろうか。そして現在は市民に対しての社会主義運動は行っていないため、積極的に伝統的女性差別問題が批判されることはないのであろう。このため、外国の情報などの流入もしにくい文楼村のような農村では女性差別問題が解決することは極めて難しいだろう。

　ここまでのことを総括すると、本章1.1.で述べた「中国の家族関係法規

らない」とされ（江必新「正確認識司法与政治的関係」『求是』（2009 年 24 期）中国・中国共産党中央委員会、2009 年、52 頁。鈴木賢「中国的法観念の特殊性について──非ルール的法のゆくえ」・前掲本書第 8 章註 1・18 頁）、マンガについても「漫画は一種の風刺性、ユーモア性を備えている絵画である。漫画家は、政治や日常生活の中から題材を選び、誇張、比喩、象徴、寓意などの手法を用いながら、ユーモアのある描写で表現し、その際、人物や事物に対して風刺、批判あるいは賞賛の意味を含ませる。それは、政治闘争と思想闘争の一種の道具である」とされ、「政治の道具」であることを認めている（陶冶『中国の風刺漫画』白帝社、2007 年、1 頁）。さらに、中国ではマスメディアも「現体制維持に寄与する形の宣伝が第一義の使命」であり「党中央批判、体制批判につながってはいけない。そうならないように世論をうまく誘導するのもメディアの仕事」といわれている（福島香織『中国のマスゴミ──ジャーナリズムの挫折と目覚め』（扶桑社新書 088）扶桑社、2011 年、76 ～ 78 頁）。このように中国では少なくとも法運用、マンガ、マスメディアなどの資源は「政府の正統性確保のための道具」なのである。

189

第3部　ルポルタージュの中の中国と法

における弱者（子ども・女性・高齢者・障碍者）保護規定内容は、残念ながら我が国の関連法規とは比較にならないほど濃密なものである」との先行研究の評価はあくまで「条文の文言上」の話にとどまり、実態を見ていない評価ということになる。本章1．2．で述べたように、中国の、特に農村の実態については調査を行うことが難しい。しかし、本章では、福島書というルポルタージュを用いることによりこの穴をある程度埋めることに成功したように思われる。すると次はもっと多くの事例を集めて、より普遍性を高めることが筆者の課題となる。

［コラム③　郭美美問題に見る中国の刑事法運用］

——富坂聰著『中国 狂乱の「歓楽街」』では、郭美美が1つの人道機関を潰しかね
ない騒動を起こしたために逮捕されたとしているが、どのように分析できるの
だろう？

　2011年頃から中国では、郭美美（本名：郭美玲）という女性がインターネッ
ト上で話題となった。富坂聰『中国 狂乱の「歓楽街」』（KADOKAWA、2015年。
以下「富坂書」という）131～149頁には、郭美美に関する問題について以下の
ように述べている。

　整形で美貌を手に入れた郭美美は、外資系超高級ホテルのエステでボディ・
ケアをし、次の日には高級レストランでフルコースを食べ、さらに次の日には
マカオのカジノで遊ぶという日々をブログにアップし、しかもその写真もイン
ターネット上にアップしていた。しかも、その中には賭け金として、約6億
5000万円のチップが並んでいるという写真もあった。これに対しては、多く
の市民から怒りと嫉妬、蔑みの対象となることとなったが、さらに大手メディ
アまでもを巻き込んだ論争にまで発展していった。しかし、その一方で、もと
もと一般的な女性であった郭美美が成功していく姿に共感を得たのか熱狂的な
郭美美ファンも現れた。また、郭美美は王軍という投資会社のトップで、中国
赤十字会関連の営利組織の大株主を「干爸（ガンバー：血のつながらないパパの意
味）」と呼ぶ関係にあったことも明かしている。この点から、郭美美は、王軍
のパトロンであると一般的には認識されるようになった。

　しかし、郭美美は、2014年7月9日に違法なサッカー賭博への関与の疑い
で逮捕されてしまった。[1] また、同月26日には王軍も逮捕された。この王軍の
逮捕に関しては、郭美美が赤十字会から不正に得た金銭で贅沢三昧をしている
という疑惑に関するキーマンであるためと報じられたという（これについて富坂

1　なお、張麗「性、謊言、賭博：郭美美的畸形人生」『婚姻与家庭（社会紀実）』（2014年9期）
　中国・中国婚姻家庭研究会＝中国婦女雑誌社、2014年、38頁では、郭美美は2014年7
　月14日に刑事拘留されたとしており、李蕊娟「被金銭呑噬霊魂：“炫富女”郭美美扭曲
　人生」『健康生活』（2014年11期）中国・広西壮族自治区健康教育所、2014年、4頁では、
　郭美美は2014年7月24日に刑事拘留されたとしている。

第3部　ルポルタージュの中の中国と法

書138頁は「紅会炫富事件」という表現を用いている[2]。後に、王軍は、「郭美美はお金が必要になると北京から深圳までやってくるようになり、私は食事とホテル、それから5万元を毎回小遣いとして彼女に渡す関係になりました」と供述した。しかし、一部の郭美美のファンは「愛人をつくる権力者の実態を暴露した功労者」として郭美美を肯定したという。

富坂書146～147頁は、贅沢な生活をひけらかすことへの反発や、財源が不明であることなどについて厳しい風が吹きつけた中でも、一定程度郭美美の存在を受け入れたのが中国社会であったが、習近平体制のスタートと同時に出された「贅沢禁止令」により、中国は贅沢をひけらかす人間が大手を振って歩くことはできない社会になったと述べる。

さて、ここで問題となるのは、この「贅沢禁止令」であろう。ここでいう「贅沢禁止令」は、正確には「中共中央政治局の業務や作風の改善、群衆と密接に連携することに関する8項の規定［中共中央政治局関于改進工作作風、密切聯系群衆的八項規定］」といい、2012年12月4日に発布された規定である。この第8項には確かに「倹約的、節約的に」という規定があるのだが、中国共産党の政策が郭美美という中国共産党党員以外をも対象とするのだろうかという問題がある[3]。もちろん、郭美美は形式的には違法なサッカー賭博への関与で逮捕されている。しかし、王軍が郭美美の不正に得た金銭での贅沢に関与した疑いで逮捕されているため、やはり、サッカー賭博への関与が真の逮捕理由ではないだろう。

ここからいえることは、この郭美美事件も本章第4章3.1.で述べたような「政治的決定が先で、刑法が後追いで適用され」ている具体例といえるだろう。富坂書136頁では、「社会的な反響の大きい人物が逮捕された後に必ず行われる"認罪"というパターンを踏んで」おり、「裁判が行われる前に容疑者がテレビに出演し、全面的かつ積極的に自らの容疑を認め懺悔するという行

2　「紅会炫富」という表現は、尹潔＝黄澄「誰下了郭美美這枚"臭鶏蛋？"」『雑文選刊』（2014年10期）中国・吉林人民出版社＝『雑文選刊』雑誌社、2014年、56頁や李蕊娟・前掲本「コラム3」註1・4頁でも用いられており、中国でも一般的に用いられている表現といえる。

3　もっとも、中国共産党党規は「党による政策」という側面もあるため、本書第2章1.2.および3.4.で述べたように、政策が法律より優先される中国においては、特に疑問とする点でもないともいえる。田中信行（編）・前掲本書第2章註4・10頁。

192

為」をやっていたという表現で類似のことを述べている。富坂書136頁では、郭美美の真の罪状は、中国赤十字会と関与があるように見えたため、中国赤十字会への寄付が激減し、中国赤十字会という1つの人道機関を潰しかねない騒動を起こしたためではないかと分析している記者の言葉を載せている。となると、「単に騒ぎを起こした」＝「社会の安定を乱した」ということで、本書第2章3．4．でも述べた「社会の安定」を第一とするという中国の姿勢は郭美美が逮捕された2014年にも健在であるといえる。

　総合すると、2014年頃にも中国は、「社会の安定」を害したか否かが、刑事処罰の重要な基準であり、「社会の安定」を実現するために「政治的決定が先で、刑法が後追いで適用される」という刑事法運用が行われているということである。

あとがき

　本書では、中国で起こっている様々な問題や中国を素材にしたルポルタージュなどを用いて考察を進めてきた。日本では、「中国」と「法」というと、とかく「法があっても無視されている国」とか「無法地帯」といわれることがある。しかし、各章で見てきたように、一見すると「奇異」に見える中国で起こっている現象にもそれぞれ何らかの法的根拠（この場合の「法」には「政策」も含んでいる）があり、理論面からも「一応の」説明ができるのである。そのような意味で、本書が中国理解の一翼を担えれば幸いである。

　さて、『中国社会の法社会学』とはいっても、「はじめに」でも述べた通り、法社会学には明確な定義はなく、本書で行った研究の方法論自体が奇異に見えると思われる読者もいたかもしれない。特に、第3部「ルポルタージュの中の中国と法」のような学術書ではない書籍を研究の主たる素材にすることは、ある意味「学術」としては「タブー」な研究手法を用いたといえるかもしれない。しかし、「タブー」であるがゆえにこれまで誰も行ってこなかった研究手法を示したという側面もあることを忘れてはならない。本書「はじめに」でも述べた通り、中国は報道規制などがなされており、これまでの研究が素材としてきた新聞報道や中国政府の公式発表のみではどうしても見ることができない社会の一面が生じてしまう。本書第3部はそのようなこれまでの研究では陽が当たらなかった部分にも目を向けて研究の対象としようという野心的な試みであった。その結果新しい研究の素材を提供できたと考えているが、いかがだっただろうか？

　さて、筆者が「中国社会の法社会学」という言葉に惹かれるようになったのはいつの頃からだろうか。少々本書のテーマにたどり着くまでの私的な回想をさせてほしい。英語が全く分からず、しかし外国語くらいできなければと考え、中国語学習を始めたのは 2004 年のことであった。その結果、中国という国に興味を持ち、実際に中国を見てみたくなり、上海外国語大学に語学留学をしたのは 2007 年 2 月であった。そして、初めて見た中国で現地の法律書に触れ、

そこには独自の理論があり、日本の週刊誌などが書いているような「法があっても無視されている国」でも「無法地帯」ではないというのがその時の感想であった。その時に感じた「なぜ、日本人はこのように中国の法を見誤るのだろう」という疑問が筆者を中国法研究に駆り立てた。ある意味、筆者の中国法研究の動機は、「なぜ日本人は中国を誤解するのか」、「中国のことをもっと知ってみたい」という個人的興味であった。その後、定義の仕方こそいろいろあるものの、少なくとも法律の条文と現実社会のギャップを埋めようとするという側面のある「法社会学」という分野があることを知り、「中国社会を素材にした法社会学」が専門であると言い張るようになったのは、筆者の中国法研究の動機からすれば当然のことといえるだろう。本書は、2007年に初めて行った中国で感じた日本の中国理解のギャップを埋めてみたいという筆者の初心に応えられる内容となっただろうか。

　本書の内容には、先にも述べた「研究書ではないルポルタージュ」や個人的経験などを研究の素材に使ったりしており、「学術的根拠が薄い」、「これでは経験談であり、法社会学とは呼べない」というご批判をいただくことは想像に難くない。しかし、本書「はじめに」でも述べた通り、法社会学に明確な定義はない。あえていうならば、「手に入る資料は何でも用いて無理やりにでも研究対象を研究し尽くす」のが筆者なりの法社会学の方法論であるともいえよう。

　さて、本書はこれまで筆者が発表してきた雑誌論文の原稿などをベースに、全体的に大幅な加筆修正を加えた文章で構成されている。初出は以下の通りである。

- 第1章　「中国における外国人の教育を受ける権利——日中の公開教育に着眼して」『法学ジャーナル』（30号）明治学院大学大学院法学研究科、2014年、1〜28頁収録。
- 第2章　「中国で日本企業が経験した製造物責任法に関する訴訟の考察（1）」および「同（2・完）」『グローバル経営学会誌』（3号）グローバル経営学会、2016年、16〜28頁収録。
- 第3章　「中国・少数民族刑事政策『両少一寛』の運用と効果に関する一

考察」『日中社会学研究』（24号）日中社会学会、2016年、84〜97頁収録。

・第4章　「中国における人権問題の最近の動向——2015年頃の刑事拘束を中心として」『葦牙』（42号）同時代社、2016年、92〜105頁収録。

・コラム①　「商船三井問題を中国法律から紐解く by 高橋孝治氏［中国ビジネスヘッドライン］」（YouTube ホームページ）〈https://www.youtube.com/watch?v=dBv8wFA21jU〉（2014年8月27日更新）上で行った講演の原稿を加筆修正したもの。

・第5章　「中国にとって租税とは何か——乱収費問題を素材として」『東アジア研究』（18号）東アジア学会、2015年、5〜20頁収録。

・第6章　「中国における郵便事故——郵便関連法規の日中比較の視点から『国民性』による説明への疑義」『21世紀東アジア社会学』（7号）日中社会学会、2015年、117〜130頁収録。

・コラム②　書き下ろし。

・第7章　未発表原稿。

・第8章　「中国における劇場的法律観という試論——加藤隆則著『中国社会の見えない掟』に描かれた張暁麗事件を素材にして」『北東アジア研究』（27号）島根県立大学北東アジア地域研究センター、2016年、87〜103頁収録。；「中国における劇場的法律観に関する補論——『劇場的法律観』から『劇場的法システム』へ」『人間環境学研究』（15巻2号）人間環境学研究会、2017年、121〜126頁収録。

・第9章　「女性差別問題に見る中国の選択性執法——福島香織著『潜入ルポ 中国の女』に描かれたエイズ村のインタビューを素材にして」『21世紀東アジア社会学』（9号）日中社会学会、2018年、153〜168頁収録。

・コラム③　書き下ろし。

　それぞれの雑誌の編集部には、本書のために掲載原稿の転載に快諾をくださったことに感謝申し上げたい。一部雑誌掲載時と本書での内容に差異があるが、それは雑誌掲載後、筆者がさらに研究を進める上で、表記や考察を一部修正したためである。雑誌掲載版の内容を信用してくださった皆様にはお詫び申し上げたい。

さて、本書執筆にあたり、多くの方々のお世話になった。その中でも特に感謝申し上げたい方の名をここに書かせていただくことをお許し願いたい。

　まず感謝申し上げたいのは、中村則弘先生（長崎大学多文化社会学部教授）である。中村先生に明石書店様を紹介していただかなければ、本書の出版はできなかったであろう。中村先生には感謝してもしきれない。さらに感謝申し上げたいのは、來生新先生（放送大学大学院文化科学研究科教授、現：放送大学学長）である。來生先生には通信制大学院という特殊な環境にありながら、筆者にとっての法学研究の方法論の基礎となる部分を全てご教授いただいた。当時、放送大学大学院には法学の修士課程の指導教官が1人しかいないという理由で來生先生は筆者の指導教官となり、本来のご専門が独占禁止法でありながら、筆者に対し、比較法の方法論や社会主義国にとって法とは何なのかを的確に指導いただいた。今思い返しても、來生先生の指導は、本当にご専門が比較法ではないのかと思えるほどのものであった。当時、筆者は比較法の方法論をあまり分かっておらず、修士論文では來生先生に非常にご心労をおかけした。しかし、現在では、全てではないものの、厳しい査読がなされるような学術誌で、中国法をテーマにして「修正の必要なし。そのまま掲載可」という査読結果をいただけるようにまでなった。その基礎たる部分を作ってくださった來生先生にもやはり感謝の言葉しかない。

　また、第3部「ルポルタージュの中の中国と法」の研究素材の著者である加藤隆則氏、福島香織氏、富坂聰氏にも感謝申し上げたい（富坂氏のみまだお会いしたことはないが……）。特に加藤氏は、筆者に『中国社会の見えない掟』の本をくださった。『中国社会の見えない掟』は一般に報道されていない中国の現状が記してあり、非常に興味深く拝読させていただいたのだが、それと同時に「何とかこの情報を学術的にまとめられないか」と考えるようになった。加藤氏が本をくださったことで本書第8章の内容ができあがったことはいうまでもない。しかし、それだけに留まらず、加藤氏が本をくださったことが筆者に「ルポルタージュの中の中国と法」という研究手法を思いつかせるきっかけとなった。加藤氏には再度、特に感謝申し上げたい。

　さらに、安田峰俊氏（ノンフィクション作家）にも感謝申し上げたい。安田氏は筆者に乱収費問題とウイグル族の不逮捕という問題が中国で発生しているこ

あとがき

とを教えてくれた。安田氏からの情報提供がなければ本書第3章と第5章は執筆できなかっただろう。特に本書第3章3．1．のインタビュー結果は安田氏から提供いただいた情報である。

その他、これまでに筆者が読んだ本（特に本書の註に記してある参考文献）の著者の先生方、シンポジウムなどで筆者の発表にコメントをくださった先生方、筆者の論文を査読してくださった名も知らぬ査読委員の先生方などがあって本書は完成したといえる。ここでは全ての名をあげることはできないが、感謝を申し上げたい。

そして、最後に、学術書の出版状況の悪い中で、本書の出版を快諾してくださった大江道雅・明石書店代表取締役社長と本書を担当してくださった明石書店編集部の上田哲平氏にも感謝を申し上げて本書の締めくくりとしたい。

中華人民共和国成立宣言から70年目の日に

2019．10．1

【著者紹介】

高橋 孝治（たかはし こうじ）

1984 年　東京都生まれ。
2007 年　日本文化大学法学部法学科卒業（学士（法学））。
　　　　　在学中、上海外国語大学に語学留学。
2009 年　法政大学専門職大学院イノベーションマネジメント研究科アカウンティング専攻
　　　　　修了（会計修士（専門職・MBA））。
2011 年　大学評価・学位授与機構より「学士(学芸)」取得(科学技術研究・数理思想史専攻)。

都内社会保険労務士事務所に勤務するも、中国法研究を志し、勤務の傍ら 2012 年放送大
学大学院文化科学研究科社会経営科学プログラム修了（修士（学術）研究領域：中国法）。
のちに退職・渡中し、2017 年中国政法大学刑事司法学院博士課程修了（法学博士）。
博士課程在学中、立命館大学、九州産業大学などで特別講義を担当。
台湾勤務を経て、現在、立教大学アジア地域研究所特任研究員、明治大学島嶼文化研究所
客員研究員、韓国・檀国大学校日本研究所海外研究諮問委員。

専門は、比較法（中国法・台湾法）、中国社会を素材にした法社会学。
行政書士有資格者、特定社会保険労務士有資格者、法律諮詢師（中国の国家資格「法律コ
ンサル士」。初の外国人合格）。

「一虎一席」（2014 年 10 月 26 日放送分、香港フェニックステレビ、中国・香港で放送）
では日本国憲法について、「月曜から夜ふかし」（2015 年 10 月 26 日放送分、日本テレビ）
では中国商標法についてコメントし、『産経新聞』（2018 年 3 月 21 日付）では中国の憲法
改正についてコメントした。「高橋孝治の中国法教室」を『時事速報（中華版）』（時事通
信社）にて 2014 年 6 月 19 日号から連載中。「日中友好新聞」（日本中国友好協会）、Web
サイト「PRESIDENT Online」、Web サイト「KINBRICKS NOW」その他に寄稿多数。

〔本書の元となった論文以外の主な研究業績〕
『ビジネスマンのための中国労働法』労働調査会、2015 年。
『中国年鑑 2019』（共著）（一社）中国研究所（編）、明石書店、2019 年。
（中国語）『日本學（第二十輯）』（共著）北京大学日本学研究中心(編)、中国・世界知識出版社、
　　2018 年。
「中国における公訴時効（訴追時効）制度を正当化する学説についての考察」『法學政治學
　　論究』（111 号）慶應義塾大学大学院法学研究科、2016 年、70 ～ 100 頁収録。
「高等教育における文理区分への疑義——法学と数学を素材にして」『科学・技術研究』（4
　　巻 2 号）科学・技術研究会、2015 年、189 ～ 196 頁収録、科学・技術研究会第 2 回優秀
　　論文賞受賞。
「社会変動の中の家族法改正——日中台比較の中の日本家族法」『日本研究』（30 号）韓国・
　　高麗大学校グローバル日本研究院、2018 年、201 ～ 225 頁収録。
（中国語）「中国追訴時効制度的背景——従古代中国法的観点」『理論界』（2015 年 1 期）中
　　国・遼寧省社会科学界聯合会、2015 年、65 ～ 70 頁収録。

中国社会の法社会学
──「無秩序」の奥にある法則の探求

2019 年 12 月 30 日　初版第 1 刷発行

著　者──高　橋　孝　治
発行者──大　江　道　雅
発行所──株式会社明石書店

　　　　　〒 101-0021　東京都千代田区外神田 6-9-5
　　　　　電話 03（5818）1171　FAX 03（5818）1174
　　　　　振替 00100-7-24505
　　　　　http://www.akashi.co.jp/

装　幀　　明石書店デザイン室
印刷・製本　モリモト印刷 株式会社
ISBN 978-4-7503-4948-0　　© Koji Takahashi 2019, Printed in Japan
（定価はカバーに表示してあります）

[JCOPY]〈出版者著作権管理機構　委託出版物〉
本書の無断複製は著作権法上での例外を除き禁じられています。複製される
場合は、そのつど事前に、出版者著作権管理機構（電話 03-5244-5088、
FAX 03-5244-5089、e-mail: info@jcopy.or.jp）の許諾を得てください。

世界のチャイナタウンの形成と変容

フィールドワークから華人社会を探究する

山下清海 [著]

◎A5判／上製／328頁　◎4,600円

40年にわたり世界各国のチャイナタウンを歩き、地理学の視点で観察・分析してきた著者の研究の集大成。オールドチャイナタウンとニューチャイナタウンに大別し、形成の経緯と近年の変容、地域的および普遍的な特性を論じ、世界的規模での類型化を試みる。

《内容構成》

第1部　序論

I　世界のチャイナタウン研究の視点と方法

II　チャイナタウン研究におけるフィールドワークの実践

III　世界の華人社会とチャイナタウンの動向

第2部　世界のチャイナタウンのケーススタディ

IV　旧金山、サンフランシスコのチャイナタウン

V　膨張するニューヨークの新旧チャイナタウン

VI　インドシナ系華人と温州人が形成したパリのチャイナタウン

VII　サンパウロの日系人街のチャイナタウン化

VIII　中印国境紛争後のコルカタのチャイナタウン

IX　アフリカの島嶼国、モーリシャスの華人社会

X　マレー人優先政策下のクアラルンプールのチャイナタウン

XI　中国の影響下におけるビエンチャンの新旧チャイナタウン

XII　ソウルと仁川の旧チャイナタウン

XIII　東京・池袋チャイナタウンの形成

第3部　結論

XIV　世界のチャイナタウンの類型化

〈価格は本体価格です〉

中国外交論

趙 宏偉 [著]

◎A5判／並製／340頁　◎2,800円

中国外交の動きについて文明論的視点から検討したうえで、中華人民共和国成立から習近平体制確立までの中国外交の流れを辿り、そこに浮かび上がった中国外交の特色を記述する。さらに、それを踏まえて今後の展望に有益な学問としての方法論を提案する。

《内容構成》───────

序章　国際関係学と中国外交論

第Ⅰ部　地域大国論

第1章　集団主義外交への転換・上海協力機構（1996年〜）

第2章　地域大国外交の主戦場・東アジア地域統合（1990〜2010年）

第3章　東北アジア集団協力メカニズムと北朝鮮核問題六カ国協議（2002年〜）

第4章　日中ソ・露トライアングルにおける史的法則とメカニズム（1945年〜）

第5章　地政学の罠・日中の敵視化と日中韓トライアングル（1989〜2010年）

第Ⅱ部　世界大国論

第6章　習近平思想と習近平外交（2012年〜）

第7章　地域大国から世界大国への外交転換と日米中トライアングル（2006年〜）

第8章　米中ソ・露トライアングルの国際秩序における掟と法
　　　　──シナ海外交戦（2010年〜）

第9章　ドキュメント・習近平外交年次概観

〈価格は本体価格です〉

中国社会研究叢書

21世紀「大国」の実態と展望

首藤明和（日中社会学会 会長）［監修］

社会学、政治学、人類学、歴史学、宗教学などの学問分野が参加して、中国社会と他の社会との比較に基づき、何が問題なのかを見据えつつ、問題と解決策との間の多様な関係の観察を通じて、選択における多様な解を拓くことを目指す。21世紀の「方法としての中国」を示す研究叢書。

❶ 中国系新移民の新たな移動と経験
──世代差から照射される中国と移民ネットワークの関わり
奈倉京子 編著　　　　　　　　　　　　　　　◎3800円

❷ 日中韓の相互イメージとポピュラー文化
──国家ブランディング政策の展開
石井健一、小針進、渡邉聡 著　　　　　　　　◎3800円

❸ 下から構築される中国──「中国的市民社会」のリアリティ
李妍焱 著　　　　　　　　　　　　　　　　　◎3300円

❹ 近代中国の救済事業と社会政策
──合作社・社会調査・社会救済の思想と実践
穐山新 著　　　　　　　　　　　　　　　　　◎3200円

❺ 中国の「村」を問い直す
──流動化する農村社会に生きる人びとの論理
南裕子、閻美芳 編著　　　　　　　　　　　　◎3000円

❻ 中国のムスリムからみる中国
──N．ルーマンの社会システム理論から
首藤明和 著

❼ 東アジア海域から眺望する世界史
──ネットワークと海域
鈴木英明 編著　　　　　　　　　　　　　　　◎3800円

❽ 日本華僑社会の歴史と文化──地域の視点から
曾士才、王維 編著

❾ 現代中国の宗教と社会
櫻井義秀 編著

❿ 香港・台湾・日本の文化政策
王向華 編著

〈価格は本体価格です〉